ムガル建築の魅力

Mughal

皇帝たちが築いた
地上の楽園

宮原辰夫

春風社

ムガル建築の魅力

皇帝たちが築いた地上の楽園

Mughal

Magical Architecture

宮原辰夫

Miyahara Tatsuo

目次

はじめに

敬虔な信者に約束された楽園を描いて見ようなら、そこには絶対に腐ることのない水をたたえる川がいくつも流れ、いつまでたっても味の変わらぬ乳の河あり、飲めばえも言われぬ美酒の河あり、澄みきった蜜の河あり。その上、そこではあらゆる種類の果物が実り、そのうえ神様からは罪の赦(ゆる)しが戴ける。さ、こういう人が、常(とこ)とわまでも火の中に住みこんで、煮えたぎる熱湯を飲まされ、それで内臓がズタズタに裂けてしまうような者と同じであろうか。（『コーラン』（下）47：16、井筒俊彦訳）

タージ・マハルの光り輝く白亜の霊廟を目にした者はあまりの美しさに一種の「楽園」さえ想いおこすかもしれない。タージ・マハルは、ムガル帝国の第5代皇帝シャー・ジャハーンが亡き愛妃ムムターズ・マハルのために建立したものであるが、シャー・ジャハーンにとって、タージ・マハルはたんなる霊廟ではなく、求めてやまない永遠の「楽園」でもあった。その意味では、タージ・マハルは「地上の楽園」を象徴する究極の墓廟庭園であったのである。なぜインドを支配したムスリムの諸王たちは「地上の楽園」を追い求めたのか。

聖典クルアーンに記された「楽園」に入ることは、ムスリムにとって基本的な願いであり、イスラームに従って生きる上で強い動機を与えている。したがって、ムスリムにとって庭園が「楽園」を意味するという神学的解釈が生まれたとしても不思議なことではない。しかし、初期イスラームの庭園はそのような意味は持っていなかったといわれる。

イスラームでは、本来、死者の埋葬場所に墓石や墓碑を立てることを禁止していることを考えれば、当然庭園にも「楽園」の意味など含まれようがない。立派な墓石や墓碑を立てる習慣や庭園を「楽園」とみなす考え方は、聖地マッカやマディーナのあるアラビア半島ではなく、むしろ聖地から離れたイスラーム地域、ペルシアや中央アジアなどに見られる特徴ともいえる。征服した異教徒の地において、ムスリムの支配が拡大・発展する過程の中で政治権力者の墓が支配の象徴として、また庭園がクルアーンで語られる「楽園」を強くイメージするようになるのは自然であったのかもしれない。

12 世紀末頃まで、インド亜大陸はたくさんの神々が暮らす偶像の世界であった。ヒンドゥー教、仏教、ジャイナ教の神々の住む「偶像の家（ブトハーナ）」、つまり大小の寺院が町の至るところに建っていた。ところが、13 世紀初めに、インドにイスラーム王朝が樹立すると、多くの「偶像の家（ブトハーナ）」は破壊された。その跡地には次々と大モスク（ジャーメ・マスジド）や墓が建造された。しかし、それらの建造物は土着の宗教（ヒンドゥー教）や建造物からの影響を受けながら、次第に独自の大モスクや墓建築が形成されていったのである。これらの建造物の随所にヒンドゥー教のシンボルが見られるため、タージ・マハルはヒンドゥー教のシヴァ神に捧げられたものだと信じる者もいる。

デリー・スルターン朝（1206-1526）の時代、歴代スルターンたちの墓が庭園や人工湖の中に置かれているのは、住民の大多数がヒンドゥー教徒である国を治めるにあたってムスリム支配者が相互理解のためにヒンドゥーのシンボリズムを意図的に取り入れたのではないかという指摘もある。つまり、洞窟、川、山、泉、池などを神々も訪れる聖地と見なすヒンドゥーのシンボル的な場所を、庭園や人工湖という形でムスリム支配者の墓の周りに配置したというのである。その場合、イスラーム的なシンボルは、「楽園」の数を 4 と 8 とする説から、墓の様式が四角形と八角形になっている点だけである。

ムガル帝国（1526-1658）の時代になると、皇帝や皇族の墓は基本的に四分庭園（チャハール・バーグ）の中央に置かれるのが一般的である。四分庭園（チャハール・バーグ）とは、囲壁の中に歩道と水路で4等分に分割された正方形のプランを標準とする庭園様式のことをいう。もちろん、タージ・マハルにもこの様式が踏襲されている。こうした墓廟庭園は、デリー・スルターン朝の墓とは異なり、きわめて現世と来世の「楽園」を想起させる強力なシンボリズムとなっている。まさに「地上の楽園」を象徴するものである。

本書の目的は、13世紀初頭から17世紀後半までのインドのデリー・スルターン朝とムガル帝国の約500年の歴史を通じて、インドを支配した歴代の君主（スルターン）や皇帝たちが残した墓廟、大モスク（ジャーメ・マスジド）、庭園、城砦都市、宮殿が土着の宗教文化とどのように融合し、どのような意図で造営され独自の発展を遂げたのかを、さまざまな回想記や歴史書、ムガル建築に関する専門書などに基づいて考察していくことである。とくに回想記や歴史書は、主に歴代の君主（スルターン）と皇帝の回想記、宮廷史家や編年史家の書物、ヨーロッパの宣教師、旅行家や商人の記録などを用いた。その意味では、本書はムガル建築やイスラーム庭園を専門に扱った書ではない。

本書は、第Ⅰ部アーグラと第Ⅱ部デリーの2部構成となっている。アーグラとデリーという2つの都市を分類する構成にしたのは、アーグラとデリーはムガル帝国の帝都があった都市であり、またデリーはデリー・スルターン朝の首都であったからである。そして、第Ⅰ部は究極の「地上の楽園」となったタージ・マハルからはじまり、不連続ではあるが、読み進めると、歴史を遡っていくように第Ⅱ部へと続く。また、⇨で相互参照を設けたのは、登場する人物や建造物の関連を参照することで、より深い理解が得られるのではないかと思ったからである。

第Ⅰ部では、ムガル朝の帝都アーグラとその周辺地域にある城砦や墓廟庭園や大モスク(ジャーメ・マスジド)などを紹介する。第Ⅱ部では、デリーを北部、中部、南部の3つの区域に分けて、それぞれの区域に現存している城砦、墓廟や大モスク(ジャーメ・マスジド)などを紹介する。こうした2部構成と、それぞれの地域に現存する城砦や墓などの解説は、一般の読者にとって大いに役立つガイドブックにもなりうる。

出版に際し、元東京外国語大学の麻田豊先生に原稿の表記や引用等が正しいかの確認をお願いしたところ快く引き受けて頂いた。さらに専門の観点から、本の構成やタイトルから内容に至るまで、大所高所から厳しいご指摘やインスピレーションを刺激する多数のご助言を頂いた。この場をお借りして、深く感謝申し上げる次第である。麻田先生との出会いなくしては、おそらくこの本は世に出ることはなかったと思うと、30年前の麻田先生との出会いは私にとってまさに僥倖(ぎょうこう)であったいえる。

また、インド在住のタンメイ・アーナンド（Tanmay Anand）氏は、拙著『インド・イスラーム王朝の物語とその建築物』（春風社、2016）の出版の際も、多数の写真を提供して頂いたが、今回も引き続き、本書のために、多数の素晴らしい写真を提供して頂いた。そしてニティン・ジェイン（Nitin Jain）氏にも写真や情報の提供などを頂いた。両名には、心よりお礼を申し上げたい。最後に、編集・印刷の過程で大変お世話になった春風社の岡田幸一編集長にも心より感謝を申し上げる。

なお、本書において人名・地名等については、できる限り原文の発音に近くなるよう表記を統一した。また、イスラームの固有名詞・普通名詞等については、理解しやすいようにできる限りルビを振った。したがって、すでに広く定着している表記と異なる点があることを予めお断りしておく。

年表（12 世紀末～ 18 世紀初頭の王朝）

ヒンドゥー王朝

・**トーマル朝** Tomar ………… 10C-1179

・**チャウハーン朝** Chauhan… 1179-1192

イスラーム王朝（中央アジア）

・**ゴール朝** Ghori …………… 1192-1206

デリー・スルターン朝

・**奴隷王朝** Slave Kings ……… 1206-1290

・**ヒルジー朝** Khilji …………… 1290-1320

・**トゥグルク朝** Tughlaq……… 1320-1414

・**サイイド朝** Sayyid ………… 1414-1451

・**ローディー朝** Lodi ……………1451-1526

ムガル帝国（1526-1857）

・**ムガル朝** Mughal……………… 1526-1540

初代皇帝バーブル（在位 1526-30）

2 代皇帝フマーユーン（在位 1530-40）

・**スール朝** Sur ………………… 1540-1556

シェール・シャー（在位 1540-45）

・**ムガル朝** Mughal……………… 1555-1857

2 代皇帝フマーユーン（在位 1555-56）

3 代皇帝アクバル（在位 1556-1605）

4 代皇帝ジャハーンギール（在位 1605-27）

5 代皇帝シャー・ジャハーン（在位 1628-58）

6 代皇帝アウラングゼーブ（在位 1658-1707）

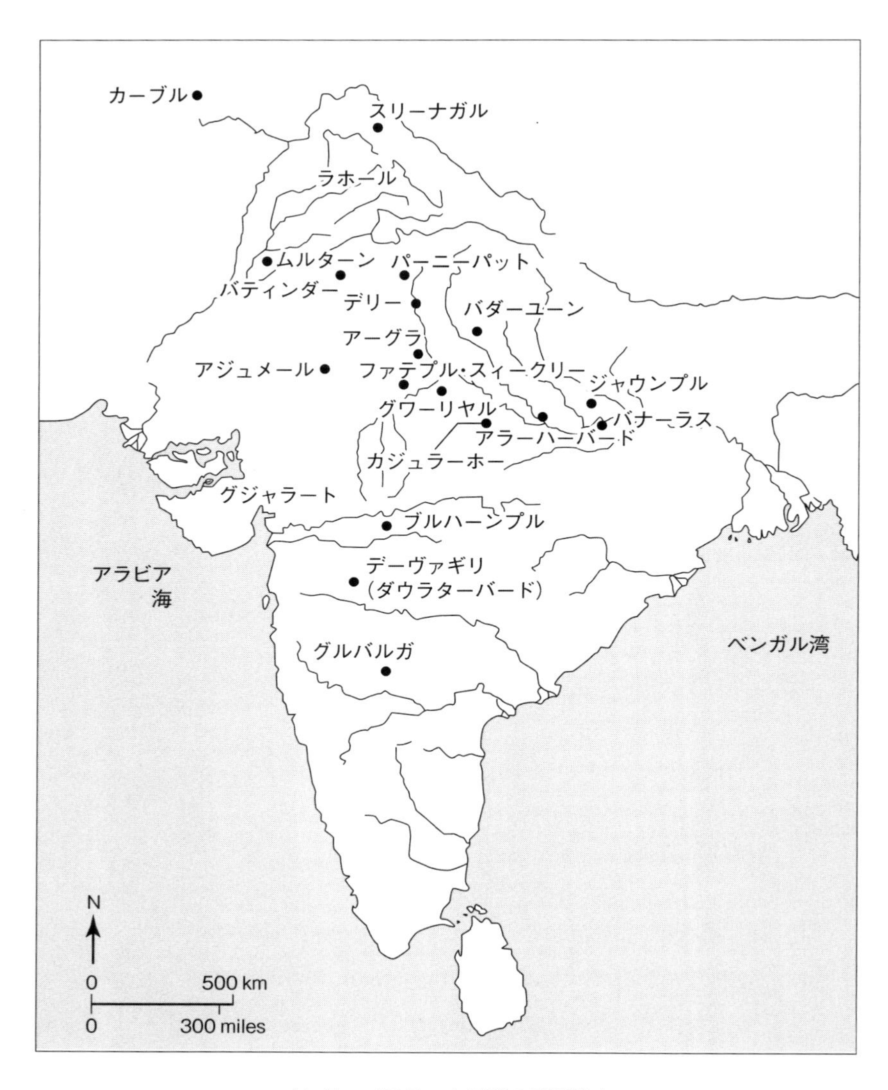

インド・イスラーム王朝の重要拠点

第 I 部

アーグラ

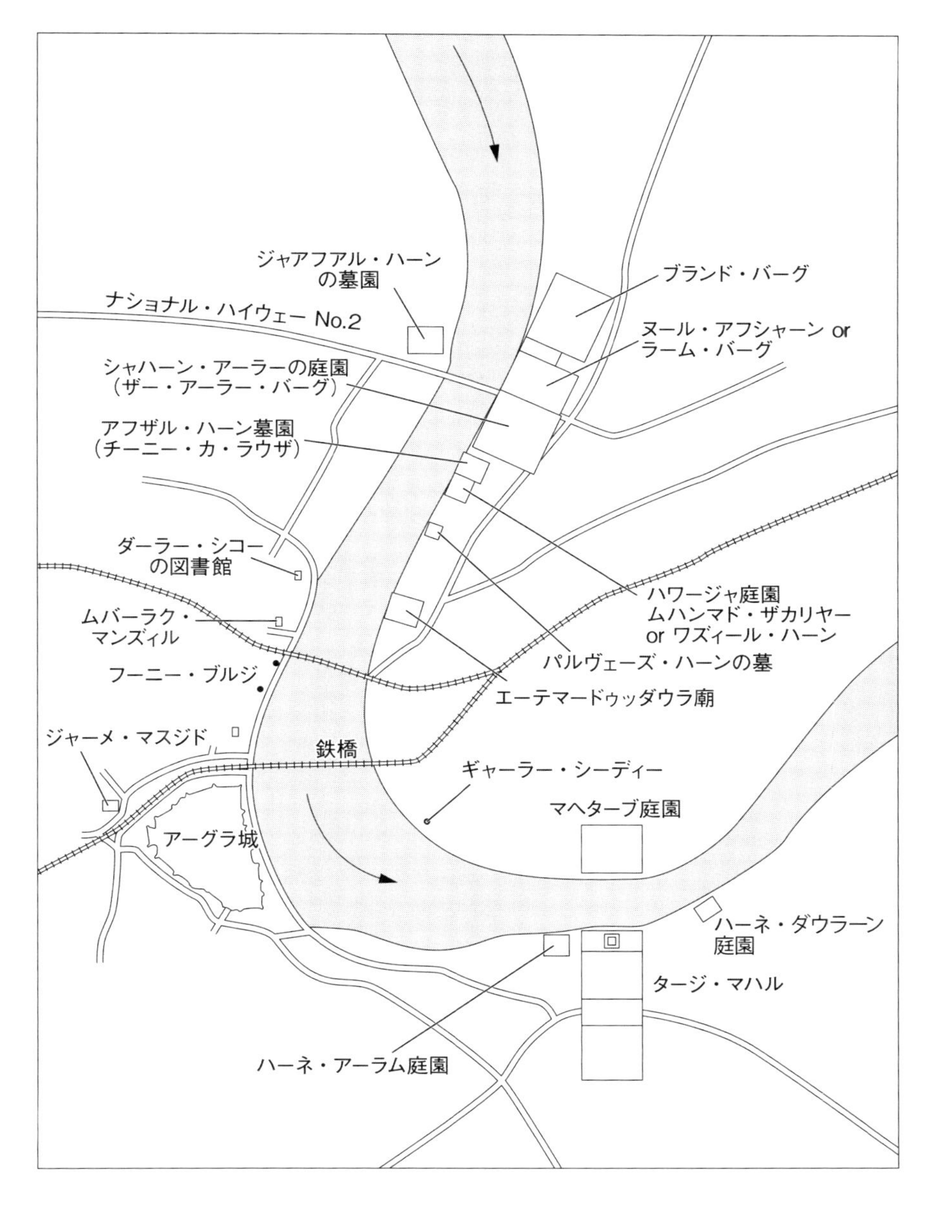

図１　アーグラの地図（1868-69）

タージ・マハル

1　タージ・マハル

タージ・マハルは世界で最も美しい霊廟である。しかもそれは栄華を極めた王の墓でもなければ、独裁者として名を馳（は）せた皇帝の墓でもない。第5代ムガル皇帝シャー・ジャハーンが愛した妃、ムムターズ・マハルの墓である。600年近くインドを支配したイスラーム王朝の歴史の中で、これほど壮麗な霊廟は存在していない。この事実から推察するに、タージ・マハルには一人の愛妃のための墓廟のほかに、何か特別な意味が隠されているのではないかと思わずにはいられない。タージ・マハルの霊廟に託された意味とは何か。“黒タージ”の伝説とは何か。そもそもタージ・マハルとはどういう意味なのか。こうしたミステリアスな謎をさまざまな視点から探りながら、知られざるタージ・マハルの真実に迫ってみたい。

タージ・マハルの由来

「タージ・マハル」という名称はシャー・ジャハーン帝の妃ムムターズ・マハルの名に由来するといわれる。しかし、シャー・ジャハーン治世のムガル帝国の記録によれば、ムムターズ・マハルの霊廟は「光り輝く墓廟（ラウザ・エ・ムナッワラ）」と呼ばれていたようである*1。シャー・ジャハーンの回想記『シャー・ジャハーン・ナーマ』にも、「タージ・マハル」という記述はなく、「神聖なる墓」、「楽園のような霊廟」、「光り輝く墓廟（ラウザ・エ・ムナッワラ）」という表現で言い表されている*2。

17世紀に入ると、インドにはイギリスをはじめ、ポルトガル、オランダ、フランスなどのヨーロッパ列強が進出しており、沿岸部の要衝地には東インド会社や商館が次々と設立・開設されていった。タージ・マハルが完成した1643年前後には、すでに多くのヨーロッパ人がインドに滞在しており、彼らの多くがタージ・マハルを訪れていたと思われる。当時インドに10年間（1659-1668）滞在していたフランス人旅行家ベルニエは、ムガル帝国で起こった出来事や見聞したものを『ムガル帝国誌』という本にまとめている。その中で、タージ・マハルについて次のように記述している。

たとえばシャー・ジャハーンの妻は、その美貌に加えて、あのエジプトにあるぶざまな石の塊や堆積物よりも、世界の驚異に数えられるにふさわしい墓を持つことで、あまりにも有名だが、その名をタージ・マハルといい、後宮の冠を意味し、……＊3

ベルニエが滞在していた頃には、すでに在留外国人や世間の人々の間では、タージ・マハルという呼び名が定着していたのであろう。タージ・マハルを言葉通りに訳せば、「宮殿の王冠」ということになろうが、ムスリムにとってペルシア語の「ラウザ・エ・ムナッワラ（光り輝く墓廟）」がタージ・マハルの正統な呼び名であっても、外国人やヒンドゥー教徒には読みにくく意味が分からない。そこで、ムムターズ・マハルの墓を単に短くして「タージ・マハル」と呼び始めたというのが真実ではなかろうか。

タージ・マハルという俗称ゆえに、今日では、タージ・マハルは最愛の妃ムムターズ・マハルを亡くした皇帝シャー・ジャハーンの「愛と涙の結晶」や「亡き妃への永遠の愛の墓廟」などと評され、ステレオタイプの感傷的なイメージが定着している。しかし、シャー・ジャハーンの最愛の妃とはいえ、一人の女性のために、これほどまでに壮麗で典雅な墓廟を建立する必要があったのであろうか。なぜタージ・マハルは「光り輝く墓廟（ラウザ・エ・ムナッワラ）」と呼ばれたのであろうか。

白大理石の墓廟とは

一般にイスラーム世界では、“白”は光輝、純潔、忠実、歓喜、高貴などの概念を象徴するものと考えられている。南アジアにおいて、白はイスラーム神秘主義（スーフィズム）の聖者廟（ダルガー）だけに使用された色であった。アジュメールにあるムイーヌッディーン・チシュティー（1142?-1236）の聖廟（ダルガー）やファテプル・スィークリーにあるサリーム・チシュティー（1478-1572）の聖者廟（ダルガー）などはその代表例である。いずれも、ドーム天井（天国と楽園の象徴）をもつ白大理石の聖者廟（ダルガー）である。

ムムターズ・マハルは神秘主義のスーフィー聖者ではないのに、なぜ彼女の墓は聖者廟（ダルガー）以上に壮麗なドーム状の白大理石の墓廟となったのか。14人目の子供を産み、産褥熱（さんじょくねつ）がもとで38歳の若さで亡くなったムムターズ・マハルの死は、シャー・ジャハーンにとって殉教行為に等しく、来世での至福が与えられるようにと壮麗なドーム状の白大理石の墓廟を建立したのではないかと思われる。

シャー・ジャハーンは、タージ・マハルが完成した1643年以降も毎年、ムムターズ・マハルの墓廟で聖者の命日祭（ウルス）を祝わっている*4。“ウルス”という語は、アラビア語では「結婚」を意味するが、南アジアでは比喩的に「高名なスーフィー聖者の魂は、死によって神アッラーと合体、すなわち“結婚”する」と解釈されている*5。つまり、シャー・ジャハーンにとって、ムムターズ・マハルの墓はあくまでも聖者廟（ダルガー）であり、そのために毎年聖者の命日祭（ウルス）を欠かさなかったのである。

南アジアにおいて、聖者廟（ダルガー）は前近代より参詣者として多くの人々を集めてきた。とくにアジュメールにあるムイーヌッディーン廟はマッカ大巡礼の代替地として機能していた。そう考えると、シャー・ジャハーンはタージ・マハルもまたマッカ大巡礼の代替地として考えていたのかもしれない。そのために

図2　ムイーヌッディーン・チシュティーの聖廟（ダルガー）

図3　サリーム・チシュティーの聖廟（ダルガー）

は、タージ・マハルはどうしても聖者廟（ダルガー）でなくてはならない。

シャー・ジャハーンがタージ・マハルを「光り輝く墓廟（ラウザ・エ・ムナッワラ）」と呼んだのも、通例ムスリムがイスラームの第2の聖地マディーナを「光り輝くマディーナ（マディーナ・エ・ムナッワラ）」と呼んでいたことと無関係ではなかろう。ただタージ・マハルには、聖者廟（ダルガー）の周辺に見られる、聖者の高弟や信奉者の墓群、救貧所などは見当たらない。したがって、タージ・マハルはシャー・ジャハーンにとっての聖者廟（ダルガー）であり、聖地であったと考えるべきであろう。そしてシャー・ジャハーンが思い描くクルアーンの世界、つまり永遠の「楽園」こそタージ・マハルに隠された意味であり、それゆえに壮麗で典雅な墓廟を建立する必要があったのであろう。

ムムターズ・マハル仮埋葬の地

ムムターズ・マハルが亡くなったのは、ムガル帝国の帝都アーグラ（アクバラーバード）ではない。アーグラから南に約700km離れたデカンへの入口、ブルハーンプル（現在のマディヤ・プラデーシュ州）という町である。当時、ブルハーンプルは北インドから南インドのデカンを攻略する上で、軍事的要衝の地であった。ムムターズ・マハルは、その町にある「バードシャーヒー・キラ（皇帝の

図4　バードシャーヒー・キラ

城)」という城塞の中で亡くなったといわれる。ムガル第3代皇帝アクバル以降、デカンの諸王にムガル朝の宗主権を認めさせるために、ムガル朝は幾度となく皇子をデカンの総督として任命しブルハーンプルに派遣している。その本拠地として利用されていたのがバードシャーヒー・キラである。バードシャーヒー・キラはもともとファルキー王朝の城砦であったが、1601年にアクバルに接収された。

シャー・ジャハーンもまた、皇子の頃、デカンの総督に任命され、妻ムムターズ・マハルと子供たちを伴い、この城塞に長く滞在していた。バードシャーヒー・キラには、城砦に不似合いなほど立派な女性用浴場（ザナーナ・ハンマーム）が残っている。美しく装飾された天井はエーテマードゥッダウラ廟の模棺室の天井を想起させる。これはシャー・ジャハーンが建造したものであるが、砂埃や灼熱の中も厭（いと）わず同伴してくれた妻ムムターズ・マハルへの贈り物であったのであろう。

1628年、シャー・ジャハーンは第5代皇帝（在位1628-1658）

に即位すると、奪われたデカンの領土を再び回復するために大軍を派遣したが、皇帝自らもその遠征軍を指揮するためにブルハーンプルに赴いた。この遠征には、以前と同様に、妃ムムターズ・マハルとその子供たちも同行していた。不幸はこの城塞の中で起こったのであろう。ムムターズ・マハルは皇帝の14番目の子供を出産すると、産褥熱(さんじょくねつ)がもとで、1631年6月17日に38歳の若さでこの世を去った。

ムムターズ・マハルは死の間際(まぎわ)、枕元にシャー・ジャハーン帝を呼んで、「子供たちのこと、そして母のことをよろしくお願いします。私の財産の半分は娘ジャハーン・アーラーに、残りの半分は他の子どもたちに分けてください」と言い残して息を引き取った*[6]。19年間連れ添った愛妃の突然の死はシャー・ジャハーンを深い悲しみの底につき落とした。その時の様子を宮廷史家イナーヤト・ハーンは次のように記述している。

> **陛下は深い悲しみのあまり、まる1週間、公の場に姿をお見せにならず、国事もなさろうとされなかった。……この不幸の後は、以前のように音楽や歌に興じることも、上質の亜麻布の服を召されることもなさらなくなった。涙が乾く間もないほど泣かれたので、眼鏡を使わないと何も見えなかったほどでした。また、以前はあご髭と口髭にほんの数本白いものが見えるくらいでしたが、余りにも悲しみせいで、数日のうちにその3分の1ほどが白くなってしまったのです*[7]。**

ムムターズ・マハルの遺体は半年の間、ブルハーンプルの「鹿園(アーフー・ハーナ)」と呼ばれる場所に仮埋葬された。この辺りは当時から鹿のお狩場として知られていた。現在は、ほとんど訪れる者もいない寂しい場所である。

「鹿園(アーフー・ハーナ)」の囲壁の中には、狩猟宮(クーシュケ・シカール)、バーラダリー様式の

図5　ムムターズ・マハルの仮埋葬の場とされる園亭

園亭、溜め池がある。「鹿園（アーフー・ハーナ）」のどこに仮埋葬されたのかについては諸説があるようであるが、宮廷史家イナーヤト・ハーンは、ザイナバードの庭園、つまり「鹿園（アーフー・ハーナ）」内の園亭に仮埋葬されたと記している＊8。

「鹿園（アーフー・ハーナ）」の狩猟宮（クーシュケ・シカール）はアクバル帝の末子、ダーニヤール皇子がムガル朝の最初のデカン総督として赴任した時に建設したものである。この狩猟宮（クーシュケ・シカール）の屋根と似た形状は、1636年にアーグラ城の中にシャー・ジャハーンが建設した「既婚婦人の居所（ハース・マハル）」と称される宮殿の両サイドにある園亭にも見られる。シャー・ジャハーンは「鹿園（アーフー・ハーナ）」の狩猟宮（クーシュケ・シカール）の屋根の形状を園亭に取り込むことで、亡き愛妃ムムターズ・マハルとの愉楽な日々を自らの寝殿の脇に残して置きたかったのかもしれない。こうした「バングラ屋根」と呼ばれる急斜の切妻屋根はもともとベンガル地方の民家の伝統的な造形であるが、次第にムガル皇帝やラージプート諸王の宮殿にも好んで取り入れられていった＊9。

⇨アーグラ城

余談ではあるが、ムガル朝から派遣された皇子やその従者

図6 「鹿園（アーフー・ハーナ）」の狩猟宮（クーシュケ・シカール）（正面）、園亭（後方）、溜め池（前方）

たちにとって、娯楽も何もないブルハーンプルでの唯一の楽しみといえば狩猟であったようだ。狩猟後には「鹿園（アーフー・ハーナ）」の狩猟宮（クーシュケ・シカール）で宴が催され、楽士が音楽を奏で、酒を酌み交わし、遠征での一時の憂さを晴らしていたのであろう。こうした宴会による過度の飲酒（ワイン）が原因でアクバルの息子ダーニヤール皇子（1605没）は34歳という若さで、この地で亡くなった。もしダーニヤール皇子がデカンの地の覇者の一つであったビジャープル王国の娘との婚儀後に急死しなければ、両国の同盟関係はさらに強化され、デカンはムガル朝にとって安定した地となったかもしれない＊10。

シャー・ジャハーンもまた、皇子の頃、愛妻ムムターズ・マハルと共にデカンの総督として赴任し、公事の合間に、この「鹿園（アーフー・ハーナ）」の狩猟宮（クーシュケ・シカール）で宴を催し、愉楽の一時を過ごしたことであろう。

ムムターズ・マハルの生い立ち

亡き愛妃ムムターズ・マハルへのシャー・ジャハーンの想いについて、宮廷史家イナーヤト・ハーンは、「皇帝陛下の喜びのすべてがあの高名な妃ムムターズ・マハルに向けられていたので、陛下はほかの妃には、亡き妃ムムターズ・マハルに向けられた愛情の千分の一さえも感じていらっしゃらなかった」と記述している＊11。なぜこれほどまでにムムターズ・マハルはシャー・ジャハーン帝の愛情を独占し、深い信頼関係で結ばれていたのであろうか。細密画(ミニアチュール)に描かれている美しいムムターズ・マハルの姿ほどには、妃ムムターズ・マハルに関する記述は少ない。ムムターズ・マハルの生い立ちや結婚生活を通して、その理由を探ってみたい。

ムムターズ・マハルとは「宮廷の選ばれし者」という意味で、皇帝に即位した年（1628）に、シャー・ジャハーン帝が妃アルジュマンド・バーノー・ベーガムに与えた称号である＊12。正式な称号名は、ムムターズ・マハル・ベーガムである。では、ムムターズ・マハルはどのような経緯でシャー・ジャハーンの妃になったのか。「シャー・ジャハーンがアーグラ城内にあるバーザールでムムターズ・マハルに一目惚(ぼ)れした」という説もあるが、これは疑わしい。なぜなら、王家の婚姻ともなれば、首長たる皇帝（父親）が婚約相手を決める、いわば政略結婚であるのが一般的であったからである。

宮廷史家イナーヤト・ハーンによれば、ジャハーンギール帝は皇子フッラム（のちのシャー・ジャハーン）を2人の女性と婚約させている。1人はムガル朝の名門貴族、アーサフ・ハーンの娘アルジュマンド・バーノー・ベーガムである。もう1人は、ペルシアのサファヴィー朝の王族の娘である。サファヴィー朝の王族の娘との婚姻後に、アルジュマンド・バーノーはシャー・ジャハーンと結婚している。アルジュマンド・バーノー19歳、

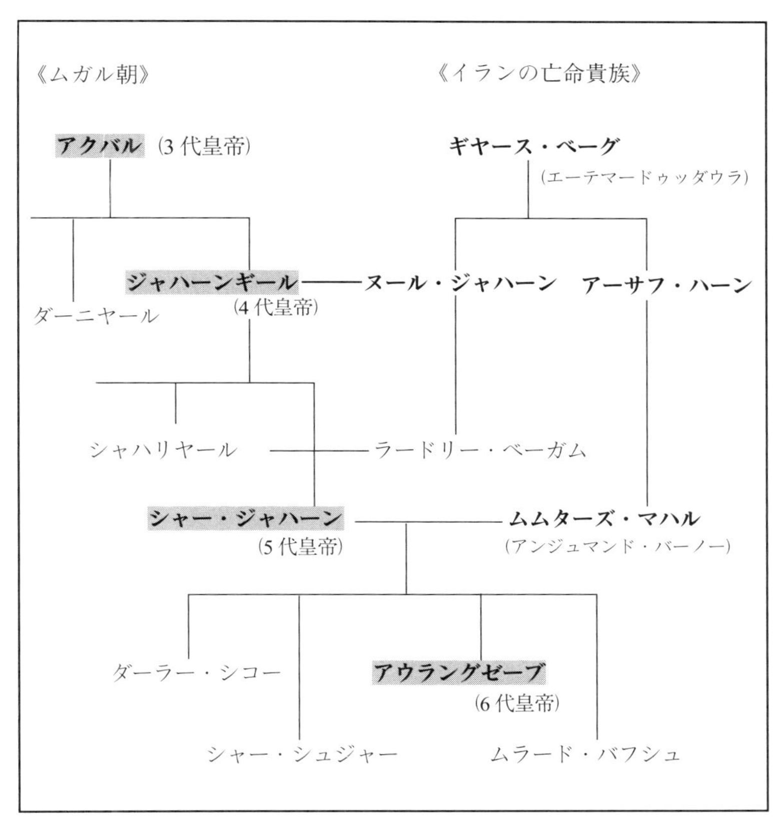

図7　ムガル朝とギヤース・ベーグ一族の系図

シャー・ジャハーン21歳の時である＊13。

ジャハーンギール帝による2人の娘と皇子フッラムとの婚姻は、当時のムガル朝を取り巻く内外の政治状況を反映していた。サファヴィー朝の王族の娘との婚姻は、ペルシアとムガル朝との両者の友好関係・同盟関係を維持するのに大いに有効であった。またムガル朝の名門貴族の娘との婚姻は、ムガル朝内の権力の安定に大いに役立ったといえよう。というのは、ジャハーンギールの妃ヌール·ジャハーンは、アルジュマンド·バーノー（のちのムムターズ・マハル）の叔母であり、父アーサフ・ハーンの妹にあたる。また祖父のギャース・ベグは“国家の信頼（エーテマードゥッダウラ）”と呼ばれ、ジャハーンギールの宰相であった。

ムムターズ・マハルの父アーサフ・ハーンもまた、亡き父ギヤース・ベーグの後継者として宰相となり、シャー・ジャハーンからは“国家の右腕（ヤミーヌッダウラ）”という称号を与えられなど、皇帝の重臣として権勢を振るった。こうしてギヤース・ベーグ一族は、ムガル皇族との婚姻関係を築くことで、ムガル朝廷内に大きな影響力を持つようになった。つまり、これまでムガル皇族との婚姻関係によって朝廷で権勢を振るっていたアンベールのラージプート族に代わって、ギヤース・ベーグ一族がその座に就いたのである。

ムムターズ・マハルはなぜこれほどまでにシャー・ジャハーンの愛情を独り占めし、深い信頼関係を結ぶことができたのであろうか。ムガル朝廷内におけるギヤース・ベーグ一族、父アーサフ・ハーンの影響力も大きかったといえるが、むしろムムターズ・マハルの振舞いや行動が功を奏したといえよう。これまでムガル皇族の妻たちは後宮（ザナーナ）（ハーレム）の中で暮らすのが一般的であった。ところが、ムムターズ・マハルは遠方への軍事遠征であれ、狩猟であれ、子供たちを引き連れ、砂埃と灼熱の中をシャー・ジャハーンと行動を共にした。

こうした行動は、叔母であり、ジャハーンギールの妃であったヌール・ジャハーンの影響を強く受けたものといえる。叔母のヌール・ジャハーンは非常に聡明な女性で、ジャハーンギール帝の遠征や狩猟には必ず同伴し、皇帝の身の回りの世話から健康管理まで自ら行い、後宮の女たちを決して寄せ付けなかった。それゆえ、ジャハーンギール帝の愛と信頼を独占し、のちに国政にも影響力を持つようになったのである。ムムターズ・マハルは帝王学ならぬ「帝妃学」を叔母ヌール・ジャハーンから学んだからこそ、叔母ヌール・ジャハーン同様、ムムターズ・マハルも皇帝の愛と信頼を勝ち得たのであろう。

タージ・マハル建立の地

1631年12月11日、シャー・ジャハーンの命により、ムムターズ・マハルの遺体は仮埋葬されていたブルハーンプルから帝都（アクバラーバード）アーグラに移された。その遺体の移送を任されたのは、2番目の皇子、シャー・シュジャーであった。シャー・ジャハーンは皇子にアーグラまでの移送の行く先々で、貧しい人々への金品や食事など、過分な喜捨（サダカ）を忘れないようにと命じた。イスラームでは、葬儀の際に貧者などへの施しをすることが慣習となっていたからである。

こうして、ムムターズ・マハルの遺体は無事アーグラに送り届けられた*[14]。皇帝の代理として、移送行列の先頭に立った15歳の若き皇子シャー・シュジャーであったが、25年後に帝位継承をめぐる皇子間の争いに加わり、弟アウラングゼーブ皇子との争いに敗れ逃走し、その後の生死さえ分らぬまま歴史から姿を消すことになる*[15]。

ムムターズ・マハルが亡くなり、ブルハーンプルに仮埋葬されている間に、シャー・ジャハーンは妃ムムターズ・マハルが永遠に眠る場所を帝都（アクバラーバード）アーグラで探しはじめた。アーグラの南に、やや高台になっている豊かな土地があった。シャー・ジャハーンはその地をムムターズ・マハルの最適な埋葬場所として選んだ。しかし、その土地はもともとムガル帝国の有力な軍司令官、ラージプート族の王（ラージャー）マーン・スィンフ（1550-1614）のものであったが、当時孫の王（ラージャー）ジャイ・スィンフ（1611-1667）が所有していた。彼は喜んでその土地を贈り物として提供しようとした。しかしシャー・ジャハーンはその申し出を一旦断ったが、シャー・ジャハーンの所有している豪華な邸宅と交換するという条件で、その土地を手にいれた*[16]。

1632年1月15日、ムムターズ・マハルの遺体はその場所に埋葬された。シャー・ジャハーンの命により、聖域たる墓が近親者以外の目、とくに異教徒の目にさらされないように、信じられないスピードで、清純な聖布（チャーダル）に覆われた墓の周りは壁で囲われ、聖者廟（ダルガー）のように、最初は墓の上には小さなドーム状の建造物が建てられた*[17]。その後、その墓の場所に壮麗なドーム状の大霊廟が建てられていった。タージ・マハルが完成するまで要した歳月については諸説があるが、シャー・ジャハーンの回想記には、「タージ・マハルは1632年に建設が開始され、1643年の完成まで11年の歳月を要した」と記されている*[18]。

“黒タージ”の伝説

歴史的な巨大建造物には往々にしてミステリアスな伝説や物語がつきまとうものである。タージ・マハルもその例外ではない。タージ・マハルにまつわる伝説の中で最も広く信じられているのは、「シャー・ジャハーンはヤムナー川に橋をかけてタージ・マハルの対岸に左右対称をなすように自らの黒大理石の墓廟を建造し、タージ・マハルとつなぐつもりであった」とする“黒タージ”の伝説である*[19]。

この伝説の根拠とされたのは、フランス人宝石商・旅行家のタヴェルニエが、1665年アーグラに滞在していたときに書き残した「シャー・ジャハーン帝は川の反対側に自らの墓を建設し始めていたが、息子アウラングゼーブとの戦いでその計画は一時中断された。皇帝となったアウラングゼーブはそれを完成させる気がないようである」という記述にある*[20]。タヴェルニエの記述を裏づけるほかの歴史的な証拠は何も存在していないにもかかわらず、それが最もよく知られたタージ・マハルの伝説となった。この点について、実際、インド考古学調査局（AIS）

は1970年代に2度ほど調査を行っているが、この事実を裏づける“黒タージ”の建設の痕跡は全く見つかっていない*[21]。
タヴェルニエは、シャー・ジャハーンが“黒大理石”で自らの墓廟を建設したとは一言も述べていない。それなのに、なぜ黒大理石の墓廟という“黒タージ”伝説が生まれたのか。イスラーム世界では、“黒”はアラビア語で暗黒、死、悲観などを象徴する色である。同時に、この色は復讐の色であり、反乱の色でもあった。イスラームへの信仰の厚いシャー・ジャハーンが敢えて黒の大理石で自らの墓廟を建設するとは思えない。確かに、タージ・マハルの霊廟の入口には、コーランの一節が黒大理石で大きなアラビア文字が嵌(は)められている。黒大理石を使ったのは、あくまでもコーランを際立たせるための装飾技法に過ぎない。
それでは、シャー・ジャハーンが建てた建造物の中に、黒大理石を用いて建てられたものがあったのであろうか。一つだけ存在している。それはカシュミール地方にあるシャーリーマール庭園(バーグ)の中にある園亭である。しかし、墓廟ではない。シャーリーマール庭園(バーグ)について、宮廷史家イナーヤト・ハーンはシャー・ジャハーンの回想記の中で、「カシュミールには魅力的な庭園や人を楽しませる庭園があるが、その中で最も素晴らしいのは、1620年に父ジャハーンギー帝の命により、陛下（シャー・ジャハーン）の指揮の下で建造された『喜びを与える園(バーゲ・ファラフバフシュ)』と呼ばれる庭園である」と記している。さらに「最近、陛下（シャー・ジャハーン）の命により、1634年には『喜びを与える園(バーゲ・ファラフバフシュ)』の後ろに、『賜り物を与える園(バーゲ・ファイズバフシュ)』と呼ばれる庭園が設計された」と記している*[22]。
簡潔に述べるならば、シャーリーマール庭園(バーグ)には二つの大きな四分庭園(チャハール・バーグ)と、湖のほとりにつながる前庭から構成されている。四分庭園(チャハール・バーグ)とは楽園を流れる4本の川を模した水路で4分割された庭園形式をいう。上段の四分庭園(チャハール・バーグ)は女性の区画(ザナーナ)で

図 8　黒大理石の「賜り物を与える園（バーゲ・ファイズバフシュ）」

図 9　「賜り物を与える園（バーゲ・ファイズバフシュ）」から見る内謁殿

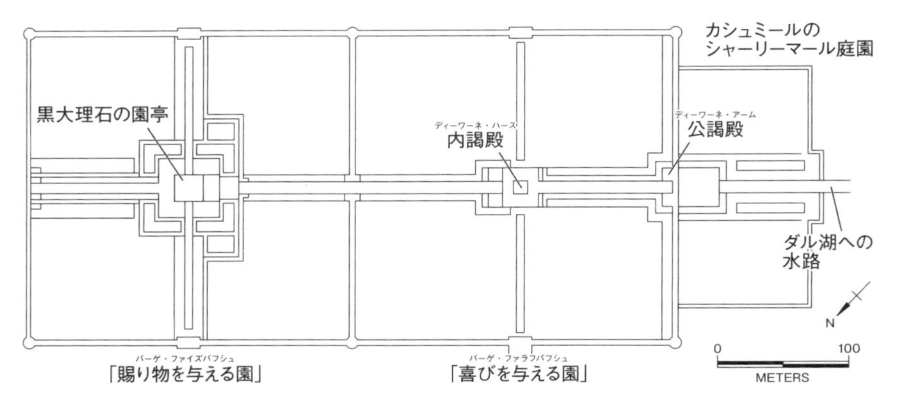

図 10　シャーリーマール庭園の平面図

「賜り物を与える園（バーゲ・ファイズバフシュ）」と呼ばれ、四角い泉水の真ん中には黒大理石の園亭が立っている。中段の四分庭園は「喜びを与える園（バーゲ・ファラフバフシュ）」と呼ばれ、その中央には小さな四角い台座だけの内謁殿（ディーワーネ・ハース）がある。下段には公謁殿（ディーワーネ・アーム）が設けられている。小高い山々からの清涼な水は黒大理石の園亭の両脇を通り、さらに内謁殿（ディーワーネ・ハース）へ、公謁殿（ディーワーネ・アーム）へと一直線上に流れ、最後にはダル湖に流れ落ちる。クルアーンの中の次のような1節を想起させる。

まこと、敬虔な信者はやがて（来世は）緑の園と流れる川のあるところ、まことの宿に泊まり、全能の大王様のおそばで暮せよう＊[23]。（第54章　月、第54・55節）

シャーリーマール庭園（バーグ）は、まさにクルアーンの中に描かれた「川が流れる楽園」、いわゆる“天国の川（ナフレ・ビヒシュト）”をイメージして設計されている。こうしたプランは、後にシャー・ジャハーンが建設した新帝都シャージャハーナーバードのデリー城（1639-48）内の宮殿群を貫く水路、いわゆる“天国の川（ナフレ・ビヒシュト）”にも生かされている。

「賜り物を与える園（バーゲ・ファイズバフシュ）」の真ん中になぜ黒大理石の園亭が建てられたのか。これはあくまでも想像に過ぎないが、この園亭はジャハーンギール帝を亡くし、未亡人となった継母ヌール・ジャハーンの助言に基づいてシャー・ジャハーンが建てたものではないか。シャー・ジャハーンと継母ヌール・ジャハーンとは、ジャハーンギール帝の死後、帝位継承をめぐって争った間柄であったが、その後関係は修復され、シャー・ジャハーンはヌール・ジャハーンに多額の年金を与え、生活を支援している。

ヌール・ジャハーンは芸術や文化に造詣が深く、ペルシア語やアラビア語を自由に操り、有名な詩人の詩歌を暗唱し、自らも詩作するほどの教養人でもあった。しかしたとえ皇妃であれ、貴婦人はアーグラ城の公謁殿（ディーワーネ・アーム）で催される祝宴や金曜モスクでの集団礼拝などには参加ができなかった。貴婦人の行動範囲はアーグラ城の内謁殿（ディーワーネ・ハース）や後宮、後宮の庭園などに限られていたのである。それだけに、貴婦人の領域に属する建造物については、先の皇帝ジャハーンギール同様、シャー・ジャハーン帝もまた比較的寛大で、とりわけ継母ヌール・ジャハーンの意見は尊重され多く採用されたと考えられる。したがって、この黒大理石の園亭もシャー・ジャハーンの援助の下、ヌール・ジャハーンがプランしたものだといえよう。実際、それ以前にも、ジャハーンギール帝の援助の下、ヌール・ジャハーンは多くの庭園（ラーム庭園(バーグ)など）や両親の墓廟（「エーテマードゥッダウラ廟」）を自らのプランに基づいて建造している。

ヌール・ジャハーンがシャーリーマール庭園(バーグ)に黒大理石を用い、園亭全体を黒いトーンで統一したのは、夫ジャハーンギール帝への哀悼の意と自ら喪に服す意思を表したものではなかろうか。そして、お気に入りのペルシア語詩人アミール・フスロー（1253-1325）の有名な詩、「この地上に楽園があるとすれば、それはここにある、ここにある、ここにある」を「賜り物を与える園(バーゲ・ファイズバフシュ)」の黒大理石の園亭の内壁に刻ませたのではなかろうか＊24。現在はその詩句は残っていない。のちにシャー・ジャハーンも自ら建設したデリー城内の内謁殿(ディーワーネ・ハース)の天井下の壁に同じフスローの詩を刻み込んでいる。⇨デリー城

以上の点から考えると、シャー・ジャハーンが自らプランし手掛けた建造物の中には、黒大理石の建造物は存在していないといってよい。それなのに、なぜ黒大理石の墓廟（黒タージ）の伝説が生まれたのか。それは、タージ・マハルが四分庭園(チャハール・バーグ)の真ん中に立っておらず、ヤムナー川沿いの北側に建てられているからではなかろうか。この配置では、明らかに左右対称性を特徴とするペルシアの伝統様式とは異なっているため、白タージとの対称性から黒タージを対岸に配置し、「いずれシャー・ジャハーンはヤムナー川に橋をかけてタージ・マハルの対岸に左右対称をなすように自らの黒大理石の墓廟を建造し、タージ・マハルとつなぐつもりであった」という解釈を生み出し、それが次第に“黒タージ”の伝説として広がって行ったのではないかと推察される。

タージ・マハルの左右対称性

タージ・マハルの霊廟がヤムナー川沿いの北側の高台に置か

れたのは、何か理由があったのであろう。タージ・マハルの対岸、ヤムナー川沿いには、初代ムガル皇帝のバーブル時代から数多くの庭園や私邸が立ち並んでいたようである。バーブルは回想記（『バーブル・ナーマ』）の中で、ヤムナー川を渡って庭園に適した土地を見てまわったが、これ以外の土地は無かったので、やむを得ず、この土地に手を入れ、庭園を作ったと述べ、その庭園の建設の様子を次のように書き残している。

> **最初に公共浴場の水を取る大きな井戸が作られた。ついで、現在タマリンドの木々と八角形の貯水場がある一角が作られた。その後、大きな貯水場と庭が作られ、その後、石造の建物の前の貯水場とホールが作られた。その後、私邸の小庭園と家屋が作られ、さらにその後で公共浴場が作られた。かくして快適な所のない、整然とした所のないヒンドゥスタンに、すばらしい設計図にもとづく建物と秩序あるいくつかの小庭園が誕生したのである。隅々には美しい草地が配備され、そこには見事なバラや野ばらが完璧な形で完備されていた**＊[25]。

そしてバーブルは、「ヒンドゥー人は、このような計画的に整然と整えられた土地を見た事がなかったため、ジューン川（ヤムナー川）の建物を建てた側の一帯をカーブルと名付けていた」とも記述している。カーブルはバーブルのもとの本拠地である。2代皇帝フマーユーンを除くと、アーグラは3代皇帝アクバル、4代皇帝ジャハーンギール、第5代皇帝シャー・ジャハーンの帝都であった。この治世下において、帝都アーグラ（アクバラーバード）はヤムナー川沿いに建てられたアーグラ城を中心に拡大・発展していったのである。

アクバル帝の宮廷史家イナーヤト・ハーンによれば、8kmにわたってアーグラの中心を流れるヤムナー川の両岸には、魅力的な邸宅と一面に広がる心地よい草地があったようである*26。またオランダの東インド会社の商務官、フランシスコ・ペルサートはアーグラに7年間（1620-27）駐在し、『建白書』をまとめている。その中でアーグラのヤムナー川沿いにある所有者の名を冠する33の庭園（墓廟庭園を含む）をリストに挙げている。そのうちの約3分の1はジャハーンギールの治世下に建設されたか改築されたものだと述べている*27。

現存している庭園の中で、ジャハーンギール帝の援助の下、妃ヌール・ジャハーンがプランし建設したラーム庭園やエーテマードゥッダウラ廟はその代表的なものといえる。いずれも、ヤムナー川沿いに面して設計されており、とりわけラーム庭園の園亭は川岸ぎわの高台のテラスに建っている。ムガル建築・美術の専門家エバ・コッホによれば、園亭のテラスが高くなっているのは、人々が川岸ぎわに寄って川の流れを楽しむためだけでなく、外部からのぞき込まれないようにするためだった*28。

こうした川を見下ろす高台のテラスに園亭を設ける様式は、ペルシア起源であったのかもしれない。その様式を自らの庭園や両親の墓廟に最初に取り入れたのは、妃ヌール・ジャハーンだったといえよう。それ以降、こうした様式はヤムナー川沿いの庭園だけでなく、墓廟建築や宮殿でも一般的に採用されるようになった。タージ・マハルの墓廟がヤムナー川岸ぎわの高台のテラスの上に建っているのも、こうした様式に則ったものだといえる*29。⇨ラーム庭園

では、タージ・マハルの対岸に建設されたマヘターブ庭園は何のために造られたのか。シャー・ジャハーンはタージ・マハルの建と同時期に、その対岸にマヘターブ庭園（月光庭園）という庭園の建設を開始している。このマヘターブ庭園が存在するがゆえに、“黒タージ”の伝説を生む根拠となったのであるが、この場所は明らかに墓廟ではなく四分庭園であり、タージ・マ

図 11　タージ・マハルから望むヤムナー川

ハルには不可欠な部分として設計されているといえる。つまり、それはタージ・マハルの霊廟を中心に、ヤムナー川を挟んで左右対称性をなす右側の部分として建設されており、マヘターブ庭園（バーグ）を建設することにより、タージ・マハルは左右対称性を有する完璧な建造物となったのである。したがって、マヘターブ庭園（バーグ）は墓庭園（“黒タージ”）ではなく、あくまでも四分庭園（チャハール・バーグ）でなければならないのである。そこにはムガル朝のもつ極めて洗練された審美眼があらゆる美の定義を凌（しの）ぐ喜悦が庭園の中に具現化されている。

マヘターブ庭園（バーグ）の存在により、タージ・マハルはもはや他方なしに一方を想像するのが難しいほど完璧な統一性を成している。しかも、そこには見る人を楽しませる設計者のさまざまなアイデアとビジョンが巧みに織り込まれている。たとえば、タージ・マハルは2つの位置から眺めを楽しむように設計されている。1つは、タージ・マハルの南門の入口から、または四分庭園（チャハール・バーグ）の中央の台座の位置からタージ・マハルを眺めること

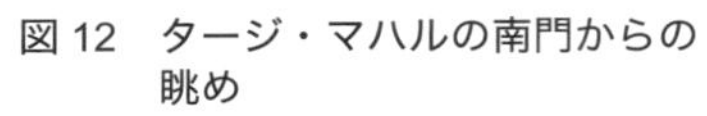

図 12　タージ・マハルの南門からの眺め

図 13　マヘターブ庭園（バーグ）からの眺め

である。2 つ目はあまり知られていないが、対岸のマヘターブ庭園（バーグ）から眺めることである。

ある意味、マヘターブ庭園（バーグ）はタージ・マハルを眺めるために建てられたといっても過言ではない。というのは、マヘターブ庭園（バーグ）（月光庭園）の意味が著わしているように、それはとりわけ月夜の晩にそこからタージ・マハルを眺めるための庭園となっているからである。現在は消失しているが、八角形の貯水槽の縁にはテラスがあり、その上にある園亭の前には八角形の貯水槽がある。園亭から眺める月夜に照らされたタージ・マハルや貯水槽に映ったタージ・マハルの影はこの世のものとは思えないほど幻想的な景色であり、まさに来世の楽園そのものを現世に再現しようとする演出であったといえよう。

八角形の貯水槽の縁に立つ園亭はいかなるものであったか。ムムターズ・マハルが仮埋葬されたバーラダリー様式の園亭であったのか、それとも「鹿園（アーフー・ハーナ）」の狩猟宮の「バングラ屋根」の園亭であったのか。1652 年、父シャー・ジャハーン帝宛ての手紙の中で、皇子アウラングゼーブは「マヘターブ庭園（バーグ）」について次のように書き送っている。

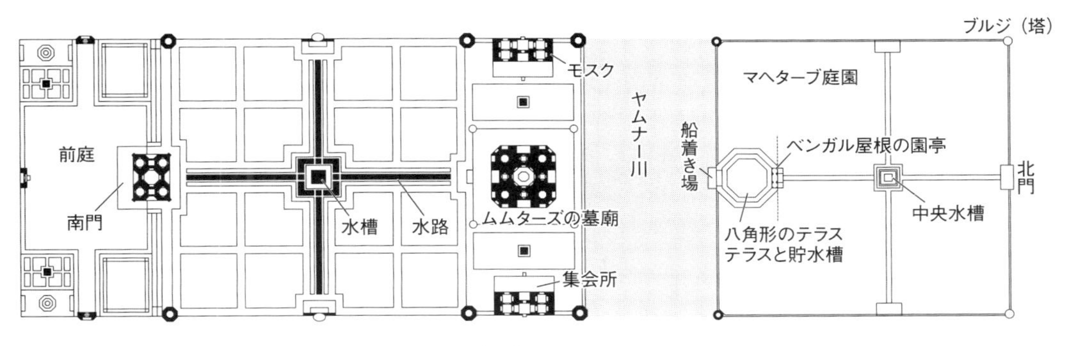

図 14　タージ・マハルとマヘターブ庭園（バーグ）の平面図、左岸にタージ・マハル、右岸にマヘターブ庭園（バーグ）

マヘターブ庭園（バーグ）は完全に水浸しになっているため、その魅力は失われています。しかし、まもなく新緑に覆われ、その魅力を取り戻すでしょう。マヘターブ庭園（バーグ）には、八角形の貯水槽（泉水）とバングラ屋根の園亭が素晴らしい状態にあります。今、川が以前の流れに戻ろうとし、元の川の状態を取り戻そうとしているために、ヤムナー川の水が川岸で氾濫しているのだと聞いて驚いています[*30]。

シャー・ジャハーンはマヘターブ庭園（バーグ）でどのような一時（ひととき）を過ごしていたのであろうか。シャー・ジャハーンが設計したマヘターブ庭園（バーグ）や歴史書から推察すると、公事の無いとき、シャー・ジャハーンは正午過ぎの礼拝（ズフル）を終えると、アーグラ城の八角形の「王の塔（シャー・ブルジ）」の階段を下りて船着き場に向い、そこから船で対岸のマヘターブ庭園（バーグ）に渡り、バングラ屋根の園亭に腰を下ろし、噴水が噴き出す八角形の貯水槽の向うに姿を現すタージ・マハルをしばらく眺めるのが至福の時であったろう。日没後の礼拝（マグリブ）が終わると、月夜の晩には船着き場からマヘターブ庭園（バーグ）に渡り、バングラ屋根の園亭に腰を下ろし、月夜に照らされた向う側のタージ・マハルを、または貯水槽に映った霊廟の影を、一面に

図 15　ベンガル屋根の園亭から望む八角形の貯水池（手前）とタージ・マハル

白いカーミーニの花の匂いが漂いナイチンゲールがさえずる中で、時の経つのを忘れて眺めていたことであろう。

マヘターブ庭園（バーグ）からタージ・マハルを眺める見方として、こうした神秘的な体験が視覚的な方法で体験できるように庭園は設計されているといえよう。つまり、見る者の視覚体験を高めるために、設計者は八角形の貯水槽や水路を整え、月の満ち欠けや季節の草木や鳥をうまく取り込むことで、われわれにこの世のものとは思えない神秘的な体験を味わわせ、それはまさに現世にいながらして来世を体験できるように設計されたといえる。

「永遠の楽園」か「復活の日」の寓意物語か

墓廟を中心とするタージ・マハルの建築・庭園の複合体は、「永遠の楽園」として設計されたものと考えられる一方で、「死者が起き上がり、『神の玉座』の下で審判をくだされる『復活の日』の寓意物語として構築された」ともいわれている＊[31]。なぜ「復活の日」の寓意物語なのか。おそらくその理由は、霊廟の南側のアーチから時計回りに西側・北側・東側のアーチへと、クルアーンの第36章「ヤー・スィーン」の章句がそれぞれ順番にアラビア語で刻まれているからであろう＊[32]。つまり、この章句は「最後の審判の日」に何が起こるかを告げているといわれている。通例ムスリムは、葬儀、墓参、供養など死者の平安・冥福を祈念する際に「ヤー・スィーン」の章句を朗誦することが多い。

その一方で、ムムターズ・マハルの模棺（セノタフ）には、クルアーンの第41章30節、「だが、『アッラーこそ我らの主』と言って、そこからずっと真直ぐな道を進んで来た人たちの上には、天使らが次々に降りて来て、『怖がることはない。心配することない。前々から約束されていた楽園に入って心ゆくまで楽しむがよい。』」が刻まれている＊[33]。残念ながら、現在近くでその模棺（セノタフ）を見ることはできない。

タージ・マハルの複合建築は、神の赦（ゆる）しを与えられた人々が永遠の生を享受する楽園として設計されたものか、それとも神の裁きを受ける場として構築されたものなのか、議論の分かれるところである。しかし、シャー・ジャハーンが建設した多くの宮殿や庭園を見る限り、彼がいかに「永遠の楽園」を強く望んでいたかがわかる。その意味では、タージ・マハルは「永遠の楽園」を表現したシャー・ジャハーンの集大成ともいえる最高傑作であるといえよう。

シャー・ジャハーンの埋葬地

宮廷史家イナーヤト・ハーンによれば、死期が迫っていることを悟ったシャー・ジャハーンは、自らの埋葬と最後の宗教上

図16　タージ・マハル（霊廟）の南側のアーチに刻まれたクルアーンの章句

の儀式の準備をするよう命じ、「カファン」と呼ばれる死装束を持って来させた。そして彼は、愛娘ジャハーン・アーラーに自分の配偶者と宮殿にいる女性たちの面倒を見てくれるように懇願した。さらに彼は、ジャハーン・アーラーに自分と彼女たちのためにクルアーンの一節を朗誦してくれるよう頼んだ。

シャー・ジャハーンの周りに集まった近親者に彼は最後の言葉を語りかけている間、娘ジャハーンアーラーは悲しみで胸が張り裂けそうであった。娘ジャハーン・アーラーを慰めるために、シャー・ジャハーンは「アッラーのほかに神はなし、ムハンマドはアッラーの使徒である」と信仰告白（シャハーダ）を唱えると、クルアーンの「神様、私どもに現世でもよいものを、来世でもよいものをお与えください。私どもを（地獄の）劫火（ごうか）の罰から護（まも）り給え」（第2章201節）を朗誦し始めた[*34]。

信仰告白（シャハーダ）を信じて死んだ者はその日に報われ、永遠の楽園での生活が許されるとシャー・ジャハーンは信じていたのであろう。娘ジャハーン·アーラーの現世·来世を案じながら、クルアーンの「だが正しい信仰をもち、善功を積む人々、そういう人々はみな楽園の住民になって、そこで末永く住みつくことになろうぞ」（第2章82節）という章句を信じ、その住民になることを強く望んでいたのであろう*35。

その日の夜にシャー・ジャハーンは息を引き取った。シャー・ジャハーンは、息子のアウラングゼーブ帝により8年間アーグラ城に幽閉され、そこで74歳の生涯を閉じたのである。彼の遺体は「王の塔（シャー・ブルジ）」と呼ばれる八角形の塔から隣の広間に移され、そこで湯灌（ゆかん）されて埋葬の準備が整うと、王の塔（シャー・ブルジ）の階段から下へと運びだされたという。その顛末（てんまつ）について、宮廷史家イナーヤト・ハーンは次のように記述している。⇨アーグラ城

> **シャー・ジャハーンが亡くなったという知らせが届くと、新帝都シャージャハーナーバード（現在のデリー）にいたアウランゼーブ帝は直ちにアーグラに出向いた。すでに姉ジャハーン·アーラーが葬式の段取りを整えていた。ジャハーン·アーラーは盛大な国葬を強く望んでいたが、そのためには行列をなしてシャー・ジャハーンの遺体を町の中心を通って運ばなければならなかった。しかし、彼女はそれを行うのに必要な権限を持っていなかった。結局、会葬者の小さな行列はアーグラ城砦の外側に通じる小門から階段を降り、ヤムナー川を渡って、遺体は妻ムムターズ・マハルの眠るタージ・マハルの地下に埋葬された*36。**

なぜシャー・ジャハーンの娘ジャハーン・アーラーは弟の皇帝アウラングゼーブの許可もなく、勝手に急いで葬式を執り行い、父シャー・ジャハーンの遺体をタージ・マハルに埋葬したのか。イスラーム世界では、葬式を取り仕切るのは男性の近

親者であるのが一般的である。しかもアウラングゼーブ帝は父シャー・ジャハーンに関わる全ての事柄はムガル朝廷の役人によって決定されると前もって命じていた。それにもかかわらず、なぜ娘ジャハーン・アーラーはイスラームの慣習も皇帝の命令も無視して、葬式を強行し、タージ・マハルに眠る妃ムムターズ・マハルの脇に埋葬したのか。それはおそらく生前に父シャー・ジャハーンから埋葬の場所を聞いており、それをアウラングゼーブ帝が許さない可能性があったため、皇帝の命に背き、イスラーム慣習を無視してまで強行に及んだのであろう。葬式後、タージ・マハルに父シャー・ジャハーンを埋葬したジャハーン・アーラーが弟アウラングゼーブ帝に見せた覚悟と手抜かりのない対応について、ベルニエは次のように述べている。

> **ベーガム・サーヒブ（ジャハーン・アーラー）のはからいで、モスクと、アウラングゼーブが入城前に足を止めることになっている特別な場所に、豪華な錦の布が張りめぐらされたこと。後宮、つまり女たちの居室の入口で、ベーガム・サーヒブは弟（アウラングゼーブ）に大きな金の鉢を差し出したが、その中には、自分の宝石とシャー・ジャハーンの宝石が、残らず入っていたこと。そして彼女は、豪勢なもてなしをし、きわめて巧みで如才のない対応をしたので、ついにアウラングゼーブの赦（ゆる）しを得ることができ、その後は彼に信用されるようになり、厚遇を受けたということである*[37]。**

姉ジャハーン・アーラーと弟アウラングゼーブ帝との関係は、ベルニエが記述しているように、完全に修復されたのであろうか。憎しみが複雑に絡み合った肉親の関係ほど紐（ひも）解くのは難しいものである。タヴェルニエは、ジャハーン・アーラーの最期について次のように記述している。

アウランゼーブ帝は姉ジャハーン・アーラーを新帝都シャージャハーナーバード(デリー)に移した。ジャハーン・アーラーがアーグラ城を去るとき、象に乗せられて通りすぎるのを私は見た。間もなくして、彼女が亡くなったという知らせが広まった。世間では、彼女の死は毒を飲まされ早まったのだと信じられた。長男ダーラー・シコーがどうなったのか。不幸なシャー・ジャハーンの皇子間の戦争の結末がどうなったのかを考えてみてください*38。

タヴェルニエの記述は、ベルニエとは異なっている。いずれにせよ、真相は依然やぶの中である。皇女ジャハーン・アーラーの墓は、デリーの高名なスーフィー聖者、ニザームディーン廟内にある。ハズィーラ様式と呼ばれる屋根のない、美しい透かし彫りの白大理石の障壁(シャーリー)に囲まれて彼女は静かに眠っている。

⇨ニザームッディーン廟

2　アーグラ城

図 17　アーグラ城、アマル・スィンフ門（南門）

赤砂岩の堅固な城壁と堂々とした門構えは、アーグラ城を見る者を圧倒する。ヤムナー川沿いに立つアーグラ城は、タージ・マハルよりも上流の大きくカーブした東側に位置しているため、タージ・マハルを遠くから眺めることができる。我々が目にするアーグラ城は、いわばムガル帝国の栄光と没落の歴史的遺産ともいえる城塞である。

現在のアーグラ城は長い歴史の中で破壊と文化的融合の集積物ともいえる建造物群で成り立っている。古いアーグラ城は3代皇帝アクバル（在位 1556-1605）によって大改築工事が行われ、新しいアーグラ城として生まれ変わった。その後5代皇帝シャー・ジャハーン（在位 1628-58）により城内にある一部の建造物を残し、北側に新たな宮殿群や庭園などが建設された。そして6代皇帝アウラングゼーブ（在位 1658-1707）により城の警護を強化するために、城壁の周りは新たに堅固な城壁で囲われた。さらに北側には、植民地時代にイギリス軍により兵舎が造営された。

アーグラ城ほど時の支配者の重要な拠点としてインドの歴史にその名を残した城塞は少ない。アーグラはイスラーム王朝時代の政治・経済の中心地として発展してきた古都であったが、今日ではタージ・マハルをはじめ、多くの美しい墓廟や庭園が残っているため、世界から多くの人々が訪れるインドを代表する有名な観光都市となっている。ヤムナー川沿いに立ち並ぶ墓廟や城塞や庭園は、さまざまな民族文化や宗教が混ざり合い、多様な要素を吸収しながらも独自の美を形成し、人々を魅了してやまない。

アーグラの歴史と城壁

1660 年代、インドに滞在していたフランスの知識人大旅行家ベルニエは、アーグラの町の印象について、次のように記述している。

アーグラは次の点で確かにデリーより優れています。すなわち、既に長い間王城の地だった――つまりアクバルが建てさせ、自らの名を取ってアクバラーバードと名付けたので、デリーよりも広く、オムラー（貴族）やラージャ（諸侯）の美しい家も多く、美しいキャラヴァンサライ（隊商宿）も多く、その他石やレンガ造りの個人の美しい家も多いのです。……ところが、この町は次の不利な条件を持っています。すなわち、（町全体が）城壁で囲まれておりません。一定の計画で建設された訳ではないので、デリーのような同じ構造の美しい大通りがありません。とても長くかなり見事に造られている四、五本の主要な商店街以外は、大部分

が小さく狭く左右歪な道か、曲がり角か、ただの袋小路です。宮廷がここにある時は恐ろしい混雑の原因となります。……鄙（ふる）びた感じがするという点を除いて、デリーとアーグラの間には、今言った違い以外のものがあると思えません。でもこれは、アーグラを貶（おとし）めるような田舎臭さでは決してありません。とても美しく目を楽しませてくれます＊[1]。

ベルニエが見たアーグラの町は、どのような歴史を経て発展・形成されていったのであろうか。最初にアーグラを首都（1504）と定め居城を構えたのは、ローディー朝のスルターン、スィカンダル・ローディー（在位 1489-1517）であった。アーグラは政治的・軍事的要衝の地として、その重要性が次第に認識されるようになると、アーグラの支配権をめぐってしばらく争いが続いた。

1526 年、ローディー朝のイブラーヒーム・ローディーがパーニーパットの戦いでバーブル（ムガル帝国の初代皇帝）に敗れると、アーグラはムガル帝国の支配下に置かれた。1530 年、バーブルが亡くなると、フマーユーンはアーグラ城で第 2 代皇帝の戴冠式を行った。ムガル帝国の基礎を築こうとしたが、スール朝のシェール・シャーとの戦いに敗れたため、フマーユーン帝はアーグラもデリーも放棄し、ペルシアの地に亡命を余儀なくされた。こうして、ムガル帝国の支配は一時中断することになる。

シェール・シャーが奪ったアーグラ城は、シェール・シャーの死後、1555 年にフマーユーンによって再び奪還された。ところが、翌年フマーユーンがデリーで急死すると、一時アーグラはアーディル・シャー（シェール・シャーの甥）の軍司令官のヘームーに占領された。若くして皇帝となったアクバルは幸運にも、ヘームーの戦傷によりアーグラを奪還することができた＊[2]。

1558 年、アクバルがローディー朝の古都アーグラを訪れたとき、アーグラ城は古くレンガ造りのため、度重なる戦禍と地震などでかなり荒廃が進んでいたようである＊[3]。アクバルは親政

図 18　キラ・ムバーラクの正門、バティンダー（パンジャーブ州）

を開始するにあたり、アーグラに新しい城砦を作ることを決意した。こうしてアーグラ城は、8年間（1565-73）の歳月をかけて大規模な改築工事が行われた。レンガの代わりに赤砂岩を用いて建造された、堀と堅固な城壁を備えた巨大な要塞はのちに「赤い城(レッド・フォート)」とも呼ばれるようになった*4。

ベルニエがアーグラに滞在していた頃、現在のアーグラ城の外壁はまだ存在していなかった。なぜなら、堅固な外壁は、アウラングゼーブが皇帝となった後に造られたものであったからだ。またアーグラ城の門に渡る橋は、当時と変わらずつり上げ橋であった*5。アーグラ城にはさまざまな歴史的・文化的な要素が混在していることを考えれば、現在あるアーグラ城の堅固で堂々とした城壁のスタイルもまたムガル朝の特徴的な建築様式であったかどうかは分からない。というのは、インド北部、バティンダー（パンジャブ州）という町がある。バティンダーは当時“インドの入口(タバレ・ヒンド)”として知られていた。その町の真ん中にあるキラ・ムバーラクという城砦は最も古い城砦といわれる。
キラ・ムバーラクは11世紀初頭、ラーホールの王ジャイパールの城砦であったが、中央アジアから北インドに侵入したガズナ朝（イスラーム王朝）のマフムードに制圧された*6。この城砦は現存するインドの城砦の中で最も古いものである。ムガル帝国がインドを支配する以前から存在していたと考えれば、こうした堅固で堂々した城砦の造りは、ムガル帝国の独自の建築様式というよりはむしろヒンドゥーの土着支配者の建築様式であったのかもしれない。その建築様式が12世紀にインドを支配したデリー・スルターン朝に受け継がれ、ムガル朝のアーグラ城へと継承されていったのではなかろうか。

アーグラ城の門

アクバル帝の宮廷史家アブル・ファズルによれば、新しく建てられたアーグラ城にはベンガル風やグジャラート風の美しい建物が500以上あったようである*7。現在、アクバル時代の建物は南門と西門、アクバル宮殿の一部とジャハーンギール宮殿（後宮地区）を除いてほとんど残っていない。1580年、アクバルの居城アーグラ城を訪れたイエズス会宣教師モンテセラーテは、「アーグラ城には、皇帝アクバルの宮殿のほかに、貴族たちの邸宅、軍需物資貯蔵庫、皇族の宝物庫、兵器庫、騎兵隊の厩舎、薬屋、理髪店、そして一般の労働者のあらゆる風俗が存在していた。」と述べている*8。
アーグラ城の南側の門はアマル・スィンフ門からアクバル門（図20）へと続く二重の門となっている。アクバル門は本来“皇帝の専用門”であった。西側の門もまた、デリー門からハーティー・ポール（象門）へと続く二重の門となっている。ハーティー・ポール（象門）は本来“廷臣や謁見者の通用門”であった。残念ながら、現在この西側の門は軍の専用門となっているため、

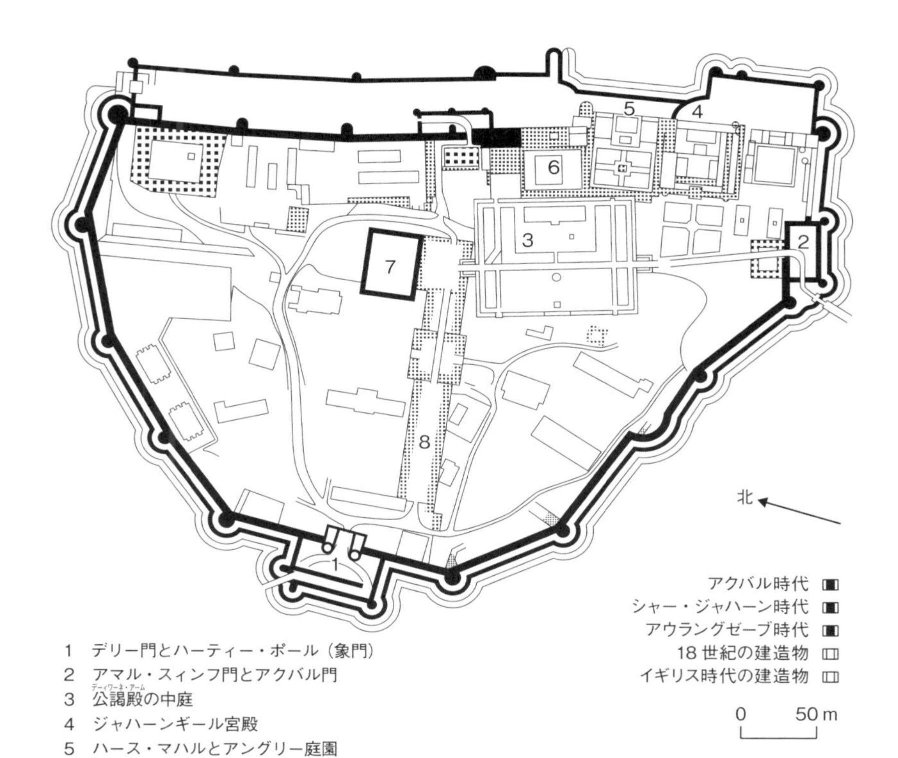

1　デリー門とハーティー・ポール（象門）
2　アマル・スィンフ門とアクバル門
3　公謁殿（ディワーネ・アーム）の中庭
4　ジャハーンギール宮殿
5　ハース・マハルとアングリー庭園
6　マッチー・バワン
7　モーティー・マスジド
8　バーザール通り

図 19　アーグラ城の平面図

通ることも内門を見ることもできない。したがって、一般観覧者は南側のアマル・スィンフ門から入りことになる＊9。

南側の門と西側の門、いずれもアクバル帝が建設したものであるが、南側の内門であるアクバル門も南側の内門であるハーティー・ポールも、実はグワーリヤルにあるマーン・マンディル宮殿（マーン・スィンフ宮殿ともいう）の門の様式を採り入れたものである。アーグラから南に約 120 キロ離れたグワーリヤルのマーン・マンディル宮殿は、王（ラージャー）マーン・スィンフ（在位 1486-1517）が築いたもので、ヒンドゥー王国（ラージプート諸王）の城郭宮殿の中で最も魅力的な建物である。⇨グワーリヤル城

1557 年、アクバルはグワーリヤルを支配したとき、グワーリ

図 20　アーグラ城、アクバル門（南門）

ヤル城のマーン・マンディル宮殿のハーティー・ポールに魅了されたのであろう。自ら築いた城砦の内門には、マーン・マンディル宮殿のハーティー・ポール（象門）に似た門を西側に据え、さらに南側の内門（アクバル門）にも象の立像は無いが、ハーティー・ポールと似た門を築いている。ハーティー・ポールとは象門という意味で、その門の両脇には磨かれた黒大理石で作られた等身大の象が2頭立っており、その上にはヒンドゥーの王（ラージャー）が乗っていたようだ*[10]。このアクバル門の近くには、遊女が寝泊まりする施設があったと、1640年～1641年にアーグラ城を訪問したポルトガルの宣教師・旅行家のセバスティアンは記述している。

> **この門の近くには、技芸者として400人の遊女が寝泊まりする偶像崇拝者の施設がある。彼女たちは公序良俗に反するとしてクルアーンで禁じられている恥ずべき行為（売春）を行ったり、また偶像崇拝者（カーフィル）の気晴らしや享楽のために歌や舞踊を披露したりする。この恥ずべき遊女集団は皇帝の費用で維持されており、皇帝や皇子たち、そして皇妃たちの要求につねに応じる用意ができている＊[11]。**

宮廷における遊女の存在は、禁欲的な宣教師の目には、おそらく不潔で蔑（さげす）む不道徳な存在にしか映らなかったのであろう。この偶像崇拝者（カーフィル）とは誰を指しているのであろうか。ヒンドゥー教徒なのか、それともイスラーム教徒なのか。もちろん、イスラーム教徒は偶像を崇拝することを禁じられているが、中世ヨーロッパでは、イスラーム教徒は預言者ムハンマドの像を礼拝すると考えられていた。セバスティアンの目には、インドのイスラーム教徒もヒンドゥー教徒も同様に、偶像崇拝者（カーフィル）で極めて不道徳で穢（けが）れた存在に映っていたのかもしれない。ベルニエもまた、シャー・ジャハーンの遊女について次のように書き残している。

> **ところで、私にはいささか度が過ぎると思われるところが一つあります。それは、街の女——なるほどバザールのあの娼婦ではなくて、大オムラー（大貴族）やマンサブダール（官僚）のところでの大掛かりな結婚式に歌舞のために出掛ける、あの人前に身を曝（さら）すことのない立派な女達ではありますが——いわば金きら金、花盛りといった意味のカンチャンと呼ばれる女達が、シャー・ジャハーンの時代には、この祭りの時に後宮にも入り、歌ったり踊ったりしてまる一晩をそこで過ごすこともあったということであった。……彼女達はあの堕落した連中ではなく、大部分は美しく、身なりもよく、皆この国流の歌や踊りがとても上手にできま**

す。でも結局のところいずれにしても街の女です*[12]。

この遊女たちが寝泊まりする施設がアクバル門の近くのどこにあったのか、いつ造られたものなのかはよく分からない。古来インドでは、ヒンドゥー寺院に所属する女性の踊り子や歌い手は"神の召使(デーヴァダースィー)"と呼ばれていた。神の僕(しもべ)であった彼女たちは、社会の発達や時代の変化に伴い、奉仕する対象が神々から君主や士侯といった地上の支配者へと移り、次第に売春を伴う遊女のようなものなっていったといわれる*[13]。セバスティアンが見た遊女たちは、おそらくヒンドゥー寺院に所属する者たちではなく、ムガル皇族が所有する施設に属する者たちであったのであろう。

アクバル門を抜け傾斜路を上っていくと、そのすぐ手前の右側にジャハーンギール宮殿の前庭が広がっている。皇帝の名を冠したアクバル宮殿とジャハーンギール宮殿は、そのいずれもアクバル帝が建造したものである*[14]。残念ながら、アクバル宮殿は一部しか現存していない。古くなったアクバル宮殿とジャハーンギール宮殿をなぜシャー・ジャハーンはすべて壊さなかったのであろうか。それについて、ムガル建築·美術の専門家エバ·コッホは、「シャー・ジャハーンは皇族の中でも身分の低い女性たちがその宮殿を使っていたために壊さなかったようだ」と述べている*[15]。

ジャハーンギール宮殿はジャハーンギール帝の寝殿ではなく、アクバル時代の後宮(ザナーナ)区域であったもので、2階層の小さな開口部から下の中庭を見下ろすことができる。中庭で催される珍しい見世物や遠方からの訪問客を、後宮の女性たちは顔を見られることなく、開口部からのぞき見していたのであろう。マーン・マンディル宮殿の建築様式の影響が、ジャハーンギール宮殿の中庭を囲む2階層の回廊やその庇(ひさし)を支える装飾された腕木(図21)の部分にも見ることができる。⇨グワーリヤル城

図 21　ジャハーンギール宮殿、庇(ひさし)を支える特徴的な腕木

シャー・ジャハーンの宮殿

シャー・ジャハーンは、1628 〜 37 年の間、ジャハーンギール宮殿の北側には庭園や中庭のある宮殿群を建設している。アクバル門から高い壁に囲まれた傾斜路を上っていくと、公謁殿(ディーワーネ・アーム)の南門に辿り着く。その門を入ると、囲壁の中に長方形の大きな中庭が広がり、右手に 40 本の柱廊をもつ公謁殿(ディーワーネ・アーム)がある。その中央奥には、皇帝が公の前に姿を現す際に使用される“ジャローカー”と呼ばれるバルコーニーが設けられている。

公謁殿(ディーワーネ・アーム)とは、皇帝があらゆる人々と一般謁見を行う場所で、いわば貴族と民衆に共通の謁見と公事を行う場所である。宮廷にいる貴族は全員、1 日に 2 回、御前集会に出席して、皇帝に挨拶することが義務付けられていた。御前集会の間には、毎回息抜きの余興が行われた。ライオンや象、虎と他のあらゆる種類の猛禽とを闘わせるのである。またここでは、毎週木曜日に、

図 22　公謁殿（ディーワーネ・アーム）、40本のアーチ状の柱が並ぶ広間

皇帝は罪人に裁決を下し、公開処刑も行われたようである＊16。

セバスティアンは、この公謁殿（ディーワーネ・アーム）の印象について、次のように記述している。

> **短い道をさらに進み、かんぬきのかかった鉄の門（公謁殿（ディーワーネ・アーム）の南門）を通り抜けると宮廷（公謁殿（ディーワーネ・アーム））内部に入る。しかしその中には、皇子たちや、貴族、ある階級の人たちを除いて、誰も入ることが許されない。これらのかんぬきのある門を入ると、門衛は謁見の間、すなわち皇帝の玉座のある謁見室の前へと案内する。この謁見室の正面には、上に屋根の付いた、立派な欄干によって囲われた小さな空間がある。眩しい熱い太陽光線を避けるために、そして金、銀、絹で様々な技巧で刺繍された天蓋によって、この小さな囲いの両端には玉座を含む堂々としたポルチコ（屋根付き玄関）が立っている。この玉座に直接近づけるのは、事前に召喚された皇帝の息子たち、宰相（ワズィール）、そして二人の蝿払いの宦官だけで他の者は誰も近づくことはできない。……＊17**

図23　公謁殿（ディーワーネ・アーム）の中央奥にあるジャローカー

図24　公謁殿（ディーワーネ・アーム）のジャローカーでアウラングゼーブ皇子を迎えるシャー・ジャハーン
Royal Collection Trust / © Her Majesty Queen Elizabeth II 2019

アーグラ城　ハース・マハルとアングーリー庭園

既婚婦人の居所（ハース・マハル）

公謁殿（ディーワーネ・アーム）の南門に入り、右手東側に、ハース・マハルに通じる門がある。その門をくぐると、アングーリー庭園（バーグ）（ぶどう庭園）が広がり、その先にハース・マハルと呼ばれる3つの建物が正面に並んで見える。アングーリー庭園は後宮区域（ザナーナ）、つまり女官のための庭園である。セバスティアンはこの庭園の印象について、「この場所（アーラームガー）から少し歩くと、とても素晴らしい庭園に出てくる。この庭園は甘い香りを発する灌木や様々な花でいっぱいである。この甘い香りの中にいると自然の中にいるようで、人間の嗅覚をとても心地よいものにさせる。…」と記述している*[18]。

アングーリー庭園（バーグ）はムガル庭園の典型的な四分庭園（チャハール・バーグ）である。イスラームにおける庭園は、クルアーンの“楽園”や“エデンの園”のイメージと深く結びついている。四分庭園（チャハール・バーグ）とは、楽園を流れる四本の川を模した四本の水路が、庭園の中央に設けられた噴水から四方に流れ出し、庭園全体を四分割する形式である。しかし、アングーリー庭園（バーグ）は中央には噴水はなく、皇帝の寝所（アーラームガー）のテラスの前方に置かれている。これはおそらくシャー・ジャハーン独自の設計によるものであろう。

ヤムナー川から汲み上げられた水は皇帝の寝所（アーラームガー）のテラスの前方に造られた噴水となる。そしてチャーダルと呼ばれる水路上に設けられた斜めの洗濯板のような石板を流れ、小滝となって落ち、中央の四角い大理石の水槽に集まる。そこから庭園の4つの水路へと流れていく。中央に高く隆起した四角い大理石の水槽は単なる水のタンクではなく、宮廷の女性たちが沐浴や水浴びをする浴場（ハンマーム）だといわれる*[19]。

四本の水路は白大理石で伏せられて園路となっている。四分割された花壇は園路よりも低い位置に設けられているため、花壇に植えられた花や葉は平面的にしか見えず、テラスから見る

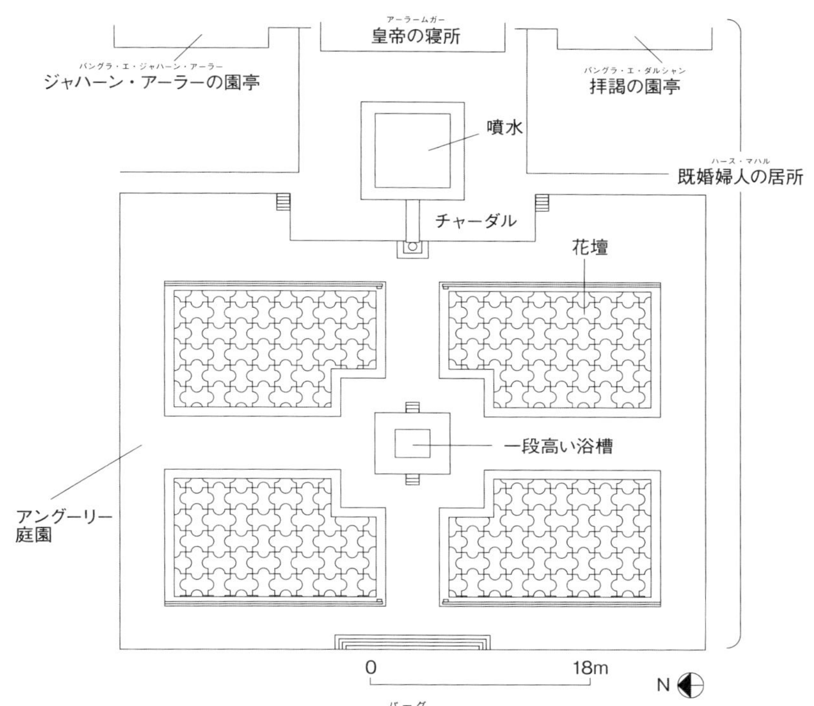

図 25　ハース・マハルとアングーリー庭園（バーグ）の平面図

と花壇はまるで床に広げられた絨毯のように見える。灌木の香しい匂いが一面に漂い、季節ごとの花が咲き誇る庭園の中心で沐浴する女たちの姿が噴水を通して見える。こうした幻想的な風景を、一段高いテラスの上からシャー・ジャハーンは眺めていたことであろう。それはまるで楽園の一風景を想起させる。

ハース・マハルとは「既婚婦人の居室」という意味であるが、中央の皇帝の寝所（アーラームガー）とその両脇にあるベンガル屋根の園亭の総称である。おそらくアングーリー庭園（バーグ）を含め、この区域全体が後宮区域（ザナーナ）であったといえよう。右側にある園亭は拝謁の園亭（バングラ・エ・ダルシャン）と呼ばれるもので、皇帝が公の前に姿を現わすための外に開いた園亭である。左側のベンガル屋根の園亭はジャハーン・アーラーの園亭(バングラ)と呼ばれる皇女ジャハーン・アーラーの居所である。宮廷における皇女ジャハーン・アーラーの地位がいかに高かったのかを示している。

シャー・ジャハーンは毎朝日の出の時刻になると、寝所から隣の拝謁の園亭(バングラ・エ・ダルシャン)に移り、アーグラ城の下に集まった臣民の前に姿を現すのが常であった。歴史家たちは、こうした“スーリヤ・ダルシャン”と呼ばれる太陽神を拝む儀式により臣民たちは天上の太陽（神）と地上の太陽（皇帝）の2つの太陽がインドに存在していることを悟るのだと語っている*[20]。

王の塔(シャー・ブルジ)

既婚婦人(ハース・マハル)の居所に隣接する北側には、ヤムナー川側にせり出した八角形の塔がある。これが王の塔(シャー・ブルジ)あるいは八角形の塔(ムサムマン・ブルジ)と呼ばれるもので、アクバル帝の時代、赤砂岩で造られたこの塔は、アクバル帝が朝太陽を拝む姿を公の前に現すための建築上の特別なバルコニー、すなわち“ジャローカー・ダルシャン”であったとアーグラ城内の説明板には書かれている。

のちにこの塔はシャー・ジャハーンにより大理石に改修され、皇帝が高官や皇子たちと秘密の会議を開いたり、宮廷史家と「皇帝の歴史」の編纂作業を行ったりする、いわゆる王室の塔（皇帝の執務室）として用いられたといわれている*[21]。またタヴェルニエは、「皇帝はヤムナー川に浮かぶ皇帝所有のブリガンティン（前が横帆、後ろが縦帆の2本マストの船）が見たい時、また城壁とヤムナー川の広間で行われる皇帝所有の象たちの闘いぶりを見たい時、この場所に来られてお座りになる」と記述している*[22]。

王の塔(シャー・ブルジ)のテラスには、開花した蓮(ハス)の形をした浅い泉水がある。まるでクルアーンの中の「楽園には薄荷(ミント)のようにすがすがしく芳香を発する泉があり、この水はアッラーの僕(しもべ)だけが飲める。

図 26　外側から見た宮殿、左から皇帝の寝所（アーラームガー）、ジャハーン・アーラーの園亭（バングラ）、王の塔（シャー・ブルジ）、内謁殿（ディーワーネ・ハース）

こんこんと湧き出てくる水は絶えることがない」（第 76 章 5-6 節）という一節を想起させる*[23]。おそらくシャー・ジャハーンはこのクルアーンの一節をもとに、王の塔（シャー・ブルジ）のテラスの上に泉水を造り楽園を再現しようとしたのであろう。泉水の上には、おそらくミントの葉を浮かべていたのではなかろうか*[24]。のちに開花した蓮（ハス）の形をした浅い泉水は、シャー・ジャハーンが新帝都シャージャハーナーバード（デリー）に建設したデリー城内の祝祭の間（ラング・マハル）のテラスにも据えられている。⇨デリー城

内謁殿（ディーワーネ・ハース）

王の塔（シャー・ブルジ）の後方斜めには、白い大理石の内謁殿（ディーワーネ・ハース）が高台の基壇の上に立っている。内謁殿（ディーワーネ・ハース）では、御前公事のような、皇帝が高官や貴族と謁見したり、内輪の会議を開いたり、音楽や宴会を催したりした。また時には皇帝がお抱え芸術家の作品を検分されたりしたといわれる*[25]。

図27　王の塔(シャー・ブルジ)のテラスの上に据えられた泉水

宮廷史家イナーヤト・ハーンによれば、1633年2月1日、シャー・ジャハーンのダーラー・シコー皇子の結婚式の前夜に、“ヒナー・バンディー”という儀式が内謁殿(ディーワーネ・ハース)の謁見の間で執り行われた。南アジアのムスリム世界では、結婚式の前に花婿が花嫁にヒナー（ヘナ）を送る儀式があった。ヒナー（ヘナ）とは頭髪・手足用の染料のことで、そのヒナー（ヘナ）で花嫁は手足に綺麗な模様を描き、花嫁の美しさを際立たせるのである。皇子ダーラー・シコーの結婚式の模様について、宮廷史家イナーヤト・ハーンは次のように記述している。

数えられないほど多くのキャンドル、ランプ、松明(たいまつ)、ランタンから放出される光で、辺りは楽園の星空の広がりのようであった。陛下は、皇妃ムムターズ・マハルが亡くなれてから塞(ふさ)ぎ込まれ、この日まで音楽や踊りが催されることは一切なかった。しかし皇子の結婚が決まると、皇帝

図 29　ダーラー・シコーの結婚式

は直ちに音楽や踊りを再開することを許可された。……次の日、これまで廷臣に付与された権限の順に、宰相ヤミーヌッダゥラー・アーサフ・ハーン（ムムターズ・マハルの父）と高官全員に付き添われて皇子たち——シャー・シュージャー、アウランブゼーブ、ムラード・バクシュ——は陛

図28　内謁殿（ディーワーネ・ハース）

> **下の寝殿に向かった。そして夜のとばりが降りる頃、豪華な行列が編成され、その中には貴族の階級に応じて馬にまたがる者もいれば徒歩の者もいた。彼らは堂々とした華麗な行列で後継者となるダーラー・シコー皇子を会衆の中へと、公謁殿（ディーワーネ・アーム）と内謁殿（ディーワーネ・ハース）へと先導し、そして威厳のある方々の御前に案内した＊26。**

皇妃ムムターズ・マハルが亡くなってから、アーグラ城で行われた皇子たちの結婚式はシャー・ジャハーンにとって最も平穏で幸福な時であったかもしれない。というのは、晩年になって重病に倒れると、亡くなったという噂が流れ、皇子間で帝位継承をめぐって血で血を洗う激しい争いが起こった。その結果、アウラングゼーブ皇子が皇帝の座に就いた。他の3人の皇子は殺されるか、生死不明のままである。シャー・ジャハーン自身も廃位させられ、アーグラ城に8年間幽閉され、不運な晩年をこの城で過ごすことになったからである。

神聖な魚の棲む小さな池（マッチー・バワン）

ヤムナー川沿いに面した内謁殿（ディーワーネ・ハース）の背後には、マッチー・バワンという中庭がある。マッチー・バワンとはかつて存在した“神聖な魚の棲む小さな池”の名に由来しているといわれており、そのため近現代の歴史研究者によってしばしば庭園と考えられていた。

では、なぜその庭園は無くなったのか。その理由として、18世紀にアーグラに近い町、バラトプルのジャート王家がアーグラ城を略奪した際、王（ラージャー）スーラジ・マルがディーグにある自らの庭園を装飾するためにマッチー・バワンから多くの大理石の噴水や水槽を持ち去ったからであるといわれる*[27]。その理由の信憑性は低いが、ディーグにある庭園と宮殿は間違いなくヒンドゥーとムガルの建築様式が融合した最高傑作の一つだといってよい。

マッチー・バワンはシャー・ジャハーンの時代、内謁殿（ディーワーネ・ハース）の中庭と呼ばれていたことを考えれば、当初から庭園ではなかったことになる。では、この中庭は何のために造られたものであろうか。この中庭を囲む柱廊の奥には、ムガル帝国の財宝が収納され、広々とした中庭に突き出した2階の天蓋のある部分には皇帝の黄金の玉座が収納されていたという。皇帝はその玉座に座して、自ら所有する狩猟用の動物――猟犬、鷹、チーター――を眺めたり、所有する馬の調教を見守ったり、動物同士の闘いの場としても使われていたようである*[28]。

シャー・ジャハーンは、アーグラ城に幽閉され厳重な監視の下にあったが、外出以外はそれなりに自由であったようだ。ベルニエは幽閉されたシャー・ジャハーンの生活について次のように記述している。そこには、マッチー・バワンでの気晴らしの様子が描かれている。

> **シャー・ジャハーンは相変わらず、ベーガム・サーヒブ（娘ジャハーン・アーラー）および妻たち全部、それに歌姫、舞姫、料理女などと一緒に、もとの居室で暮らすのを、特に妨げなかったことである。この方面では、シャー・ジャハーンは何一つ不自由しなかった。特定の法学者（ムッラー）たちに会い、アル・クルアーンを読んでもらうことさえできたし（彼は驚くほど信心深くなっていた）、好きな時に、式典用の馬や、闘争用に仕込まれたガゼルや、各種の狩猟鳥、その他のさまざまの珍しい動物を連れて来させ、昔通り気晴らしをすることができるのだった＊29。**

内謁殿（ディーワーネ・ハース）のテラスとひと続きの北側にシャー・ジャハーンの浴室がある。また公謁殿（ディーワーネ・アーム）とマッチー・バワンが接する北側の角には、女官のための小さなモスク、宝石のモスク（ナギーナ・マスジド）がある。もちろん、商店街（バーザール）から公謁殿（ディーワーネ・アーム）に向かう途中に集団礼拝モスク（ジャーメ・マスジド）である真珠のモスク（モーティー・マスジド）がある。現在、このモーティー・マスジドには入れない。

アクバル帝が造営したアーグラ城は、現存する建物を見る限り、ヒンドゥー文化の影響を大きく受けているといえる。アクバルが領土を拡大した背景には、寛容なヒンドゥーへの融和策があったといわれるが、むしろこれは後付けのような気がする。アクバルに領土拡大をもたらしたのは、ヒンドゥーの土着支配者（ラージプート族の諸王）の娘との婚姻による同盟関係が強力な後ろ盾となったことによるものである。

アーグラ城の西門のハーティー・ポール（象門）の脇にあった象に跨（またが）ったラージャー像がそれを象徴している。アクバル以後の皇帝、第4代皇帝ジャハーンギールも第5代皇帝シャー・ジャハーンも、母親はいずれもヒンドゥーの土着支配者（ラージャー）の娘であったことを考えると、イスラーム文化とヒンドゥー文化の融合が進む土壌が生まれていたといえよう。

図 30　ディーグ宮殿

ムスリム支配者にとって、住民の大多数がヒンドゥー教徒である国を治めるためには、相互に理解可能なシンボリズムを意図的に取り入れる必要があったのであろう。拝謁の園亭（バングラ・エ・ダルシャン）の屋根の形が昇りかけた太陽の上部にも見え、そこに現れる皇帝の姿は太陽信仰の強いヒンドゥー教徒にはまさに太陽神の現人神（あらひとがみ）に見えたことであろう。

イスラームでは庭園は楽園思想と深く結びついているが、ヒンドゥー教における聖なる植物への崇拝や聖地の水に宿る聖なる力といった概念は、生から死、そして再生へといった、ひとつの状態から次の状態への移行という考えに結びついており、イスラームの天の楽園という概念を補う役割を果たしているという指摘もある*30。アングーリー庭園（バーグ）の建築様式は、その後ラージプート族のジャイ・スィンフ王がアンベール城の宮殿の前にある庭園に継承されている。

シャー・ジャハーンはアーグラ城から一歩も外に出ることなく、1666 年 1 月に八角形の王の塔（シャー・ブルジ）の一室で 74 年間の生涯を閉

図 31　玉座から見渡すマッチー・バワン、玉座の真上の天蓋には太陽神（スーリヤ）

じた。王の塔（シャー・ブルジ）からは下流にあるタージ・マハルがよく見える。真偽のほどは分からないが、アーグラ城に幽閉された晩年、シャー・ジャハーンはムガル帝国の至宝であるダイヤモンドの「コーヘ・ヌール（光の山）」をアーグラ城から見えるタージ・マハルにかざし、それを通して映る愛妃ムムターズ・マハルの墓（タージ・マハル）を飽（あ）くことなく見つめていたという＊[31]。その後、「コーヘ・ヌール」は数奇な運命を辿り、現在はエリザベス女王の宝冠の飾りとして、ロンドン塔宝物館に収蔵されている。

3　エーテマードゥッダウラ廟

図 32　エーテマードゥッダウラ廟

エーテマードゥッダウラの生涯

エーテマードゥッダウラとは“国家の信頼”という意味で、ムガル帝国の第 4 代皇帝ジャハーンギールがギヤース・ベーグに与えた称号である。今日、ギヤース・ベーグについて知る者は少ない。むしろジャハーンギール帝の妃ヌール・ジャハーンの父親といった方が分かりやすいかもしれない。ギヤース・ベーグは土着のムスリムでもなければ、ヒンドゥーからの改宗ムスリムでもヒンドゥーの王族出身でもなかった。ペルシアから逃れてきた亡命貴族であった。

サファヴィー朝ペルシアの貴族であった父親が亡くなると、一転厳しい政治状況に置かれ、インドへの亡命を余儀なくされた。わずかな財を手に、妻と 2 人の息子と 2 人の娘を連れてペルシアからインドへと逃れてきたのである。その娘の 1 人が、のちにジャハーンギール帝の妃となるヌール・ジャハーンである。不運なギヤース・ベーグ一家に希望を与えたのが、マリク・マスウードという隊商の主であった。ギヤース・ベーグにインドに行くことを勧めたのは彼ではないかと言われている。マリク・マスウードの名声はすでにアクバル帝の耳にも届いていたので、マリク・マスウードの紹介によりギヤース・ベーグは、ファテプル・スィークリー宮殿に上がると300人の軍指揮官に取り立てられた＊[1]。

1605年、ジャハーンギールが帝位に就くと、ギヤース・ベーグは位階（マンサブ）1500位を持つエーテマードゥッダウラの称号が与えられ、ベンガル州の大臣（ディーワーン）の一人に任命された＊[2]。ところが、長子ムハンマド・シャリーフが皇子フスロー（ジャハーンギール帝の息子）の反乱に加担した罪で処刑され、エーテマードゥッダウラ自身も投獄された。その後復職が許され、娘メヘルン・ニサー（のちのヌール・ジャハーン）がジャハーンギールと結婚すると、主席大臣（ディーワーン）に昇進するなど、有能でかつ忠誠心の厚い性格からジャハーンギールの絶大な信頼を得、国家の重要な事項に関し

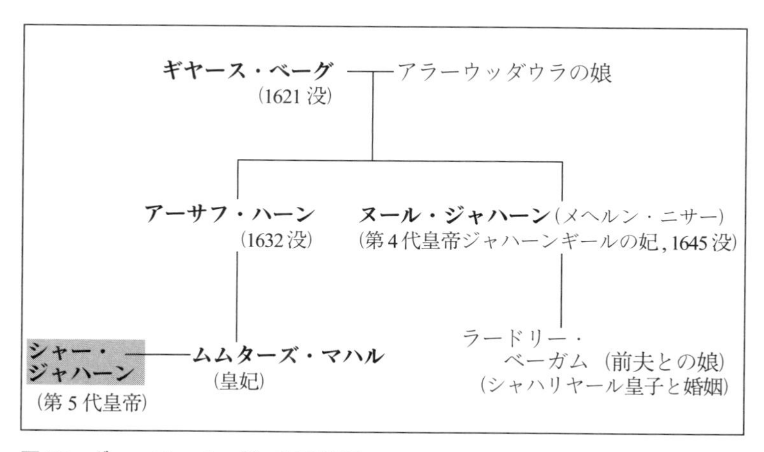

図33　ギヤース・ベーグ一族の系図

て大きな影響力を持った。1621年、ヌール・ジャハーンの母が亡くなると、失意のあまり3か月も経たないうちに父エーテマードゥッダウラも亡くなった。ヌール・ジャハーンは毎日悲しみに明け暮れていたといわれる*3。

エーテマードゥッダウラ廟

エーテマードゥッダウラ廟は、皇妃ヌール・ジャハーンが両親のために6年（1622-28）の歳月をかけて建設した墓廟である。ヤムナー川を隔てたアーグラ城のほぼ向かい側に近い場所に建てられた墓廟は、もともと父親のエーテマードゥッダウラが所有していた庭園であり、当時この一帯はヤムナー川沿いに多くの私邸や庭園が立ち並ぶ、最も風光明媚な場所であったようだ*4。エーテマードゥッダウラの庭園は最初から四分庭園（チャハール・バーグ）になっていたのであろう。

エーテマードゥッダウラ廟は、単純な四分庭園（チャハール・バーグ）の中央にその墓廟は置かれている。庭園内に死者を葬る習慣は、決してムガル帝国に始まったわけではない。その前の王朝であるデリー・スルターン朝の間ですでに広がった習慣であった。

しかし、四分庭園（チャハール・バーグ）の中央に墓や噴水を置くのは、ムガル帝国から始まるといえる。エーテマードゥッダウラ廟の四分庭園（チャハール・バーグ）の中央から流れる水路の先には、それぞれ門が4つ配置されているが、北門と南門は見せかけの門で通ることはできない。したがって、庭園へは陸地側の大きな東門（正門）か、その反対側の赤砂岩の園亭のある西門の船着き場から入ることになる。

庭園の中央の四角い基壇の上に置かれた墓廟は、“白大理石の宝石箱”と称されるほど美しい。それ以前に建てられたムガル朝の皇帝廟、フマーユーン廟、アクバル廟、ジャハーンギール廟は基本的に赤砂岩で造られているが、エーテマードゥッダウラ廟は皇帝廟ではないが、白大理石で建てられた最初の墓廟

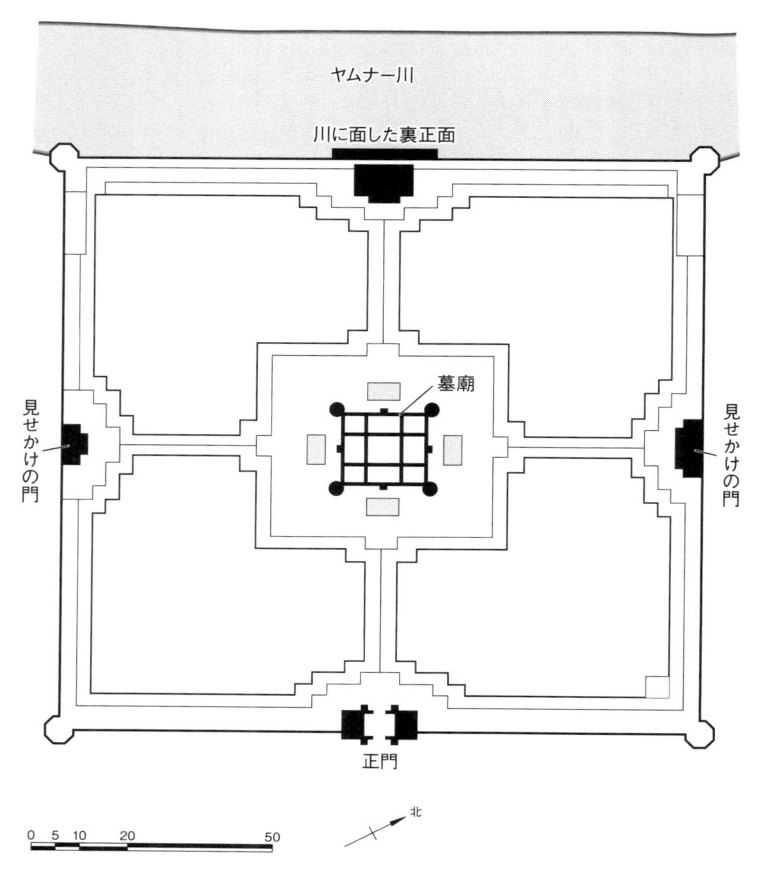

図 34　エーテマードゥッダウラ廟の平面図

といえる。もちろん、白大理石の墓廟は聖者だけに使用されてきたが、ドームの屋根は使わず、あえて四角い箱型の屋根の墓廟を建立したのは、ヌール・ジャハーンの慎みと強い美意識がそこによく表れている。

エーテマ―ドゥッダウラ廟の構造はハシュト・ビヒシュト形式と呼ばれるもので、中心の部屋を八つの区画が取り囲む八角形の構造で、語義は“八つの楽園”という意味である。この建築様式がインドで最初に用いられたのは、デリーにあるフマーユーン廟（1565）である。しかしエーテマードゥッダウラ廟は、

図35　東門（正門）

図36　西門（裏門）、下りるとヤムナー川

上層部のテラスには、フマーユーン廟に見られる大きな二重ドームではなく、天蓋の付いた小さな四角い、ひさし付きの構造物と、先端に小亭（チャトリー）を備えた尖塔（ミナレット）が四隅に配地されている。

地上より一段高い基壇の中央には、黄大理石の模棺（セノタフ）が置かれた納体堂があり、その天井や壁面は花瓶に生けられた花やつる草で美しく装飾されている。その上階にも模棺（セノタフ）が置かれているが、現在はそこには上がれない。また模棺（セノタフ）が置かれている納体堂の窓には障壁（ジャーリー）と呼ばれる装飾的な石の格子スクリーンがあり、外から光が差し込むと暗闇の中にある黄大理石の模棺（セノタフ）が浮き出す。

この墓廟の外壁と内部の壁には、よく磨かれた色石をモザイクのように嵌め込むピエトラドゥーラと呼ばれる技法が施されている。この技法は南アジアやヨーロッパがルーツだといわれる*[5]。壁に表現された水差し、杯、壺、花、つる草模様や果樹などの図像装飾はペルシア建築の特徴といってよい。とくに目を引くのは、模棺（セノタフ）が置かれている部屋の中段の壁に交互に装飾された赤いケシの花と赤いユリの花などである。ペルシア文学やトルコ文学では赤い花は苦しみや死を暗示しているといわれる*[6]。

本来なら忌避すべき赤い花を大胆にも壁に装飾したヌール・ジャハーンの洗練された美意識と先駆的精神がそこにはうかが

図 37 黄大理石の模棺（セノタフ）の部屋、壁の真ん中にある障壁（ジャーリー）

える。こうした技法やヌール・ジャハーンの花や草などの図像装飾は 10 年ほど後に建造されたタージ・マハルにも影響を与えている。タージ・マハルの壁に装飾された花の表現は、エーテマードゥッダウラ廟よりも複雑で、より洗練されたものが多く、より本物らしく見える。

当時、蛇行して流れるヤムナー川沿いにはたくさんの庭園や私邸が立ち並んでおり、この墓廟の上のテラスや小亭（チャトリー）からこれらの庭園を眺めることができたようである。ヌール・ジャハーンはその取り巻きたちと一緒に、父のエーテマードゥッダウラの命日やイスラームの祭礼などには、この墓廟を訪れ、墓廟の高いテラスや小亭（チャトリー）からヤムナー川を眺めて楽しんだり、庭園の中に絨毯を敷いて宴会を催したり、時にはヤムナー川に通じる西門から舟遊びに興じたりして、遊楽の一時（ひととき）をこの墓廟で楽しんだのではなかろうか。

4　ラーム庭園《バーグ》

図 38　ラーム庭園《バーグ》、入口方面から見た風景、川沿いに園亭が２棟見える

ラーム庭園《バーグ》

今日、ラーム庭園《バーグ》と呼ばれている庭園は、ペルシア語のアーラーム庭園《バーグ》（安息の庭園）がなまったものである。しかし本来は、ヌール・アフシャーン庭園《バーグ》（光を拡散する庭園）と呼ぶのが正統であろう。この庭園は、もともとムガル帝国の初代皇帝バーブル（在位 1526~30）が造営したグル・アフシャーン庭園《バーグ》（バラの花を散らす庭園）であった。1530 年、バーブルが亡くなると、彼の遺体はここに一時仮埋葬された。

それから約 100 年後に、孫のジャハーンギール帝がこの庭園を妃ヌール・ジャハーンのために、4 年（1615-19）の歳月をかけて修復工事を行い、ヌール・アフシャーン庭園《バーグ》という名に変えた。おそらくヌール・アフシャーン庭園《バーグ》の建設は妃ヌール・ジャハーンのプランによるものであろう。

バーブルはなぜこの場所に庭園を造ったのであろうか。緑豊かなカーブルからやってきたバーブルにとって、インドの地は水が乏しく、暑さと強風とほこりで、はなはだ耐え難いものであった。しかし、征服したインドの地を去りカーブルに戻るわけにもいかなかった。バーブルは、アーグラ入城の数日後、自らアーグラに少しでも快適な空間を作ろうと、ヤムナー川を渡って庭園に適した土地を探し回った。しかし、満足できる土地を見出すことができなかった。四分庭園（チャハール・バーグ）を作る気持ちは消え失せかけたが、アーグラに近い場所でこれ以外の土地は無かったので、やむを得ずその土地を手に入れ、そこに庭園を造営した。バーブルは庭園建設の様子を『バーブル・ナーマ』の中で次のように記述している。

> **最初に公共浴場の水を取る大きな井戸が作られた。ついでに、現在タマリンドの木々と八角形の貯水場がある一角が作られた。その後で、大きな貯水場と庭が作られ、その後、石造の建物の前の貯水場とホールが作られた。その後、私邸の小庭園と家屋が作られ、さらにその後で公共浴場が作られた。かくして快適な所のない、整然とした所のないヒンド（ヒンドスターン）に、すばらしい設計図にもとづく建物と秩序あるいくつかの小庭園が誕生したのである＊[1]。**

バーブルの廷臣たちも、同じヤムナー川沿いの東側に小庭園や私邸を建造し、その一帯は地元に住むヒンドゥーから“カーブル”と呼ばれていた。そして、カーブルと名付けられたその一帯にムガルの人々が住むようになると、必然的に宗教的要請から、すぐ近くにモスクが建設された。それがフマーユーン・マスジドである。フマーユーン・マスジドの入口にある史跡案内板には、「このモスクはフマーユーンが皇帝になった1530年に、フマーユーンの命により建設された。このモスクの建設費

図39　フマーユーン・マスジド

は詩人で、バーブル帝の重要な貴族かつ友人であったシャイフ・ザインの寄進によるものである」と記されている。当時はおそらく、ヤムナー川の東側にあるバーブルのグル・アフシャーン庭園(バーグ)からフマーユーン・マスジドにかけてこの一帯は、ムガルの小庭園や貴族の私邸が立ち並らぶ、まさにカーブルの町を思わせる風景が広がっていたと推察される。

バーブルが建設したグル・アフシャーン庭園(バーグ)は、インドに現存する四分庭園(チャハール・バーグ)形式の庭園の中で最古のものといえる。ムガル朝が樹立する以前、北インドにはデリー・スルターン朝(1206-1526)が300年近く続いていた。デリー・スルターン朝時代には、ペルシア由来の人工的な水路をもつ四分庭園(チャハール・バーグ)形式の庭園はほとんど存在していない。バーブルはこの「四分庭園(チャハール・バーグ)」を“八つの楽園(ハシュト・ビヒシュト)”と名付け、その後もいくつも造営している＊2。本来のハシュト・ビヒシュト(八つの楽園)は、バーブルの息子

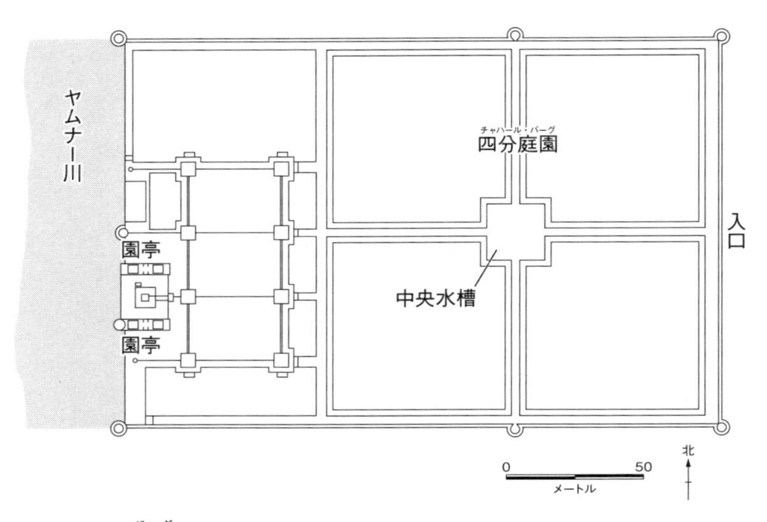

図 40　ラーム庭園(バーグ)の平面図

フマーユーンの墓廟庭園に生かされている。⇨フマーユーン廟

バーブルはアーグラに拠点を置きながら、征服拡大のために各地に遠征を繰り返していた。その途上、インドの地を嫌ってカーブルに帰還する親友が相つぐなか、この庭園でラマダーン月を過ごしたり、大天幕をたてワインを供し、宴会を開いたりして一時(ひととき)の安息を得ようとしたのであろう。

インドを征服してから3年目に溺愛していた皇子フマーユーンが重い病にかかり、その心労と肉体の衰えが重なり、わずか4年間の治世でこの地で亡くなった。彼の遺体はこの庭園に仮埋葬された後、カーブルに移された。バーブルが亡くなると、この一帯は次第に廃れ、辛うじて善意者によって管理されていたのではなかろうか。その100年後に、ジャハーンギール帝が妃ヌール・ジャハーンのプランに基づき改修工事を行い、整備されたのが、現在のラーム庭園(バーグ)である。

ヌール・アフシャーン庭園(バーグ)（現在のラーム庭園(バーグ)）は、ペルシアの四分庭園(チャハール・バーグ)形式を取ってはいるが、必ずしもシンメトリックな

図 41　ラーム庭園（バーグ）の園亭からのヤムナー川沿いの景色

プランになっておらず、しかも四分庭園（チャハール・バーグ）の中央には園亭あるいは噴水も置かれていない。ヤムナー川から汲み上げられた水は、ヤムナー川沿いに向かい合って立つ、高台の 2 棟の細長い園亭の中央にある長方形のタンクを満たし、四分庭園（チャハール・バーグ）の水路へと流れていくプランとなっている。

エバ・コッホによれば、川沿いに園亭のテラスが高くなっているのは、庭園を訪れるムガル朝の貴族たちがその園亭の端に寄ってヤムナー川の眺めを楽しむためだけではなく、外部からの視線を避けるためであった*3。ヤムナー川沿いに園亭を配置するヌール・ジャハーンのプランは、やがてヤムナー川沿いに建てられた宮殿や墓園建築にも採用されるようになった。タージ・マハルがヤムナー川沿いに建てられているのも、ヌール・ジャハーンのプランが継承されているといえる。

ヌール・アフシャーン庭園（バーグ）の園亭にある壁や丸天井には、動物や人物、羽を持った天使などが描かれている。イスラームで

図 42　ラーム庭園（バーグ）の右側の園亭の柱頭部に描かれた天使像

は偶像崇拝禁止の観点から生き物を描写することは禁じられているが、しばしばこうした禁止は無視される。とりわけ非公式な区域や私的な女性区域では無視されることが少なくない。

エバ・コッホによれば、こうした装飾はほとんどのジャハーンギールの建築に見られるもので、これはアーグラで見られる現存する唯一の事例といえる。右側にある園亭の、ヤムナー川に近い部屋の柱頭部に描かれた天使（部分的にヨーロッパ的な様式）、鳥、精霊（ジン）はジャハーンギールのお気に入りのモチーフであった＊4。現在は、その部屋に入ることはできないが、外から鉄格子越しに覗けば、かろうじてその天使の絵を見ることができる。

ムスリムでありながら、なぜこうした装飾が生まれるのか。それはスライマーン（旧約聖書のソロモン）と関係している。スライマーンは預言者の一人かつ王として、鳥や動物と話す超能力をもち、風や精霊（ジン）を操り、叡智を授かったなどとして、クルアーンに何度も登場しているからである。

またクルアーンにはスライマーンとシバの女王の邂逅（かいこう）も言及されているからである。ジャハーンギールは自らをスライマーンに、ヌール・ジャハーンはシバの女王に自分を重ね合わせ、それを自分たちの建築や芸術の中に取り入れたといえる。むしろ興味深いのは、こうして壁や天井に描かれている羽を持った天使の中には、チョーリー（半袖で丈の短いブラウス）、ガーグラー（裾（すそ）の広いスカート）、オールニー（ヴェール）のラージャスターン特有の衣服を着ている女性たちが描かれていることである＊5。まさにこれはムガルとラージプートの融合を表現したものといえよう。

5　スィカンドラ

図 43　アクバル廟

アクバル廟

スィカンドラという町は、アーグラから北西に 10km ほど離れた郊外にある。デリー・スルターン朝の最後の王朝、ローディー朝のスィカンダル・ローディー（在位 1489-1517）が 16 世紀初めに建設した町といわれている。ペルシア人編年史家フィリシュタ（1560-1620）によれば、1505 年、アーグラ地域で大地震が起こり、大地は鳴動し、高い建物は崩れ落ち、何千という住民がその生き埋めになった。このような大地震はかつてインドで経験したことがないものであった*[1]。この大地震が原因であったかどうかは分からないが、現在その町の遺構は何も残っていない。

スィカンダル・ローディーはすでにアーグラに新都市を建設しているので、おそらくその地域の支配者となった「スィカンダル」という彼の名前だけがこの町に残ったのであろう。1517年、スィカンダル・ローディーはこの地で没したが、その墓はデリーのローディー庭園内にある。そして現在スィカンドラには、ムガル帝国のジャハーンギールが建設した父アクバル帝の墓廟だけが威容を誇っている。⇨ローディー庭園

1605年にアクバル帝が亡くなると、彼の遺体は廷臣や地方の総督たちの手によって、スィカンドラにある“楽園の住居(ビヒシュターバード)”として知られた庭園に埋葬された[*2]。始終皇帝の座をねらう息子のジャハーンギールをアクバルはひどく嫌っていので、2人の間には長い間対立が絶えなかった。そのためか、皇帝となった後も、ジャハーンギールには父親へのわだかまりが消えず、父の墓にお参りに行こうとはしなかった[*3]。しかし3年後の1608年、初めて父アクバルの墓を訪れてみると、皇帝であった父アクバルの墓廟としてはとても満足のいくものではなかった。

ジャハーンギールは経験豊かな建築家たちを各地から呼びよせ、皇帝アクバルに相応しい墓廟を建設するように命じた。その結果、まず庭園の真ん中に非常に高い建築物が建てられ、そして庭園が整備され、正面の入口の（南門）には、高く聳(そび)える白石の尖塔(ミナレット)をいただく楼門が建てられた[*4]。こうして、ジャハーンギールは2年間（1612-14）の歳月をかけてアクバル廟を完成させたのである。

アクバル廟の堂々とした正門の入口には、これから入ろうとする墓廟庭園が“エデンの園”や“楽園”であることを示すペルシア語の銘文が刻まれている[*5]。しかし、銘文の文字が白大理石で刻まれているために目を凝らさないと見落としてしまうほどである。おそらく銘文が目立たないようにするためであろう。

図 44　アクバル廟に正門、楼門の上には尖塔(ミナレット)が聳(そび)える

天の庭よりも幸いなる、祝福されし土地よ
神の玉座よりも高くそびえし建物よ
天の園、その庭園に仕えるは幾千もの楽園の守衛たち
その庭園は幾千もの楽園と等しく神の教えを石もて積み
上げし者のペンは中庭に次のように記せり
「ここにあるエデンの園。永遠に生きるため、中に入るべし」
(楼門の入口に刻まれた銘文)

ティムール朝に由来する四分庭園(チャハール・バーグ)の真ん中にアクバル廟は立っている。四分庭園(チャハール・バーグ)の中央から東西南北に流れる水路の先にはそれぞれ門が四つ配置されている。しかし、南門を除いて他の三つはすべて見せかけの門である。中央に立つアクバル廟は珍しい五層構造の建築物で、フマーユーン廟に見られるような

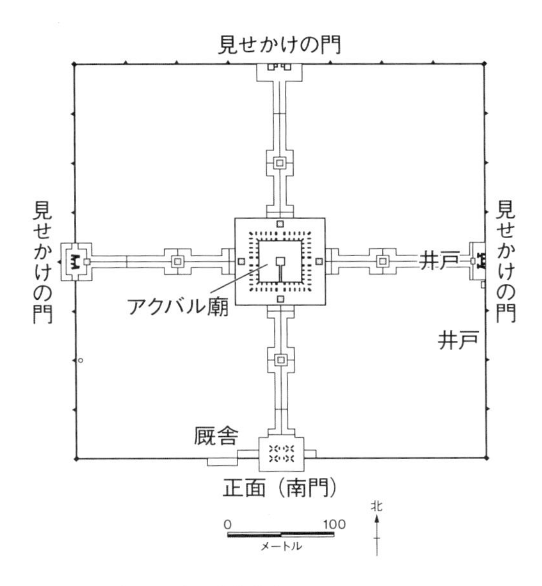

図 45　アクバル廟の平面図

大きなドーム状の屋根を持つティムール様式ではなく、赤色砂岩を木のように用いた石造りで、ヒンドゥー寺院に特徴的なインドの伝統的な建築様式が用いられている。それはアクバルの宗教融和策と同様、ムガル（イスラーム）とヒンドゥーの建築様式が融合したものともいえるが、こうしたムガルとヒンドゥーの融合建築はむしろムガル皇帝との婚姻関係と深く関わっている点も見逃すことができない。

アクバルは、ラージプートのアンベール王（ラージャー）ビーハーリー・マルの娘ハルカ・バーイーを妃に迎い入れた。ハルカ・バーイーはのちにジョード・バーイーやマリヤムッザマーニーと呼ばれ、シャー・ジャハーンの母となった。こうした土着のヒンドゥー支配者の娘との婚姻は、同盟関係を強化し、ムガル帝国の拡大・安定させる上で極めて重要であった。ジャハーンギール帝が、ビーハーリー・マルの孫娘、マーン・バーワティー・バーイー（の

図46　シャー・ベーガムの墓（フスローバーグ）

ちの妃シャー・ベーガム）を最初の妃として迎えたのも、こうした理由によるものといえよう。

しかしジャハーンギールによれば、1606年に妃シャー・ベーガムは息子フスローの「親不孝」と実弟の「不品行」を苦にアヘンを飲みこんで自ら命を絶ったという*6。シャー・ベーガムの墓は、ジャハーンギールが皇帝になる前の支配地アラーハーバードにある。現在、「フスローバーグ」という公園の中に、皇子フスロー（1622没）と娘の墓と一緒に並んで立っている。彼女の墓廟を見ると、明らかにヒンドゥー的な建築様式である。シャー・ベーガム廟の基本プランがアクバル廟のデザインの原型であったのではないかという指摘がある*7。確かに、アクバル廟の正面入口にある大きなアーチ開口（イーワーン）部分を除くと、その構造はシャー・ベーガム廟の一層・二層部分を彷彿させる。

図 47　アクバルの模棺（セノタフ）は屋上（五層部）の白大理石の囲壁の中にある

天使の舞う「楽園」

アクバル廟の五層部（屋上）を白大理石の障壁（ジャーリー）で覆う様式は、アクバル時代に建造されたムハンマド・ガウス廟に見られるもので、初期ムガルの代表的な建築様式である＊8。ムハンマド・ガウス（1562 没）はシャッターリー派の著名なスーフィー聖者で、優れた演奏家でもあった。この墓廟はグワーリヤル城から少し離れた東にあり、中央に大きなドームを戴き、屋根の四隅には小亭（チャトリー）が載っている。廟全体を囲む外周部分には障壁（ジャーリー）と呼ばれる、石格子の障壁（ジャーリー）が設けられている。⇨グワーリヤル城

ムハンマド・ガウス廟の特徴的な建築様式をアクバル廟の五層部（屋上）に巧みに取り入れたのは、そこにアクバルの模棺（セノタフ）を置き、白大理石の障壁（ジャーリー）で囲まれた屋根のない聖者廟（ダルガー）として祀（まつ）り、その周りを天使が飛び交う楽園をつくるためであろう。残念ながら、現在は五層部に上がってその模棺（セノタフ）を見ることはできない。屋上にある模棺（セノタフ）の真下、一層部分に本棺が置かれている。

アクバル廟の5層構造は、ファテプル・スィークリー（勝利の町スィークリー）の宮廷区域内にある五層楼閣（パンチ・マハル）にかなり似ている*9。ファテプル・スィークリーはアクバル帝がアーグラから南西40kmにあるスィークリーという村に1569～74年に建てた新都市である。五層楼閣（パンチ・マハル）は、赤色砂岩を用い柱と梁を組み合わせた極めて珍しいヒンドゥー的な構造となっている。⇨ファテプル・スィークリー

一方アクバル廟の正門にあたる南門は明らかにペルシア風の楼門である。なぜペルシア風の建築様式が使われたのか。おそらくそれは1611年にジャハーンギールがペルシアの亡命貴族の娘で、未亡人であったヌール・ジャハーンと婚姻したことによるものであろう。妃ヌール・ジャハーンは芸術や文化に造詣が深く、とりわけ庭園や園亭、墓園の設計に強い関心を抱いていた。それゆえ、ジャハーンギールは彼女の庭園や墓廟建築のプランに耳を傾け、実際に彼女のプランを採用したり建設の責任者に任じたりした。

カシュミール地方にあるシャーリーマール庭園（バーグ）やアーグラのラーム庭園（バーグ）のプランに大きな役割を果たしたのも、エーテマードゥッダウラ廟（1622-28建設）をプランし建造したのもヌール・ジャハーン自身であった。一方ジャハーンギールは絵画に精通し、とりわけヨーロッパの宗教画や動物画に魅せられた皇帝であった。ラーム庭園（バーグ）の園亭の天井に描かれた天使像はジャハーンギールが描かせたものであろう*10。⇨ラーム庭園（バーグ）

あらためてアクバル廟の南の楼門（図44）を見てみると、屋上の四隅に尖塔（ミナレット）が聳（そび）える珍しいペルシア風の楼門であるが、その尖塔（ミナレット）を取り除き、そこに小亭（チャトリー）を置くと、エーテマードゥッダウラ廟の東の楼門（図35）と重なる。楼門だけでなく、アクバル廟内の模棺室（セノタフ）への入口（図49）に施された装飾は明らかにペルシア風のものである。

模棺室（セノタフ）の入口の壁に施され、よく磨かれた色石をモザイクの

図 48　フスローの墓、模棺（セノタフ）が置かれた室内（フスローバーグ）

ように嵌（は）め込む技法はピエトラドゥーラと呼ばれるもので、南アジアやヨーロッパがルーツだといわれるが、壁に表現されたつる草、壺、花などの図案はペルシア建築の特徴といってよい＊11。繊細な美意識が細部まで表現された装飾的なデザインを見ると、おそらく妃ヌール・ジャハーンによるものであろう。エーテマードゥッダウラ廟内の模棺（セノタフ）室はもちろんのことであるが、アクバル廟の模棺（セノタフ）室への入口やフスロー廟の模棺（セノタフ）が置かれている部屋も、壁に装飾されたデザインはおそらく彼女の手によるものであろう。

アクバル廟はシャー・ベーガム廟、ムハンマド・ガウス廟、そしてファテプル・スィークリーの五層楼閣（パンチ・マハル）が持つそれぞれの建築様式を巧みに採り入れながら、より洗練された五層建築となっている。そして、ペルシア風の堂々たる楼門やアクバルの模棺（セノタフ）室への入口に施された色鮮やかな象嵌細工（ぞうがん）が、より一層ア

図 49　アクバル廟の納骨室への入口

クバル廟を際立たせている。残念なのは、入口に施された多くの花や壺が色石の象嵌細工でないことである。おそらく剥ぎ取られたのであろう。しかし、アクバル廟は現在においても魅力的な建造物であり、ムガル（イスラーム）とヒンドゥー、ペルシアの建築様式が融合し、それが見事に具現化された代表的な墓廟建築といってよい。

ジャハーンギールはアクバル廟を数回訪ねている。その時の様子を自伝『ジャハーンギール自伝（トゥズケ・ジャハーンギーリー）』の中で次のように書き残している。

> **木曜日、8 月 1 日、私は亡き皇帝の墓廟に巡礼に出かけた。“天使の住まい” である墓廟の敷居に祈願のために頭を擦りつけた。そして……皇妃ベーガム一族とほかの女性たち全員が神のご加護を求めて、天使たちが旋回する場所であ**

る墓廟の周りを回った。そして供物を捧げた。スーフィー教団による高尚な集会が開かれ、ターバンを巻いた導師（シャイフ）、クルアーンの朗唱者、神の名を連続して唱える人々など、スーフィー教団のメンバーが大勢集まった。そしてエクスタシーの忘我状態に至るスーフィーの修道法として音楽や舞踏が行われた。私はこの儀式の中で美点と技量に応じて、スーフィーに褒賞服と、ファルジー（アラビア語の碑文が浮き織りされた上着）**とショールを与えた。この神聖な墓廟は非常に高く造られている。その建設のために財貨を費やすとき、私は満足であった。それは以前あった墓よりもはるかに素晴らしい墓であったからだ***[12]**。**

アクバルがチシュティー派のスーフィー聖者サリームに帰依したという逸話はよく知られている。皇子サリーム（のちのシャー・ジャハーン）が生まれた後も、アジュメールにあるチシュティー派の本拠地ムイーヌッディーン廟に毎年参詣していたといわれる。ジャハーンギール帝の時代になっても、チシュティー派はムガル帝国の庇護を受けていたのであろう。ジャハーンギールの回想記を読む限り、アクバル廟の前で緩急のリズムで神の名を連続して唱えるズィクルと音楽や舞踊を伴う“サマー”とが結びついた修道が行われている様子が生き生きと伝わる。

インドでは、スーフィー諸派の間の関係はどうなっていたのであろうか。荒松雄によれば、インドにおけるスーフィー諸派の間には交流が見られ、特定の宗派に所属しながら他の宗派に属する様々なスーフィー聖者（シャイフ）に師事することも許さており、ある聖者は“サマー”を好み、音楽をその修道と布教に熱心に取り入れ、それが多くの弟子を集める一つの手段になったのであろう*[13]。ジャハーンギールはアクバル廟をクルアーンが響き渡り、屋上にある模棺（セノタフ）の周りを天使が飛び交う“天使の楽園”として建設したのであろう。

図 50　ムイーヌッディーン廟で行われた修道の会（アジュメール）

アクバルはムガル帝国の第 3 代皇帝として、税制、軍制、官僚制を整え、中央集権体制を確立し、帝国の版図を拡大するなど、いわば帝国の事実上の建設者であった。アクバルは知識欲が旺盛で、しかも柔軟な思想をもち寛大な人物であったという。しかし、アクバルの晩年は心休まる日はなかった。

皇帝の座を度々狙って画策する長男サリーム（のちのジャハーンギール）との関係は悪化するばかりであった。2 番目の息子ムラード（1599 年没）はアルコール中毒で 28 歳の若さで亡くなった。その 5 年後の 1605 年には、母ハミーダ・バーノーが病気で亡くなり、翌年 3 番目の息子ダーニヤール（1605 年没）もまた深酒がたたりアルコール中毒で亡くなった。同年アクバルも母や息子の跡を追うように病死した。享年 63 歳であった。父アクバルの人物について息子のジャハーンギールは次のように述べている。

父アクバルはあらゆる宗派の学識者たち、とくにパンディット（バラモン教やヒンドゥー教の学識者）やヒンドスターンの知識人とよく対話をしていた。父は読み書きができなかったけれど、学識ある賢者との絶えない対話からして、彼の言

図 51　マリヤムッザマーニーの廟

葉はとても洗練されていたので、彼の会話から彼がまったくの文盲であることに気づく者は誰もいなかった。詩や散文に気品が溢れさえすれば、またどれか一つ以上熟練していれば理解することは困難ではないと考えていた＊[14]。

アクバルの災難は亡くなった後になっても続いた。第 6 代皇帝アウラングゼーブはムガル帝国が財政難に陥ったため、歳入の回復を図ろうとし、1688 年に人頭税（ジズヤ）や地租を上げた。ところが、その歳入の要求額に怒った、北部インドのアーグラやマトゥラーの近郊に住むジャート族農民が一揆を起こした。その怒りの矛先はスィカンドラにあるアクバル廟へと向かい、廟内の墓はあばかれ、絨毯、金銀の器、ランプなどは略奪され、建造物にも損害を与えて立ち去ったという＊[15]。せめてもの救いは、妻マリヤムッザマーニー（ハルカ・バーイー）の墓が、アクバル廟のすぐ近くにあることかもしれない。

ファテプル・スィークリー、左に五層楼閣、右に内謁殿

6　ファテプル・スィークリー

ファテプル・スィークリー

ファテプル・スィークリーという古い都市はアーグラから西へ38kmほど離れた小高い岩山の上にある。ファテプル・スィークリーとは“勝利の町スィークリー”という意味で、ムガル帝国の第3代皇帝アクバルが1571～85年に建設した都市である。1579年、ファテプル・スィークリーを訪れたイエズス会宣教師のモンテセラーテはその都市の印象を次のように記述している。

> **宣教師の一団は町の大きく壮麗な外観に歓喜の声を上げた。町の中に入っていくと、一団の奇妙な服装が町中の人々の注目の的となった。見る者誰もが驚きと当惑で足を止め、じっと見入った。長く黒い礼服、奇妙な帽子、髭を剃った顔、剃髪した頭、これらの不思議な姿をした武器も持たない男の宣教師一団を見て誰もが驚いたのであろう[*1]。**

また1585年にファテプル・スィークリーを訪れたイギリスの商人・旅行家ラルフ・フィッチ（1550-1611）はこの町について、「ファテプル・スィークリーはアーグラより大きいが家や通りがそれほど多くはない。ここには多くのムスリムと異教徒が住んでいる。……アーグラもファテプル・スィークリーもとても大きな町で、どちらもロンドンよりも大きく人口も多い」と記述している。当時、外国人の目に映ったファテプル・スィークリーがいかに大きな都市であったかをうかがい知ることできる[*2]。

ファテプル・スィークリーは、小高い丘の上の台地に都市の中心部となるモスク地区と宮廷地区が設けられ、その周辺には隊商宿（キャラバンサライ）、階段式井戸（バーオリー）などがあり、さらに工房（カール・ハーナ）地区、商店街（バーザール）、競

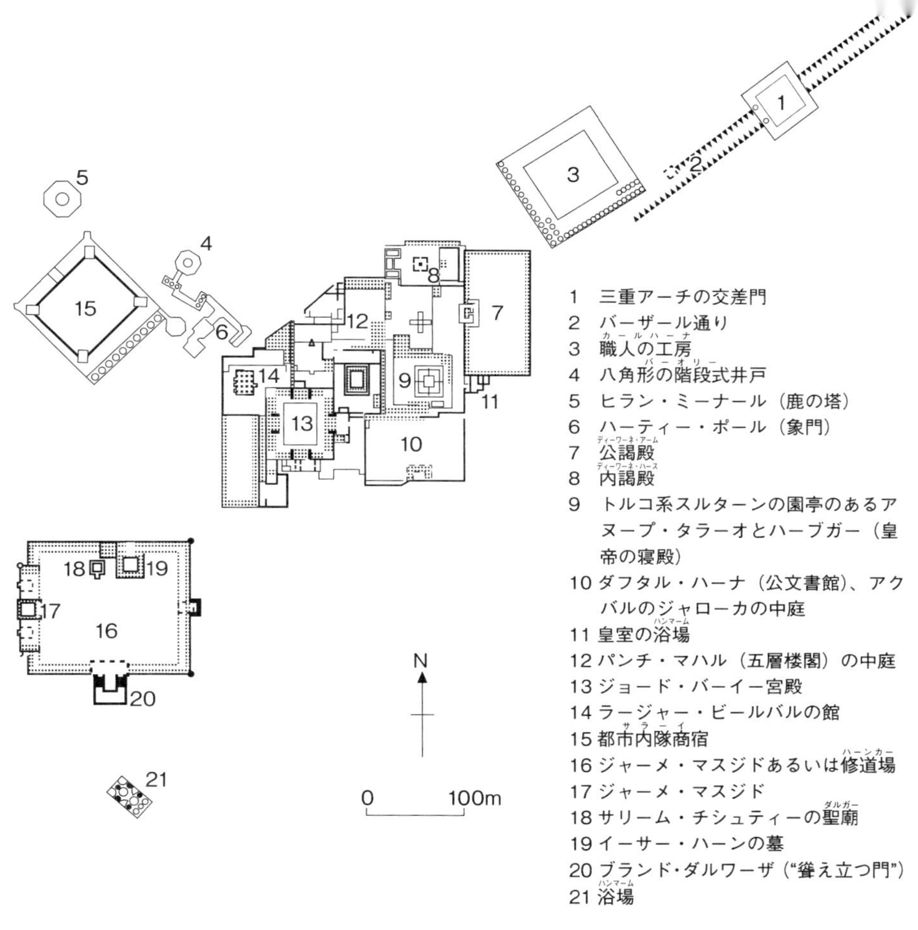

図52　ファテプル・スィークリーの配置図

技場などが裾野へと広がり、その都市全体を市壁が囲んでいる。アクバル帝がいかに壮大な都市を計画していたかがわかる。現在でもその痕跡をこの町の随所に見ることができる。アクバルはなぜアーグラを離れて、この地に新都市を建設したのであろうか。そしてなぜこの都市は見捨てられることになったのであろうか。

新帝都建設

1562年、アクバルはアンベールの王（ラージャー）ビーハーリー・マルの娘、ハルカ・バーイーとの結婚後も、長い間皇子に恵まれなかった。そのため、アクバルは皇妃らとともに毎年、アーグラから300kmほど離れたアジュメールのスーフィー聖者ムイーヌッディーン・チシュティーの聖廟（ダルガー）に「子宝」祈願の巡礼に出かけていた。アーグラからアジュメール巡礼へ行く途中にスィークリーという村があった。フィリシュタはスィークリー村に新都市を建設する経緯について次のように記述している。

> **ある年、アジュメールからの巡礼の帰路、スィークリー村に隠棲するチシュティー派のスーフィー聖者シャイフ・サリームを訪ねると、そこで聖者から「間もなく皇子が生まれ、ムガル王家はますます栄える」というご託宣を受けた。しばらくして、愛妃ハルカ・バーイーが妊娠し、1569年に皇子を出産した。この子は聖者の名をとってサリームと名付けられた。さらに翌年、尊師（シャイフ）サリーム・チシュティーの居所で2番目の皇子が生まれ、その子の名前をムラードと名づけられた。アクバルはスィークリー村で2人の皇子を授かったので、ここをとても幸運な場所と考え、そこに新たな都城の建設を命じた**＊3。

こうしてファテプル・スィークリーという新しい都市が誕生したのである。ファテプルは“勝利の町”という意味ゆえに、アクバルがグジャラートを征服した勝利を記念して建てられたともいわれている。モスク地区にある南門の壮麗な“聳え立つ門（ブランド・ダルワーザ）”（図63）がそれを物語っている。しかし、この都市が建っている場所は、そもそもスーフィー聖者サリーム・チシュティーの修道場（ハーンカー）、つまりスーフィー教団の修行のための施設がある場所であった。この点を重視するならば、アクバルは有力なスーフィー教団との関係を強め、それを世に知らしめるねらいがあったのは明らかにであろう。しかし宮廷地区は、モスク地区とは異なり、ヒンドゥーとの融和を象徴するような建造物群が立ち並び、しかもミステリアスな建物が多いのはなぜだろうか。

宮廷地区

宮廷地区に入ると、圧倒的な赤砂岩の建物群に人々は目を奪われる。むしろデリーのフマユーン廟やアーグラのタージ・マハルのドーム状の建造物に見慣れた者には、赤砂岩で柱―梁構造のヒンドゥー的な建物群には違和感を覚えるかもしれない。それゆえ、まるで別世界にタイムスリップしたような不思議な感覚に襲われる。

宮廷地区は大きく四つの区域に分かれる。厳密ではないが、公的なものから私的なものへと並列につながる空間から構成されているようである。最初の公的な区域には、公謁殿（ディーワーネ・アーム）が置かれている。次の準公的な区域には、内謁殿（ディーワーネ・ハース）等の建物群がある。その隣の準私的な区域には五層楼閣（パンチ・マハル）と庭園があり、そして最後の私的な区域には、後宮区域（ザナーナ）であるジョード・バーイー（ハルカ・バーイーの尊称）殿が配置されている。しかし、これらの区域にある建物の中には、建物の名称とその用途が一致せず、用途そのものが不明瞭なものも少なくない。その意味では、宮廷地区はきわめてミステリアスな建物群ともいえる。

最初の区域である公謁殿（ディーワーネ・アーム）は、皇帝があらゆる人々と一般謁見を行う公的な場所である。つまり廷臣や一般民衆の請願者、外国からの訪問者など、皇帝と直接謁見できる唯一の空間なのである。同時に、そこは皇帝が公事を行う場所でもあった。公謁殿（ディーワーネ・アーム）（図53）で皇帝が謁見する場合、皇帝は中庭正面に張り出した“アイワーン”と呼ばれる屋根付きの柱廊のベランダに座る。こうした貴賓席のある園亭の建築様式は“ジャローカー”と呼ばれるもので、皇帝が公の前に姿を現すための特別

図53　公謁殿（ディーワーネ・アーム）

図54　ジャローカー

な造りとなっている。公文書館（ダフタル・ハーナ）として知られる建物にも、外側に向かってジャローカー（図54）と呼ばれるバルコーニーが張り出している。

公謁殿（ディーワーネ・アーム）の貴賓席のある園亭の真後ろには一つの小さな戸口があり、ここから内謁殿（ディーワーネ・ハース）に通じている。また謁見する者が公謁殿（ディーワーネ・アーム）へアクセスする場合、身分によって2つのルートが設けられている。皇帝や皇族以外は北側にある商店街（バーザール）通りにある三重アーチの交差門（チャールスー）（図55）を通っていく。皇帝や皇族は西側にあるハーティー・ポール（象門）（図56）を通っていくことになる。

ミステリアスな建造物

公謁殿（ディーワーネ・アーム）に隣接する区域には、皇帝の寝殿（ハーブガー）、比類なき貯水池（アヌーブ・タラーオ）と呼ばれる四角い貯水池、そして内謁殿（ディーワーネ・ハース）が主に配置されている。この区域は公的な機能を有しながらも私的な側面をもつ、いわば準公的な空間ともいえる。とくにこの区域の建物にはミステリアスなものが多い。

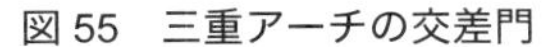

図55　三重アーチの交差門

図56　ハーティー・ポール（象門）

例えば内謁殿（ディーワーネ・ハース）であるが、本来内謁殿（ディーワーネ・ハース）は皇帝が高官や貴族と謁見したり、御前会議を行ったりする場所である。ところが、この建物の1階部分の内部を見ると、図57に見られるように、中央には一つの円柱が立っており、その頂部には、十字に交差する円形の床を曲線の腕木が支える構造となっている。円形の床から部屋の四隅に向かった四つの橋が架けられ、手すりには障壁（ジャーリー）と呼ばれる石の透かし彫りのスクリーンが取りつけられている。その橋を渡ると部屋内部の周囲をめぐる回廊につながり、さらに外部のバルコニーに続いている。

エバ・コッホが指摘するように、内謁殿（ディーワーネ・ハース）の中央に立っている柱の頂部を支える腕木のデザインはグジャラートの建築様式であり、とりわけ15世紀後半に建造されたスィーディー・バシール・マスジド（アフマダーバード）の尖塔（ミナレット）（図58）やシャー・アーラム・マスジドの尖塔（ミナレット）のバルコニーを支える腕木と極めて類似している*4。しかし、なぜ内謁殿（ディーワーネ・ハース）の中央にこのような柱がすえられ、十字に交差する円形の床を支える構造となっているのであろうか。

インド・イスラーム建築・美術史家キャサリン・アッシャー（1992）は、「アクバルはおそらくこの柱の上の円形の床に座ったのであろう。それゆえアクバルは自らをチャクラヴァルティー、すなわち世俗世界の主、“転輪聖王”に投影したのだと信じる者もいる。しかし、ヒンドゥー教や他の非イスラームの宗教・文化に強い関心を抱いたのはファテプル・スィークリーの建設がかなり進んだ後のことであり、この考えは仮説にすぎない。むしろアクバルはムガル帝国を支える軸や支柱、すなわち統治者として自らを投影するためにこの柱の上に座ったのであろう」と論じている*[5]。

確かに、キャサリン・アッシャーの指摘は妥当なものであるが、ムガル帝国の統治者であることを示すためにわざわざ内謁殿（ディーワーネ・ハース）内の中央に柱を立て、腕木に手の込んだ造形を施す必要があったのであろうか。アクバルはファテプル・スィークリーを建設する前に、宗教間の融和に向けて、すでに非ムスリムへの人頭税（ジズヤ）や巡礼税を廃止していることを考えれば、アクバルはインドのあらゆる宗教（「神聖な神教」（タウヒーデ・イラーヒー））の上に立つ絶対的支配者として自らを演出する装置として内謁殿（ディワーネ・ハース）を建設したと考えるべきではなかろうか。

インド・ペルシア史家バダーウーニー（1540-1615?）によれば、「祈りの館」（イバーダト・ハーナ）が完成すると、アクバルはその中に四つに区分された大きなホールを作り、そして比類なき貯水池（アヌープ・タラーオ）と呼ばれる貯水池を完成させた。アクバルはこの建物を「祈りの館」（イバーダト・ハーナ）と呼んでいたということである*[6]。ムスリム歴史家ニザームッディーン・アフマド（1551-1621）は「祈りの館」（イバーダト・ハーナ）について次のように記述している。

> **「祈りの館」（イバーダト・ハーナ）には4つのホールがあり、西側には預言者ムハンマドの子孫（サイイド）、南側には選ばれた神学者（ウラマー）、北側には神秘主義者の聖者（シャイフ）、東側には学識で有名な宮廷人や貴族の人たちが着座するように配置されていた*[7]。**

バダーウーニーやニザームッディーン・アフマドの記述から推察すると、「祈りの館」（イバーダト・ハーナ）は内謁殿（ディワーネ・ハース）のことであろう。そこは従

図 57　内謁殿（ディーワーネ・ハース）の１階中央にある柱

図 58　スィーディー・バシール・マスジドの尖塔（ミナレット）

来の謁見の間ではなく、アクバルと様々な宗教者が宗教的・精神的な問題に関して侃々諤々（かんかんがくがく）と討論する場であったのであろう。

皇帝の寝殿（ハーブガー）につながる右側の小さな宮殿群には皇子たちが住んでいたといわれている。また皇帝の寝殿（ハーブガー）の前には比類なき貯水池（アヌープ・タラーオ）と呼ばれる貯水池がある。アブル・ファズルはこの比類なき貯水池（アヌープ・タラーオ）について次のように記述している。

> **比類なき貯水池（アヌープ・タラーオ）を富（硬貨）で一杯にするよう命令が下された。ファテプルの王宮には、20 ヤード× 20 ヤードの広さと、男の背の高さの 2 倍の深さの貯水池がある。それは赤砂岩で覆われ、見る者の賞賛の的である。陛下は「…多くの富（硬貨）が人々に見えるように、一般民衆が十分な**

図 59　皇帝の寝殿（ハーブガー）

恩恵に浴することができるように、そして貧しい者が予想される苦痛に悩まされないように、この貯水池を様々な硬貨で一杯にするように」という声明を出された＊8。

内謁殿（ディーワーネ・ハース）、皇帝の宮殿（ハーブガー）、公文書館（ダフタル・ハーナ）などが建つ区域は明らかに皇帝の準公的な空間といえる場所である。この区域の西側に隣接する場所には、“パンチ・マハル”と呼ばれる五層楼閣が建っている。この建物が何のために建てられたかについてははっきりしないが、キャサリン・アッシャーは指摘しているように、この区域が皇帝や皇族、後宮の女たちなど、最も信頼できるいわば身内のための空間だと考えれば、五層楼閣（パンチ・マハル）は“愉楽の園亭”だったのかもしれない＊9。

吹き抜けの五層楼は涼しく、そこからは宮廷地区全体が見え、さらに遠くまで見渡すことができたはずである。上層部分のテラスには外部から見えないようにかつて高い障壁（ジャーリー）のスクリーンが設けられ、そこから後宮の女性たちも宮殿の様子を見渡すことができたという説もある。しかし五層部分のテラスに高い障壁（ジャーリー）のスクリーンを設けると、五層建築の美しさや開放性が損なわれる。むしろ五層部分のテラスには皇帝や皇子たち、高官

図60　五層楼閣(パンチ・マハル)

などが姿を現すところで、4層以下のテラスには皇紀や女官たちが目隠しの障壁(ジャーリー)のスクリーンを通して宮殿内の様子を見ていたのかもしれない。

宮廷地区の中で最も大きな宮殿は、今日ジョード・バーイー宮殿と呼ばれる後宮地区にある。四角い中庭に囲む宮殿の様式は広さを別にすれば、アーグラ城のジャハーンギール宮殿やグワーリヤル城の宮殿の様式を継承しているといえる。正面入口の門は1572年に建てられたアジュメールのアクバル宮殿と似た造りである。

ジョード・バーイー宮殿の内部の屋根はまぐさ式構造、つまり水平な梁を垂直な柱で支える建築様式である。庇(ひさし)を支える腕木に施された装飾はシンプルなグジャラートの伝統様式が用いられている。また宮殿内部の引っ込んだ壁の窪みの頂上に曲がりくねった腕木はグジャラートのモスクやヒンドゥー寺院と同様の装飾を想起させる。同様に、多くの柱に上に彫刻された鎖と鈴で吊るすモチーフはムガル以前のグジャラートやベンガルのヒンドゥーやムスリムの建築にその先例を見ることができる＊10。

宮廷地区の西側には、これまで述べてきた四つの区域に含まれていない建物がある。それがラージャー・ビールバル館である。ラージャー・ビールバルとは、アクバルが重臣の一人、バラモンのマヘーシュ・ダースに与えた称号である。ビールバル館には、1572年建設という日付けと共に、“皇帝の儀式の館”という文言が刻まれている。その目的は住居ではなく儀式のための館であったようである＊11。

重臣の中で彼の名前の館だけがなぜ宮廷地区に建っているのであろうか。インド歴史家サティーシュ・チャンドラ（2007）によれば、アクバルは“神聖な一神教（タウヒーデ・イラーヒー）”という、神の唯一性を神秘的体験から捉えるスーフィー形態の教団をつくった。日曜日が入会式の日と定められ、新入会者は頭を皇帝の足につけ、皇帝は彼を立たせ、スーフィー用語でシャストと呼ばれる決まり文句を与えた。しかしビールバル以外のすべてのヒンドゥー高官たちを含めた多くの代表的貴族が入会を拒否したのであった＊12。

モスク地区

モスク地区はファテプル・スィークリーの西側に位置し、中庭を囲む四角い囲壁の中には、南面に“聳え立つ門（ブランド・ダルワーザ）”、西面には集団礼拝モスク（ジャーメ・マスジド）、北面にはサリーム・チュシティーの聖廟（ダルガー）、その隣にイーサー・ハーンの墓が配置されている。モスク地区の入口には、“聳え立つ門（ブランド・ダルワーザ）”と呼ばれる、高さ54mもある大きく立派な南門が外に向かって大きく開いている。その門構えの様式はティムールが起源で、1573年にグジャラートを征服・併合したその戦勝を記念して建造されたものだといわれている＊13。

図61　ジョード・バーイー宮殿内

図62　ラージャー・ビールバル館

アクバルが“聳え立つ門（ブランド・ダルワーザ）”にティムールを起源とする建築様式を取り入れたのは、アクバルにとってティムールは祖父（初代皇帝バーブル）の国であり、偉大な帝国ティムールの末裔としての矜持（きょうじ）と戦勝をこの門に刻みたかったのかもしれない。

マッカの方角にあたる西面には集団礼拝モスク（ジャーメ・マスジド）が置かれている。マスジドの正面中央はイーワーンと呼ばれる“天井の高い大アーチの半戸外空間”となっており、そのイーワーンの大きな正面門の背後にはドームの屋根が隠れている。ドームの屋根を大きな正面の門で隠すマスジドの建築様式はデリーにあるトゥグルク朝のベーガムプリー・マスジドやアーグラにあるフマーユーン・マスジドに見られるものである。残念ながら、現在フマーユーン・マスジドのドームの屋根は崩落し無くなっている。こうしたドームの屋根を隠すマスジドの建築様式はティムールの建築によく用いられるものであるようだ。⇨ベーガムプリー・マスジド

モスク地区の北にはスーフィー聖者サリーム・チシュティーの聖廟（ダルガー）とイーサー・ハーンの墓が並んで置かれている。サリーム・チシュティーの聖廟（ダルガー）にはグジャラートの聖廟に使われた建築様式がかなり取り入れられている。しかし、こうしたグジャラートの建築様式はすでにグワーリヤルのスーフィー聖者ムハンマド・ガウスの聖廟（ダルガー）に用いられていた。⇨グワーリヤル

図63 “聳え立つ門（ブランド・ダルワーザ）”

サリーム・チシュティーの聖廟（ダルガー）はアフマダーバードにあるシャー・アーラムの墓の建築様式を採り入れながら、庇（ひさし）の部分や格子の組子の間隔を広げている点においては、ムハンマド・ガウスの聖廟（ダルガー）にも影響を受けているといえる。屋根に飾られた小さなドームや小塔（チャトリー）はすべて取り除かれ、格子の組子の間隔も大きく取られ、そこに嵌（は）められた石の幾何学模様のスクリーンもシンプルで、聖廟（ダルガー）の中でも極めて洗練された素晴らしい建物である。

聖者廟（ダルガー）の隣にある赤砂岩で造られた建物はもともとスーフィーの集会所（ジャマーアト・ハーナ）であったが、のちにイーサー・ハーンの墓になったといわれる。イーサー・ハーンはスーフィー聖者の孫で、妻はアブル・ファズルの姉妹であった。この系譜を見れば、いかにイーサー・ハーンがスーフィー聖者やアクバルの賢臣アブル・ファズル一族との関係が深かったのかを示している。この建物の内部やその周辺にはイーサー・ハーンの一族と見られる

図 64　ジャーメ・マスジド

墓が所狭しと並べられている。集団礼拝モスク（ジャーメ・マスジド）の中庭に聖者廟（ダルガー）や墓が置かれるのは、きわめて珍しい。

その他の建造物

ハーティー・ポール（象門）の入口近くには、“鹿の塔（ヒラン・ミーナール）”という不思議な建造物（図 67）がある。エバ・コッホによれば、この塔（ミーナール）は、アーグラとアジュメールを結ぶ幹線道路沿いに置かれたマイル標石であるが、同時にアクバルの狩猟のための記念塔で、もともとアクバルが狩猟で仕留めた鹿の角がこの塔（ミーナール）の外壁の突起に散りばめられていたようである*[14]。

またモンテセラーテはファテプル・スィークリーの最も顕著な特徴を 5 つ挙げている。その中でとても興味深い特徴の一つが競技場である。モンテセラーテによれば、その競技場では、象同士の闘いや剣闘士の闘いが催され、また馬に乗って木

図65　シャー・アーラムの墓

のボールを木製のハンマーで打つ競技（ポロ）の試合が行われた*15。しかし残念ながら、この競技場がファテプル・スィークリーのどこにあったのか不明である。

アクバルによるムガル帝国の領土拡大は、明らかに1562年のアンベールの王（ラージャー）ビーハーリー・マルの服属により、彼の娘ハルカ・バーイーとの婚姻関係によるところが大きい。それと軌を一にして、ヒンドゥーの巡礼税や人頭税（ジズヤ）が廃止され、統治の柱として宗教融和策が打ち出された。王（ラージャー）ビーハーリー・マルを中心としたヒンドゥー王族の活躍により、ムガル帝国の領土は急速に拡大していった。こうした政治状況に伴い、アクバルは次第に偏狭なイスラームの正統主義の道から離れ、皇帝権力を正統化する新たな統治原理を模索し始めた。その拠点となったのが、1575年に宮廷地区内に建てられた「祈りの館（イバーダト・ハーナ）」、つまり内謁殿（ディワーネ・ハース）であった可能性が高い。

「祈りの館（イバーダト・ハーナ）」において、アクバルは様々な宗教の人たちとの

図66　サリーム・チシュティーの聖廟とイーサー・ハーンの墓（右端）

討論を通して、異なる宗教の信仰者たちの間にある一致点を見出し、あらゆる宗教の背後にある真理、真正なる宗教の原則を見つけ出そうとした。しかし、サティーシュ・チャンドラが指摘するように、アクバルはインド国内の異なる宗教の信仰者たちの間に一致点を見出そうとする努力はあまり成功しなかった。「祈りの館（イバーダト・ハーナ）」における討論は、各宗教の代表者が他の宗教を非難し自分たちの宗教の優越性を証明しようとしたため、異なった宗教の間のよりよい相互理解どころか、相互の反感をつのらせる結果となった。それゆえ、1582年にアクバルは「祈りの館（イバーダト・ハーナ）」での討論を中止した*[16]。

確かに、インドの各宗教・各宗派を統合しようという試みは成功しなかったかもしれない。しかし、アクバルは“神聖な一神教（タウヒーデ・イラーヒー）”という一つの結論を得たのは間違いない。あらゆる多様性の宗教の背後には、ただ一つの神があるだけであるという観念は「太陽神」信仰を表象するものでもあった*[17]。あ

図 67　ヒラン・ミーナール

らゆる宗教を統合し、その上に君臨する絶対的主権者（太陽神）として“万民の平和（スルヘ・クル）”という政策を実行しようとしたのであろう＊18。

ファテプル・スィークリーはインドの見捨てられた町の中で最も知られた都市である。この都市がなぜ見捨てられたのかについては、歴史的な根拠の裏づけもないまま、この都市は水不足のために見捨てられたというのが通説のようだ。アクバルがこの都市を見捨てたのは、1582 年に「祈りの館（イバーダト・ハーナ）」での討論が中止された段階で、この都市の役割が終わったことを意味しているのではなかろうか。いずれにせよ、ファテプル・スィークリーが見捨てられた理由ははっきりしないが、訪れる者にそのなぞ

を語りかけるかのように、赤砂岩で造られた神殿ともいえる不
思議な建造物群の空間が広がっている。

グワーリヤル城

7　グワーリヤル

グワーリヤルの歴史

アーグラから南へ122km、グワーリヤルという町に近づくと、大平原の中央に切り立った岩山が見えてくる。その岩山の上には堅固なグワーリヤル城が聳え立っている。この城砦の岩山はもともとゴーパーチャル（牛飼い）またはゴーパーギリ（牛の山）と呼ばれていた。

6世紀頃、ヒンドゥーの支配者（ラージャー）、スーラジ・セーンがグワーリヤルという町をつくり、そこに城砦を築いた。グワーリヤルの名の由来について、この岩山に住んでいた一人の隠遁者グワーリパー（聖牛信仰者）の名をとってスーラジ・セーンがこの岩山をグワーリヤルと名づけたと言われる。スペインのイエズス会宣教師モンテセラーテは、カニングハムの話として次のようなグワーリヤル城に関する伝承を紹介している。

グワーリヤルはスーラジ・セーンというカチュワーハー氏族の長で、クンタルプリやクトワールの小さな領地の王（ラージャー）によって建てられた。スーラジ・セーンはハンセン病を患っていた。ある日、ゴーパーギリと呼ばれる岩山の近くで狩りをしていて喉が渇いたので、彼は隠遁者グワーリパーの住む洞窟に行き、水を求めた。その隠遁者は自分の器の中の水を彼に与えた。その水を飲むや否や彼のハンセン病は治った。感謝したスーラジ・セーンはその守護聖者に何をしたらよろしいでしょうかと尋ねると、彼はこの岩山の上に城を築きなさいという託宣を授けた*[1]。

こうしたスーラジ・セーンに関する伝承はスーラジ・クンド

の貯水池が造られた由来にも残っているようである*2。スーラジ・セーンが建てたグワーリヤルは、6世紀以降もヒンドゥー教徒の町として栄えた。しかし11世紀に入ると、中央アジアからムスリム勢力が侵入し、13世紀の前半には、ゴール朝のムハンマドがグワーリヤル城を占領した。それ以降も、グワーリヤル城はムスリム勢力の侵入と支配を繰り返し受けることになる。というのは、グワーリヤルはインド大平原とデカン高原(南方面)を結ぶ出入口に当たる戦略上の要衝の地であったからだ。しかしインド・イスラーム史では、グワーリヤル城は要衝の拠点というよりもむしろムスリム支配者に反逆した王族などの牢獄または刑場として悪名高かった。

ヒンドゥー支配下のグワーリヤルでは、8世紀初頭にはジャイナ教が、8世紀から11世紀にかけてはヒンドゥー教が隆盛し、多くの寺院がグワーリヤル城内やその近隣に建立された。しかしムスリム勢力の侵入を受けて、多くのヒンドゥー寺院やジャイナ教の寺院が破壊され、寺院に祀(まつ)られた神像の顔は削り取られたといわれている。現在でも、ヒンドゥー教のテーリー寺院やチャトゥルブジ寺院、ジャイナ教の彫像群の中にその痕跡を見ることができる。

グワーリヤル城へのイスラーム侵入

フィリシュタの『インド・イスラーム勃興史』において、グワーリヤル城が登場するのは、1023年にガズナ朝のマフムード(在位998-1030)が第15回のインド遠征からである。その後100年近くの間、ムスリム勢力によるインド侵入はなかった。ところが、ゴール朝のムハンマド軍がインドに侵入すると、1195年にグワーリヤル城はムハンマド軍に制圧された。1206年、インドに最初のイスラーム王朝、奴隷王朝(1206-90)がデリーに樹立すると、グワーリヤル城は第3代スルターンのイルトゥトミシュ

（在位 1211-36）の支配下に置かれた。

フィリシュタによれば、ヒルジー朝（1290-1320）の時代、グワーリヤル城は王朝の牢獄であった。ヒルジー朝末期、支配をめぐって内紛が起こり、権力を握っていた側近マリク・カーフールはスルターン・アラーウッディーン（在位 1296-1316）を説得して彼の 2 人の皇子をグワーリヤル城に投獄したという＊3。おそらくヒルジー朝時代から、グワーリヤル城は牢獄として使われ始めていたのであろう。トゥグルク朝（1320-1414）になると、グワーリヤル城は牢獄として名高い城砦として定着したのであろう。イブン・バットゥータの記述からもそれは推測される。

アラブ人旅行家イブン・バットゥータは、トゥグルク朝時代（1320-1413）にインドに 8 年間（1334-42）滞在し、スルターン・ムハンマドに法官として仕えた。1342 年、彼はデリーを離れてデカンのダウラターバードへ向かう途中、グワーリヤル城に立ち寄っている。イブン・バットゥータは、カーリユール（グワーリヤル）の要塞をドゥワイキールの要塞と混同して記憶しているが、グワーリヤルの要塞について大変興味深い記述を残している。

上述のドゥワイキールの要塞（実際はグワーリヤル城）は、他ならぬ大地の平原のなかにある岩石塊であり、岩を刻み、その頂上に一つの要塞が築かれている。そこに登るには皮革で造った梯子を使うが、夜間にその梯子は取り外される。その要塞にはムフタドゥーン、つまり〈登録された正規兵〉がその子弟たちと一緒に住んでいる。要塞には、牢獄があって、重罪犯たちはそこの地下牢に幽閉される。そこには猫よりも大きい太った鼠が住んでいて、猫は鼠を恐れて逃げてしまい、攻撃を防ぐことが出来ない。それは鼠が猫を襲うためであり、猫は特別な策を巡らさない限り、鼠を捕えることが出来ない。私も実際に、そこで鼠を見たが、驚き

仰天するほどであった*4。

イブン・バットゥータは、「この要塞にある地下牢の一つ、通称〈鼠牢〉と呼ばれる牢があった」と記述しているが、破壊と建設が繰り返されてきたグワーリヤル城の歴史的経緯を考えると、その地下牢がどこにあったのかを探すことはもはや困難だといえよう。

1398年、ティムール軍のインド侵入により、トゥグルク朝は事実上滅亡した。その後約100年の間、グワーリヤル城は再びヒンドゥー勢力の手に渡った。トーマル氏族の王（ラージャー）ドゥンガレーンドラ・スィンフ（在位1425-1459）とキールティ・スィンフ（在位1456-1480）の治世下では、ジャイナ教が庇護された。グワーリヤル城の東側下方の岩壁に彫られた100体を超える彫像群をみれば、いかにジャイナ教への信仰が厚かったかを窺い知ることができる。残念なのは、バーブルのムスリム軍によって彫像の顔の部分が抉（えぐ）り取られたものも少なくないことである。現在、彫像のいくつかは修復されており、岩壁の彫像群（図68）の入口にはジャイナ教の寺院がある。

王（ラージャー）キールティー・スィンフはグワーリヤル城内に自らの名にちなんだキールティー・マンディルという宮殿を建てた。現在、その宮殿はカラン・マンディルと呼ばれている。その後、トーマル氏族の王（ラージャー）マーン・スィンフ（在位1486-1517）はグワーリヤル城の北側の一角にマーン・マンディルという新たな宮殿を建造した。マーン・スィンフ宮殿とも呼ばれるこの宮殿は、ヒンドゥー王国（ラージプート諸王）の城郭宮殿の中で最も魅力的な建物の一つである。彼はまた、グジャラートの王女であった妻のためにグワーリヤル城への登り口にグルジャリー・マハルという宮殿を建造している。

マーン・スィンフの治世下、グワーリヤル城はローディー朝（1451-1526）の権威を認めない族長や貴族たちが宮廷から追放さ

図 68　ジャイナ教の岩壁の彫像群

れたり逃げ込んだりする避難場所となっていた。1501 年、ローディー朝のスルターン・スィカンダル（1498-1517）は、王（ラージャー）マーン・スィンフに対して、グワーリヤル城に避難している族長や貴族たちの身柄の引き渡しを要求した。マーン・スィンフはスィカンダルの機嫌をとるために高価な贈物を持たせて、息子のビクラマージートを代理として派遣した。そして彼らの身柄を引き渡す代わりに、王（ラージャー）の身の安全の保証を求めたのであった。しかし、グワーリヤルへの包囲網は次第に狭められ、ついに 1517 年、グワーリヤル城はローディー朝の手に落ちた*[5]。

マーン・スィンフ宮殿

それから 10 年後の 1526 年、ローディー朝はムガル朝のバーブルとの戦いに敗れて滅んだ。グワーリヤル城はムガル朝のバーブルの支配下に置かれた。1528 年、グワーリヤル城を訪れたバーブルは、『バーブル・ナーマ』の中にその時の出来事を詳しく書き残している。

翌朝、亜片の二日酔いで大変苦しんだ。私は大いに吐いた。二日酔いにもかかわらず、私はマーン・スィングとビクラマージートの建物群をすべて見物した。すばらしい建物群である。乱雑で整然としはいなかったが、全て磨かれた石で出来ていた。すべてのラージャたちの建造物の中で、マーン・スィングの建造物が最もすばらしく、最も高層である。……東の方の面の塔の所にハーティー・ポルがある。象を“ハーティー”といい、門を“ポル”という。この門の出口の所に1頭の象の姿を浮彫りにしている。象には2人の象使いも乗っている。全く象そっくりである。このためハーティー・ポルというのである*6。

イブン・バットゥータも、「要塞（グワーリヤル城）の入口には石で造った象と象使いの彫像がある」と記述している。同じものであったかは分からないが、ムスリム支配下においてもその彫像は破壊されておらず、少なくともバーブルが訪れた1528年まではグワーリヤル城のシンボルとしてハーティー・ポール（象門）の入口にあったと推察される。現在、ハーティー・ポールは存在しているが、そこには象の彫像はない。バーブルはグワーリヤル城にある4階構造の宮殿についても記述を残している。

4階建ての建物の最下層には、この巨大な象に向かって窓が開かれている。そこから象を間近かに見る事ができる。この建物の最上階が前述の諸小塔である。2階が居室である。これらの居室も穴のような所にある。ヒンドゥスターン人がいろいろと住みやすいよう配慮していたが、快適な場所とは言えぬ*7。

王（ラージャー）マーン・スィンフが建造した新しい宮殿は4階構造になっている。宮殿への入口は、当時は現在の入り口とは異なり、外側の道路から入れるよう3階に配置されていた。その階は舞踏や音楽が催される、いわば謁見の間ともいえる場所である。その上の4階部分はマーン・スィンフの寝殿となっている。3・4階部分は庇（ひさし）を装飾された腕木が中庭を囲む建築様式（図70）となっており、後にこの建築様式はアクバルによってアーグラ城のジャハーンギール宮殿に用いられた。3階（地上）から地下1階・2階へと降りる構造になっているが、もちろん地下ではない。バーブルが記述しているように、1階と2階部分は暗い穴倉のような部屋になっている。しかし、その中は意外に涼しい。

バーブルはマーン・スィンフ宮殿から少し離れた場所にあるモスクを訪れている。奴隷王朝のスルターン・イルトゥトミシュがグワーリヤルを制圧した際に造営したといわれる中央モスクであるが、現在は残っていない。バーブルはそのモスクのある場所を次のように記している。

> **……この湖の西に一つの高い仏教寺院がある。スルターン・シャムスッ・ディーン・イレトミシュはこの寺院の傍らに一つの中央モスクを造営した。この仏教寺院はきわめて高層で、城内にこれより高い建物は無い。ダウルプルの山からグワーリヤル城とこの寺院を望見できる。この寺院の石はすべてかの大きな湖から切り取って運んで来たものだという。**＊8

この湖の西に立っている一つの高い仏教寺院とはおそらくテーリー寺院のことであろう。8世紀から11世紀にかけて、グワーリヤルではヒンドゥー教が隆盛し、グワーリヤル城内にもヒンドゥー寺院が建立された。その一つがテーリー寺院である。

図69　宮殿の2階の居室

8世紀から9世紀の間に建立されたもので、高さ23mものあるこの寺院は遠くからも際立ち見た者の目を奪うほどである。

バーブルは、スルターン・イルトゥトミシュがこの寺院の傍らに一つの中央モスクを造営したと記述しているが、現在そのモスクがどこに造営されたのかは分からないが、おそらくヒンドゥー教徒によって破壊されたのであろう。グワーリヤル城内には、テーリー寺院（図72）のほかにも、いくつかのヒンドゥー寺院が現存している。

1つは、9世紀末（875）に建立されたチャトゥルブジ寺院である。城の北東に位置し、城砦のハーティー・ポール（象門）に通じる曲がりくねった坂道の途中にある。チャトゥルブジとは“四つの腕”という意味で、小規模な石窟寺院の祠には4本の腕を持ったヴィシュヌ神像が祀られている。顔の部分は削られてない。

2つ目は、11世紀末（1093）に建立されたサース・バフー寺院である。この寺院はテーリー寺院に近い城内の中央東側に位置し、そこには大小ペアの寺院が鎮座している。サース・バフー

図70　宮殿の4階

図71　庇（ひさし）を支える腕木

とは文字通り、サースは姑であり、バフーは嫁という意味である。テーリー寺院とサース・バフー寺院のスタイルがそれぞれ異なるのは、それを建立したヒンドゥーの王朝が異なるからであろう。グワーリヤルから東南約300kmにカジュラーホーというヒンドゥー寺院最大の遺蹟群がある。10世紀から12世紀にかけて、ラージプート族の王朝が建てたものであるが、グワーリヤル城にあるヒンドゥー寺院との関係については分からない。

奴隷王朝以降、グワーリヤル城がムスリム支配下にあったとはとはいえ、実際はムスリム支配者（スルターン）の軍が駐屯していたに過ぎずなかった。ムスリムの支配が弱体すれば、グワーリヤル城は容易に土着のヒンドゥー勢力の手に落ちることになる。王（ラージャー）マーン・スィンフの支配を含め、100年もの間、グワーリヤル城は実質上ヒンドゥーの勢力下にあったことを考えれば容易に想像できよう。

牢獄と刑場

バーブルの支配は短く、2代皇帝フマーユーン（在位1530-40, 55-56）はムガル帝国の安定維持に失敗し、一時ペルシアへの亡命を余儀なくされた。その間、グワーリヤル城はヒンドゥーの

図 72　テーリー寺院

図 73　サース寺院

図 74　バフー寺院

勢力下にあった。グワーリヤル城が再びムガル帝国に征服されたのは、第3代皇帝アクバル（在位1556-1605）によるものである。アクバルはその地域全体を支配下に治め、さらにデカンへ南下し、領土拡大を目論んでいた。グワーリヤル城はあくまでもデカンへ南下するための一つの関門（軍事的拠点）に過ぎず、ブルハーンプルが重要な軍事的拠点となったのである。グワーリヤル城の軍事的重要性が低下すると、グワーリヤル城は再びムガル帝国の牢獄や刑場として使われ始めた。

1657年に、第5代皇帝シャー・ジャハーン（在位1628-58）が突然重病で倒れると、その帝位継承をめぐって皇子間でし烈な争いが始まった。その結果、3番目の皇子アウラングゼーブが他の兄弟皇子たちを破り、第6代皇帝の座に就いた。長男ダーラー・シコー皇子は捕えられ、デリー市中を2度引き回された上、首を刎ねられた。遺体はフマーユーン廟内に埋葬された。2番目の皇子シャー・シュジャーはアウラングゼーブ軍に追われ、その後の消息は不明のままである。4番目の皇子ムラード・バフシュもまた捕えられ、グワーリヤル城に送られ、そこで首を刎(は)ねられた。その遺体はグワーリヤル城内に埋葬されたという。帝位継承争いに敗れた皇子の息子たちの悲劇的な結末について、ベルニエは次のように記述している。

それから王子（スレイマーン・シコー、ダーラー・シコーの長子）は、……他の捕虜たちと一緒にグワリオルへと連れて行かれた。ポストというのは要するに、罌粟(けし)を潰し一晩水に漬けたものである。これが普通、グワリオルで、首を刎ねたくはない王族に飲ませるものだ。朝、真っ先に運ばれてくるのがこの飲み物で、これを大きな茶碗に一杯飲んでからでなければ、食事は与えられないので、彼らは飢え死にさせられると言った方がよいだろう。このようにされると、彼らは体力と知力を徐々に失い、意識が朦朧(もうろう)として眠り込んだようになり、痩せ衰えてゆっくりと死んでゆく。シピフル・シコー（ダーラー・シコーの末の息子）やモラード・バクシュ（シャージャハーン帝の4番目の皇子）の幼い息子はこのようにして始末され、スレイマーン・シコー（ダーラー・シコーの長子）もまた同様であったと言われている＊9。

グワーリヤル城にまつわる悲劇的な物語は、決してイスラーム王朝の王族だけに限られたものではなかった。すでに述べたように、ヒンドゥーによって建設されたグワーリヤル城は、中世より何世紀もの間、ムスリム軍の侵入と支配を繰り返し受けてきた。その度にグワーリヤル城は破壊と収奪、そして悲劇が繰り返された。中世にグワーリヤル城がムスリム軍の侵入により包囲されると、城内にいたラージプート族の女たち

図 75　ジャウハル・クンド

は敵に捕らえられ辱めを受けることを恥と考え、その貯水槽の水を抜き、積み上げられた火葬用の薪の上に乗り、火をつけて“集団焼身自決”を図ったという。中世には殉死というヒンドゥー教徒の古い慣習が広がっていたのであろう。ジャハーンギール宮殿の近くにあるこの大きな貯水槽は“ジャウハル・クンド”と呼ばれており、もともとは生活用水として使われていたものである。⇨スィーリー城砦

歴史上、グワーリヤル城は中世のデリー・スルターン王朝から近代のムガル帝国の時代にかけて、さらにイギリス支配時代を通して、牢獄としてまた刑場としてよく知られた城砦となったのである。時代とともにグワーリヤルの地理的優位性は薄れたが、王マーン・スィンフの建造した宮殿は今なお美しく人々を魅了する。一般の人には余り知られていないが、グワーリヤルは音楽の町として有名な町でもある。

図 76　ムハンマド・ガウスの聖廟（ダルガー）

図 77 ターンセーンの墓

音楽の町

グワーリヤルの王（ラージャー）マーン・スィンフが大の音楽愛好者であったことはよく知られている。それゆえ、多くの音楽家を庇護（ひご）しただけでなく、音楽の発展にも大きな役割を果たしたといえる。その後もグワーリヤルの音楽は、ムスリム支配者によって庇護（ひご）されてきた。グワーリヤル城のアーラムギール門を出て東に数 km の所に、ムハンマド・ガウス（1500/1-1562/3）の聖廟（ダルガー）がある。この聖廟（ダルガー）は初期ムガル建築の代表的な建築物として知られている。

ムハンマド・ガウスはシャッターリー派の著名なスーフィー聖者で、優れた演奏家でもあった。また彼は 575 名のスーフィー聖者の伝記をまとめた著者でもあった。皇帝ジャハーンギールはムハンマド・ガウスの著書を熱心に読んでいたといわれる*[10]。ジャハーンギール帝はムハンマド・ガウスの命日に彼の聖廟（ダルガー）を訪れ、命日祭（ウルス）にかかる費用を彼の息子に与えたと回想記に記述している*[11]。しかし、グワーリヤルの偉大な音楽家としては知られているのは、ムハンマド・ガウスよりもむしろミヤーン・ターンセーンの方であろう。

グワーリヤルを音楽の町として有名にしたのは、とりわけアクバル帝の宮廷音楽家ミヤーン・ターンセーンの活躍によるところが大きい。ターンセーンはアクバル帝の“9 つの宝石”

図 78　ターンセーンのバーラダリーの園亭（ファテプル・スィークリー）

と称される“9 人の賢臣”の 1 人であった。1589 年、4 月 26 日にアーグラで亡くなり、この地に埋葬された。その際、アクバルの命により、音楽家や声楽家という人々は皆、ターンセーンの遺体に墓まで付き添い、そこで結婚式で演奏し歌うメロディーを奏でた*[12]。埋葬時に、結婚式で演奏されるメロディーを奏でるというのは奇妙に思えるが、南アジアでは、高名なスーフィー聖者の魂は、死によって神アッラーと合体、すなわち“結婚”すると解釈されていたのである。アクバルがいかにターンセーンを信頼し重用していたか、それはファテプル・スィークリーを囲む市壁の入口にあるターンセーンの四方に開いた列柱（バーラダリー）のある園亭を見るだけで十分であろう。

グワーリヤル城は要衝の地を守る堅固な城砦としての地位を失うと、この町の繁栄も次第に衰え、注目されることもなくなった。そのため、この町を訪れる観光客も少なく、アーグラ城に比べれば、グワーリヤル城はまさに忘れ去られた城砦ともいえる。しかし、グワーリヤルの歴史に関心を持つ者にとって、グワーリヤル城は歴史的な遺構が静かに眠っているきわめて魅力的な城砦の一つである。

タージ・マハル *Taj Mahal*

ムムターズ・マハルの仮埋葬地とされる園亭 *Pavilion of Ahu Khana*

シャー・ジャハーンの皇子たちと重臣 *Shah Jahan's Princes and Vassal* 上左からアーサフ・ハーン、アウラングゼーブ（3）、シャー・シュジャー（2）、ダーラー・シコー（長男）、シャー・ジャハーン、ムラード・バフシュ（4）

アーグラ城 *Agra Fort*

バングラ屋根の園亭（同形の２つの園亭）“拝謁の園亭”*Bangla-i-Darshan*、“ジャハーン・アーラーの園亭” *Bangla-i-Jahan Ara*

ダーラー・シコーの結婚式（アーグラ城）*Celebrations at the Wedding of Prince Dara Shikoh*

エーテマードッダウラ廟 *Tomb of Itimad-ud-Daula*

エーテマードゥッダウラと妻の模棺 *Cenotaph of Itimad-ud-Daula and His wife*

アクバル廟 *Tomb of Akbar*

アクバルの模棺の入口 *Entrance of Akbar's Cenotaph*

ファテプル・スィークリー *Fatehpur Sikri*

グワーリヤル城 *Gwalior Fort*

デリー城 *Delhi Fort or Lal Qila*

アショーカ王石柱の狩猟宮 *Palace* (*kushk-i shikar*) *of Ashoka Pillar*

“バーゲ・ワファ”（貞節な庭園）と呼ばれる四分庭園 *The Bagh-i Wafa*

フマーユーン廟 *Tomb of Humayun*

キラ・エ・クフナ・マスジド *Qila-i-kuhna Masjid*

テラスから突き落とされる殺人者アドハム・ハーン *Murderer Adham Khan*

スルターン・ガーリーの墓 *Sultan Ghari's Tomb*

ギヤースッディーン・トゥグルクの墓 *Tomb of Ghiyath al-Din Tughluq*

第II部 デリー

図１　デリー王朝時代におけるデリーの首都

デリー北部

1　シャージャハーナーバード

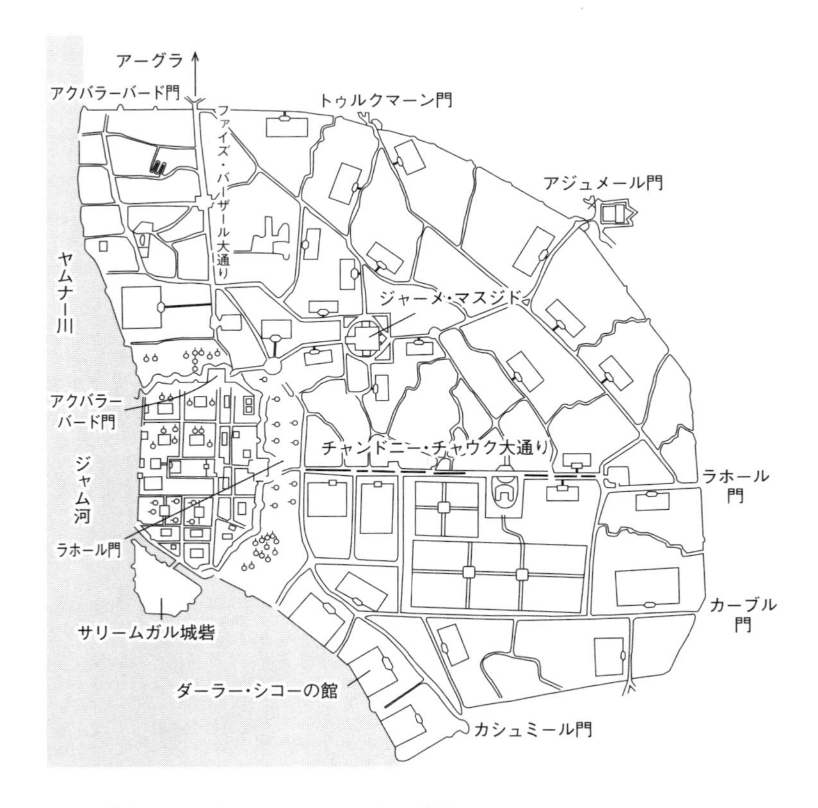

図2　帝都シャージャハーナーバードの地図

現在オールド・デリーと呼ばれる地域は、ムガル帝国の第5代皇帝シャー・ジャハーンが、10年（1639-48）の歳月をかけて建設した新帝都シャージャハーナバード（シャー・ジャハーンの都）であった。ヤムナー川沿いの西岸に建設されたシャージャハーナバードは、デリー城（赤い城（ラール・キラ））を中心に北西から南に半径約

1.5km に広がる扇の形をしている。

デリーはもともとヒンドゥー諸王の都であった。しかし 12 世紀末、ゴール朝の武将アイバクがデリーを占領し、1206 年に自らの王朝（奴隷王朝）を築くと、それ以降デリーは外来からのトルコ系やアフガン系のイスラーム王朝が次々と誕生した。デリーに都を置き、ムスリムのスルターン（君主）が北インド一帯を支配したことから、その時代をデリー・スルターン朝（1206-1526）あるいはデリー・サルタナットと呼んでいる。

1526 年、デリー・スルターン朝の最後の王朝、ローディー朝がムガル朝のバーブルによって滅ぼされると、デリーはムガル帝国の支配下に置かれた。しかし、デリーがムガル帝国の実質的な首都機能を持ちうるようになったのは、第 5 代皇帝シャー・ジャハーンの時代になってからのことである。というのは、それまでムガル朝の帝都はデリーではなく、主にアーグラであったからだ。⇨アーグラ城

なぜシャー・ジャハーンは帝都をアーグラからデリーに移したのか。1631 年に亡くなった愛妃ムムターズ・マハルの死と関係しているのか。それとも、統治上の軍事的理由からなのか。その理由は明確ではないが、シャー・ジャハーンの回想記『シャー・ジャハーン・ナーマ』に新帝都の建設にまつわる記述が残されている。

数年前、陛下の全能なる心に、デリーのヤムナー川のほとりに、気候がよく心地よい場所を選び、そこに壮麗な城塞と愉楽な建物群がある、そんな考えが突然思い浮かびました。高貴な性質の赴くまま、陛下は水が計画された城塞を通って流れ、そのテラスからはヤムナー川が見下ろせる、そんな風景を心にお描きになったのです＊[1]。

この記述から推察するに、シャー・ジャハーンの新帝都の構

想は、突然神の啓示のごとく閃(ひらめ)いたということであろう。いずれせよ、これまでインドの帝都に無かった城砦都市、シャージャハーナバードが誕生したのである。フランス人旅行家ベルニエは「シャージャハーナーバード」の印象について、次のように書き残している。

広々とした平野の中に位置し、ジャムナ河（ヤムナー川）**と呼ばれる、我々のロワール河に比すべき河に沿っています。平野に出るためには船橋が一本掛かっているきりで、河の一方の岸のみ沿って街が建設されてしまい、ほぼ三日月形になるような次第となりました。街は河に面した側以外はすっかり壁で囲まれています。壁はレンガ造りであまり守りは堅固ではありません。というのも、堀がないからですし、……城砦の周りは、城塞を含むにもかかわらず、普通想像するほど大きくありません。3時間で容易に1周できました。騎馬ではありましたが……**＊2。

帝都シャージャハーナーバードは、大きく4つの区画から構成されている。デリー城を中心とする宮殿地区、集団礼拝モスク(ジャーメ・マスジド)のあるモスク地区、商店街(バーザール)の商業地区、そして廷臣たちや商人や職人が暮らす居住地区である。もちろん、宮殿地区を除く、他のすべての地区がそれぞれ1箇所に集中しているわけではないが、それらは首都を構成する大きな要素となっている。

デリー城（レッド・フォート）

デリー城は赤砂岩の堅固な城壁で囲まれているため、赤い城(ラール・キラ)とも呼ばれている。デリー城の入り口には堂々たる2つの主要門がある。南側の主要門はアクバラーバード門（通称デリー

図３　チャッター・チャウク（通称ミーナー・バーザール）

門）と呼ばれ、主に皇帝が金曜礼拝などの宗教行事のために集団礼拝モスク（ジャーメ・マスジド）などに出かける通用門であった。西側の主要門はラホール門と呼ばれ、その門は主に高官、使節、貴族、官僚、皇帝への民衆の請願者などの専用の通用門であった。

ラーホール門をくぐり抜けると、チャッター・チャウクと呼ばれる通りには、アーケードのある城内マーケットがあり、そこはミーナー・バーザールとして知られ、主に宮殿の女官たちのための市場であった。その商店街（バーザール）のすぐ近くには、刺繍工、彫金師、漆喰職人、指物師、蝋細工師、仕立て職人、靴職人など職人の工房がたくさんあったようである＊3。廷臣たちが通用門から入城し、商店街（バーザール）や工房を通り抜け公謁殿（ディーワーネ・アーム）へと向かうように設計された配置は、すでにアーグラのファテプル・スィークリーに見受けられるものである。⇨ファテプル・スィークリー商店街（バーザール）、職人の工房を通り過ぎると、宮殿地区の入り口に辿り着く。その入口には、ナッカール・ハーナ（太鼓の間）あるいはナウバト・ハーナと呼ばれる奏楽所がある。宮廷への訪問者はここで象から下りなければならなかったので、この場所は別名象門（ハーティー・ポール）とも呼ばれていたようである*4。この建物は奏楽所（ナッカール・ハーナ）で、皇帝の登場を知らせるために、トランペットやスルナー（オーボエ）、ティンパニーの楽士たちがそこで昼と夜の決まった時間に合奏するのである*5。

公謁殿（ディーワーネ・アーム）

奏楽所（ナッカール・ハーナ）に面した中庭の向こう側には、基壇の上に40本の列柱が並び、大きく壮麗な広間がある。これが公謁殿（ディーワーネ・アーム）である。公謁殿の中央奥の壁には、“ジャローカー・エ・ダルシャン”と呼ばれる天蓋のある玉座が据（す）えられている。“ジャローカー・エ・ダルシャン”とは、臣民（公）の前に皇帝が姿を現すための囲い（バルコニー）のある特別な空間をいう。ベルニエは、この「ジャローカー・エ・ダルシャン」を含む広間と中庭について、次のように記述している。

> **この広間（公謁殿（ディーワーネ・アーム））と後宮を隔てる壁の中央に、開き口——あるいは手の届かないほど高く大きな窓——があります。ここが玉座に座っている王が姿を現すところです。王子が何人か脇に従い、宦官は孔雀の尾羽根で蝿（ハエ）をおったり、大きな扇で風を送ったり、中には色々なご用を勤めるようすっかり用意して大層恭（うやうや）しく慎ましく立っている者もおります。ここから王は、オムラー（貴族）やラージャ（諸侯）や大使全員を周りに見下ろすのです。彼らは銀の欄干に囲まれた基壇の上に全員目を伏せ、手を胸に組んで立っています。もっと向こうにはマンサブダールつまり下級オム**

図4　公謁殿（ディーワーネ・アーム）の正面

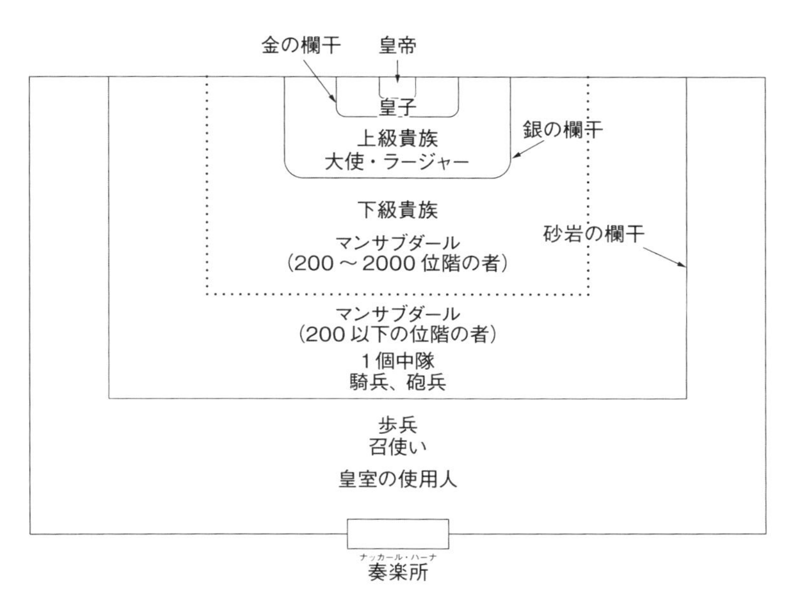

図5　公謁殿（ディーワーネ・アーム）の廷臣の配置

ラーが見えます。彼らもオムラーと同じ姿勢で同じく恭しく全員立っています。広間のもっと手前の部分にと中庭には、あらゆる種類の群衆が見えます*6。

図4に見られるように、公謁殿（ディーワーネ・アーム）は奏楽所（ナッカール・ハーナ）とその前の中庭、そして40本の列柱のある広間、その全てを内包する空間をさす。公謁殿（ディーワーネ・アーム）では、毎日正午頃に皇帝はあらゆる人々と一般謁見を行うのである。いわば、廷臣と謁見を許された人々が皇帝に一堂に謁見できる公事の場所である。1時間半ほど続く、この御前公事の間には、皇帝は数頭の厩舎で一番美しい馬や飾り立てた象たちが目の前を通るのを見たり、あらゆる種類の猛禽類が引き出され闘わされたりした。こうした気晴らしは重要な事柄の間の余興や小休止に過ぎないとベルニエは語っている*7。

玉座の天蓋はシャー・ジャハーンのお気に入りのバングラ屋根である。その背後に装飾された壁はよく磨かれた色石をモザイクのように嵌（は）め込んだ、いわゆるフィレンツェのピエトラ・ドューラ技法が使われている。植物や草花、野鳥や動物が鮮やかな色彩で描かれ、その中央の上にはギリシャ神話のオルフェウスが描かれている。本来、イスラームでは偶像崇拝禁止の観点から、動物や人物像を描写することは禁じられているが、しばしばこうした禁止は非公式な区域や私的な区域では無視される場合がある。しかし、公謁殿（ディーワーネ・アーム）は公的な場所である。この点について、ムガル建築・美術の専門家エバ・コッホは次のように解説している。

イスラームには描写してはならない画像があるが、こうした違反は、シャー・ジャハーンには稀で、特に公的な場所では稀であったが、ソロモン王（クルアーンに登場する王者＝預言者、イスラーム思想において理想的な支配者）の模写として全体構図が着想されている場合には許された。こうしたシ

図6　玉座とその背後の象眼細工

図7　玉座の背後に小さく象眼されたオルフェウス像

ンボリズムは、玉座の置かれる奥まった壁面の上部に嵌め込まれたパネル、つまり野獣と戯れるオルフェウスが描かれたパネルによってより強められた。脱文脈化されたフィレンツエ像オルフェウスは、シャー・ジャハーンの理想の支配、つまりソロモンあるいは最初の神話上の王カユーマルスと同様に、シャー・ジャハーンの正義――羊とライオンを一緒にも横たわらせるように、人間の世界において、圧政者から圧政されている者を解放させること――を象徴するものとなっていた。こうした観念連想はムガル宮廷においてヨーロッパ芸術を厳選する際の、あるいは受容する際の特徴である＊8。

内謁殿（ディーワーネ・ハース）

公謁殿（ディーワーネ・アーム）の壁を隔てた東側の一角にはヤムナー川に沿って南北に宮殿群が立ち並んでいる。北側には準公的な建物である内謁殿（ディーワーネ・ハース）と浴場（ハンマーム）が配置されている。ベルニエはこの一角を初期の呼び名で「グザル・カーナ（グスル・ハーナ）」と呼んでいる。一方、南側には皇帝の私的な建物である既婚婦人（ハース・マハル）の居所と祝祭（ラング・マハル）の間などの後宮地区（ザナーナ）が広がっている。

内謁殿（ディーワーネ・ハース）のさらに北には王の塔（シャー・ブルジ）が建っており、そこから吸い上げられる水は、浴場（ハンマーム）から祝祭（ラング・マハル）の間まで、宮殿群の建物の中央に造られた水路を北から南へと走っている。この宮殿群を貫く水路こそが、シャー・ジャハーンがクルアーンの中に描かれている「川の流れる楽園」、いわゆる“天国の川（ナフレ・ビヒシュト）”をイメージして設計したものである。

北側にある内謁殿（ディーワーネ・ハース）は、皇帝が執務を行う場所で、いわば準公的な建物である。ベルニエはこの建物と浴場（ハンマーム）のある北側の区域を「グザル・カーナ（グスル・ハーナ）」と呼び、次のように記述している。

> **アーム・カース（ディーワーネ・アーム）の大広間から更に奥まった、グザル・カーナと呼ばれるところに入ります。いわば身を清める場所です。殆どの人は入れません。だから中庭はアーム・カース（ディーワーネ・アーム）のものほど大きくありません。けれども、広間はとても美しく、広々としていて、彩色され、金箔を押され、大きな基壇のように床から高さ四、五尺分上っています。ここで王は椅子に座り、オムラー（貴族）は周りに立って、役人ともっと内輪の謁見をしたり、彼らの報告を受けたり、国家の最重要問題を扱います。オムラーは全員、毎朝アーム・カース（ディーワーネ・アーム）に出席しなければならないのと同様に、毎**

図8　内謁殿（ディーワーネ・ハース）

晩この御前公事に出席しなければなりません*9。

皇帝は内謁殿（ディーワーネ・ハース）の壮麗な孔雀玉座に座って、限られた廷臣たちと謁見したり報告を聞いたりしたようである。残念ながら、この孔雀玉座はデリーへ遷都してから100年後の1739年、ペルシアのナーディル・シャーのデリー入城によって略奪された。現在、その玉座はイスタンブールのトプカプ宮殿に収蔵されている。

内謁殿（ディーワーネ・ハース）の美しく彩色された広間の天井下の壁の角には、ペルシア語詩人アミール・フスロー（1253-1325）の有名な詩、「もしこの地上に楽園があるなら、それはここなり、ここなり、ここなり」がペルシア語で刻まれている*10。内謁殿（ディーワーネ・ハース）には、光輝く天国そのものを表すための隠喩的な技法が随所に見られる。

既婚婦人の居所（ハース・マハル）と祝祭の間（ラング・マハル）

内謁殿（ディーワーネ・ハース）の南側に隣接する宮殿群は、皇帝の私的な建物である既婚婦人の居所（ハース・マハル）と祝祭の間（ラング・マハル）などの後宮（女性の居室）地区である。既婚婦人の居所（ハース・マハル）の北側の部屋には数珠の間（タスビーフ・ハーナ）と呼ばれる部屋

図9　内謁殿（ディーワーネ・ハース）内

があり、そこは皇帝が礼拝する場所である。皇帝の礼拝室と後ろの“ハーブガー”と呼ばれる3つの皇帝の寝室は、美しい大理石のスクリーンで隔てられている。この美しい大理石のスクリーンには三日月の上に「正義の秤」が吊されたレリーフがある。その下の水路を“天国の川（ナフレ・ビヒシュト）”がゆっくりと流れるように設計されている＊11。この「正義の秤」はシャー・ジャハーンの支配のあり方を示す隠喩といえる。

イスラームにおける正義は、公正と公平であることを必須の条件としているが、なぜシャー・ジャハーンは私的な建物である既婚婦人（ハース・マハル）の居所の中に「正義の秤」のレリーフを残したのかは分からない。1605年、父ジャハーンギールが皇帝となった時、「正義」を実現する皇帝であることを世に知らしめるために、アーグラ城の胸壁からヤムナー川の対岸に建てた石柱まで「正義の鎖」を結びつけ、そこに純金製の鐘を60個吊り下げ、「公

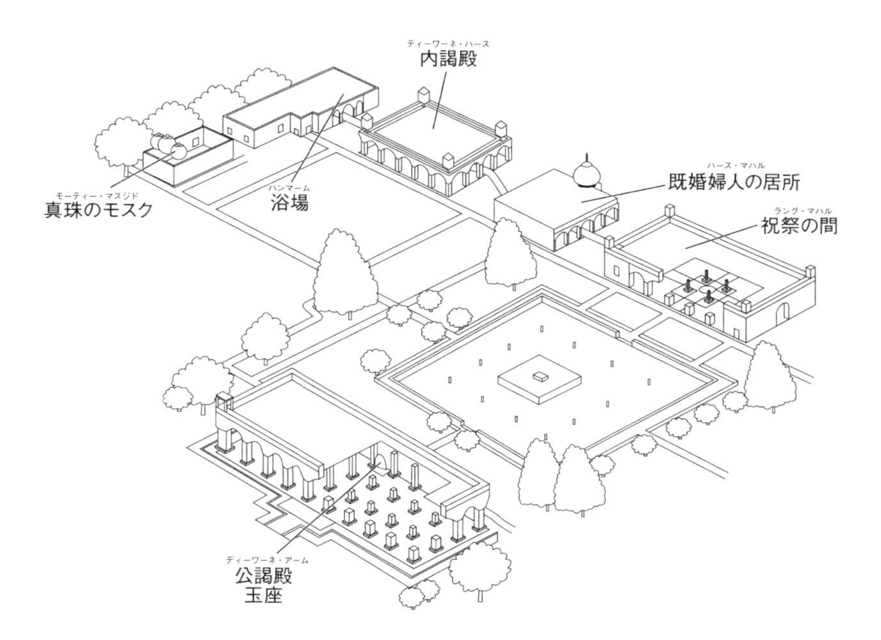

図 10　宮廷地区の鳥瞰図

正で公平な裁きを請う誰であれ、この鎖を揺らせ」と宣言したといわれる*[12]。

またハース・マハルには、東側のヤムナー川を見下ろす八角形の塔が外側に張り出している。この塔のアーチ型のバルコニーは“ジャローカー・エ・ダルシャン”と呼ばれるもので、決まった時刻に、皇帝が公の前に姿を現し、臣民はその姿を遠くから拝謁できるよう特別な作りとなっている。⇨アーグラ城のシャー・ブルジ

既婚婦人の居所（ハース・マハル）のすぐ隣に、祝祭の間（ラング・マハル）と呼ばれる宮殿がある。祝祭の間（ラング・マハル）の正確な呼称はイムティヤーズ・マハル（気品ある宮殿）で、当時はこの世のものとは思えない神への賛美を表現した色鮮やかな宮殿であったことがうかがえる*[13]。この区域は女性の居所（ザナーナ）で、つまりここは皇帝以外の男性が立ち入ることのできない後宮（ハーレム）なのである。

祝祭の間（ラング・マハル）の中央のテラスには、大理石の浅い泉水が置かれて

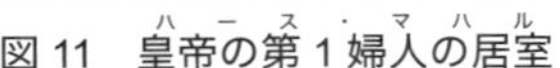

図 11　皇帝の第 1 婦人の居室（ハース・マハル）　　図 12　祝祭の間（ラング・マハル）

おり、その泉水の真ん中には大きく開いたハスの花が精巧に造形されている。この宮殿を貫いて流れる水路“天国の川（ナフレ・ビヒシュト）”の水はこの泉水の中央にあるハスの花托から溢れ出て、外側へと広がり下へ落ちていく。この泉水は「楽園には薄荷（ミント）のようにすがすがしく芳香を発す泉があり、この水はアッラーの僕だけが飲める。こんこんと湧き出てくる水は絶えることがない」というクルアーンの一節を想起させる＊[14]。残念ながら、現在はその洗練されたハスの泉水を近くから見ることはできない。

泉水を通って流れる水は祝祭の間（ラング・マハル）の前方にある四分庭園（チャハール・バーグ）へと流れていく。四分庭園の中央に高く隆起した四角い大理石の水槽が置かれている。その水槽の真ん中には四角い台があり、さらにその上に小さな四角い台が置かれている。それぞれの段差に設置された噴水が一斉に吹き上げる風景はまさにクルアーンの中の楽園の一場面、「まこと、敬虔な信者はやがて（来世は）緑の園と流れる川のあるところ、まことの宿に泊り、全能の大王様のおそばで暮せよう」を想起させるものであったろう＊[15]。

シャー・ジャハーンは“天国の川（ナフレ・ビヒシュト）”をモチーフに設計されたシャーリーマール庭園（バーグ）（カシュミール）をもとにして、この宮殿群を設計したのであろう。宮殿群の建物の真ん中を南北に貫いて流れる川（天国の川（ナフレ・ビヒシュト））、その流れる水は色鮮やかな祝祭の間（ラング・マハル）に辿り着く。そして祝祭の間（ラング・マハル）のテラスにある大きく開花したハス

図 13　祝祭の間（ラング・マハル）の泉水

の花托から湧き出て、花びら一杯に広がり、下へ落ちていく。さらに泉水を通って流れる水は最後には四分庭園の真ん中の噴水の水となって高く舞い上がる。実際、祝祭の間（ラング・マハル）での生活は一体どのようなものであったのであろうか。ベルニエは、数人の宦官から聞いた話として、次のように記述している。

> **女性の身分や俸禄に従って大きさや豪華さは様々のとても美しい独立した部屋がある、とだけ一般的に言うことができます。どの部屋にも扉側に、水の流れる小さな貯水池があります。日中の暑気から身を護るために、花壇庭園、小径、緑陰、せせらぎ、噴水、ダロッタ、大きな地下室と何でも揃っています。夜、涼しく眠るには、高く風通しの良い大きな基壇やテラスがあります。要するにこの中では暑さ知らずなのです**[＊16]**。**

集団礼拝モスク（ジャーメ・マスジド）

デリー城の南側にあるデリー門（アクバラーバード門）から西の方角へ約500mのところに、インド最大のモスク、集団礼拝モスク（ジャーメ・マスジド）がある。小高い丘の上に築かれたジャーメ・マスジドは帝都シャージャハーナーバードのほぼ中央に置かれている。シャー・ジャハーンが6年の歳月（1650-56）をかけて建造した集団礼拝モスク（ジャーメ・マスジド）は、皇帝自らが金曜日や祭日などの集団礼拝に出かけるためのものであった。その際には、皇帝は大勢の廷臣らを従えて大行列をなしてモスクに出かけるのが通例であった。ベルニエは王（皇帝）が金曜モスクに出かける時の様子を次のように記述している。

> **立派な馬に乗った五、六人の騎兵も、門に待機し、埃が掛からないように、王のずっと前を、民衆を蹴散らすため先駆けしなくてはなりません。こうして準備が整うと、王が城塞を出御するのが見られます。彩色し、金箔を張った、柱付き天蓋のある豪華な装具を着けた象に乗るか、あるいは、緋の布か錦で覆われた轅（ながえ）の上の、金と青金石に輝く玉座に座り、それを八人の立派な服を着た選り抜きの男達が、肩に担いで運びます＊17。**

シャー・ジャハーンが描いた壮大な建築計画の中には数多くのモスク建設が含まれている。ラーホール、デリー、アーグラなどの主要都市にはシャー・ジャハーンが建立したジャーメ・マスジドが今日でも残っている。歴代のムガル皇帝の中でシャー・ジャハーンほど多くのモスクを建造した皇帝はいない。その意味では、彼の時代をムガル・モスク建築の黄金期と呼ぶに相応しい。とりわけ、シャージャハーナバードのジャーメ・マスジドは最高傑作の一つといえよう。

図14　ジャーメ・マスジド

このジャーメ・マスジドはどこのジャーメ・マスジドをモデルにして、シャー·ジャハーンは建造したものであろうか。エバ·コッホによれば、このジャーメ・マスジドは実際はアーグラにあるジャハーン・アーラーが建立したジャーメ・マスジド（1648）に由来しているが、一般にはアクバルがファテプル・スィークリーに建立したジャーメ・マスジド（1571）がそのモデルだと公表されている*[18]。

一般に公表されている見解の根拠は、おそらくジャーメ・マスジドの入り口に聳える立派な楼門と礼拝室の外部構造が似ている点にあろう。ジャーメ・マスジドの外側に大きく開かれた東門は、堂々とした楼門となっている。その門構えは確かにアクバルが建造したジャーメ・マスジドの“聳え立つ門（ブランド・ダルワーザ）”と呼ばれる楼門（南門）に似ている。

図17（平面図）を見てわかるように、本来モスクの正門は礼拝室に対峙する東側に置かれるが、アクバルのブランド・ダル

図 15　ジャーメ・マスジドの入口門（オールド・デリー）

図 16　ジャーメ・マスジドの入口門（ファテプル・スィークリー）

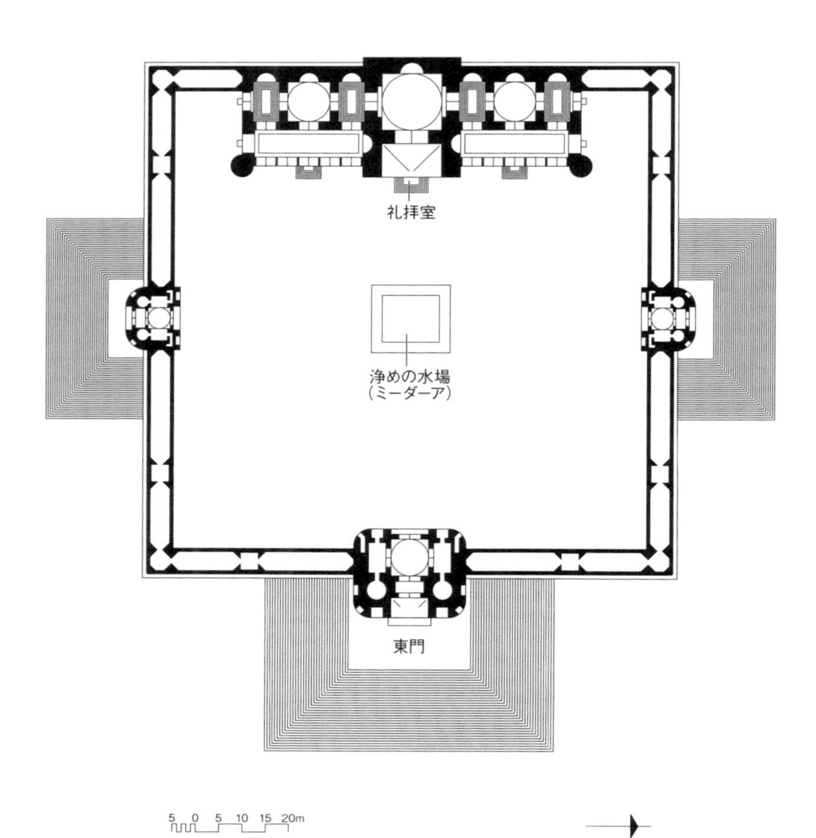

図 17　図 15 の平面図

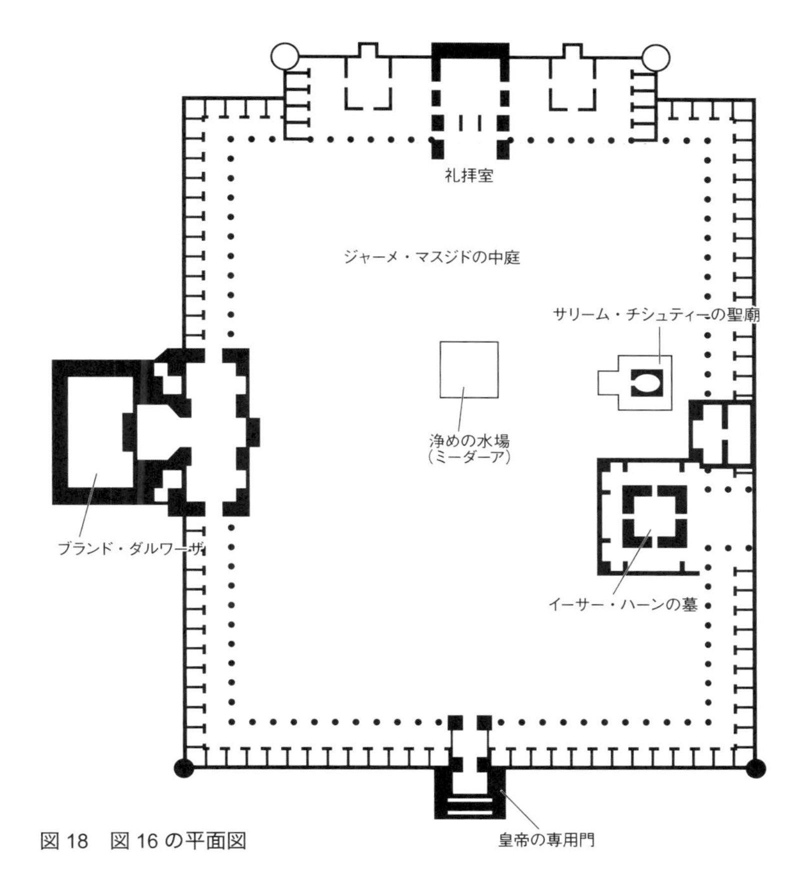

図 18　図 16 の平面図

ワーザ（門）は南側に配置されている。アクバルのジャーメ・マスジドも正門は小さいが東側に置かれている。アクバルが南側に高く聳えるブランド・ダルワーザを建造したのは、1573 年にアクバルがグジャラートを征服・併合した戦勝記念であり、同時にムガル帝国の強大さを民衆に誇示する狙いがあったといえよう。一方、シャー・ジャハーンのジャーメ・マスジドの東門は礼拝室のドーム屋根や尖塔（ミナレット）の壮麗さを際立たせるために、門構えの壮麗さはアクバルのブランド・ダルワーザに比べてやや控え目になっている。

この 2 つのジャーメ・マスジドの礼拝室の外部構造は、方形の中庭を回廊が取り囲み、西側にある礼拝室のファサード（建物の正面）の中央にはイーワーンと呼ばれる中庭に向かって大

図 19　ジャハーン・アーラーのジャーメ・マスジド（アーグラ）

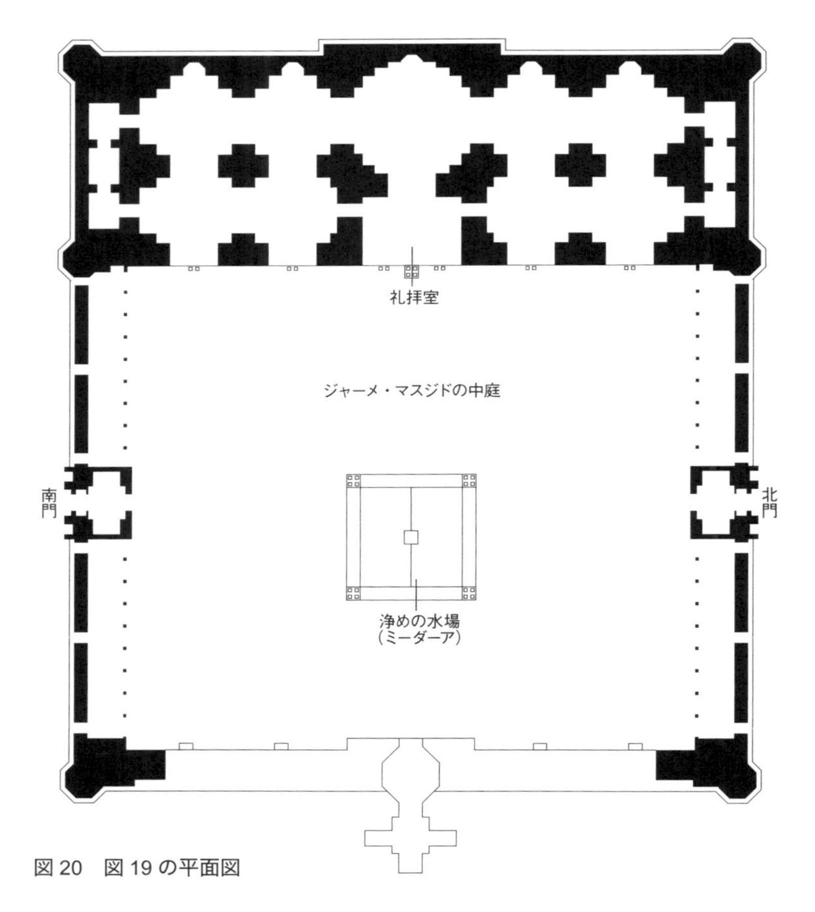

図 20　図 19 の平面図

アーチが開口し、その屋根には 3 個の大ドームが礼拝室の中央門に隠れる形で置かれている点に共通した特徴がある。こうしたイーワーンと数個の大ドームがセットなった大モスクの建築様式は、12 世紀のペルシア世界ではスタンダードとなり、13

世紀にはエジプト、アナトリア（小アジア）からインドまで広まったペルシア風の建築様式の特色であった＊[19]。その意味では、2つのジャーメ・マスジドもペルシア風の建築様式を取り入れたものといえる。

実際、14世紀中頃に建造されたベーガムプリー・マスジド（デリー）、1571年のアクバルのジャーメ・マスジド（ファテプル・スィークリー）、1648年のジャハーン・アーラーのジャーメ・マスジド（アーグラ）、そして1658年のシャー・ジャハーンのジャーメ・マスジド（デリー）などの集団礼拝モスク（ジャーメ・マスジド）は、いずれもペルシア風の建築様式で建造されており、共通した特徴を有している。

結論からいうと、オールドデリーにあるジャーメ・マスジドは、入口の門やマスジドの外部構造はファテプル・スィークリーのジャーメ・マスジドの特徴を備えており、礼拝室の内部構造は、アーグラにあるジャハーン・アーラーのジャーメ・マスジドの特徴を有しているということである。

バーザール地区と住居地区

帝都シャージャハーナーバードには、デリー城の二大主要門に通じる二本の主要道路が走っている。もっとも大きく立派な主要道路は城塞のラホール門からファテプーリー・マスジドにまで延びており、現在その大通りはチャーンドニー・チャウク（月光の通り）として知られている。この通りは、1650年にシャー・ジャハーンの娘ジャハーン・アーラー・ベーガムが造ったもので、幅40ヤード（約37m）長さ1520ヤード（約1300m）の通りの両側には1560の商店とポルチコが立ち並び、その通りの真ん中を“天国の水路（ナフレ・ビヒシュト）”が走っていた。そしてその水路の水は人々に木陰と休息の場となる並木に注がれていたといわれている＊[20]。ベルニエは二本の主要道路について次のように記述している。

図 21　ファテプーリー・マスジド

すなわち、(二本の主要道路の) 両側が、我々のプラース・ロワヤルのようにずっとアーチを列ねた回廊になっている。………更に次の違いもあります。ここのは素通しの回廊ではなく、〔横に並んだ〕各アーチは一般に隔壁で隔てられており、〔隔壁と隔壁の間の部分が〕通りに向かって開けっ放しの店になっているのです。ここでは日中、職人が働いており、金融業者が座って仕事をしていたり、商人が品物を陳列したりしています。………商人の家が建てられているのは、アーチを列ねた回廊の後ろのこの倉庫の上です。家は道から見るとまあまあ美しく、かなり快適ですらあります。風通しがよく、埃が入らず、アーチを列ねた回廊の〔上の〕テラスと床続きなので、この上に来て街を見たり、夜は涼しいところで寝たりできます＊21。

チャーンドニー・チャウク (月光の通り) の終着点となるファ

テプーリー・マスジドの手前の左側の一角には、“ジャハーン・アーラーの町”と呼ばれる場所があった。そこにジャハーン・アーラーは隊商宿（キャラバンサライ）、庭園、浴場（ハンマーム）、そしてファテプーリー・マスジドなどを自ら造営した。この隊商宿（キャラバンサライ）は、ペルシアやウズベキスタンやその他の外国の大商人が安心して宿泊できる場所であった。同時に、あらゆる種類の商品の取引の場でもあったため、あらゆる種類の外国の商人の溜まり場となっていたとベルニエは述べている*[22]。その意味では、ジャハーン・アーラーはシャージャハーナーバードの美化と繁栄に大きな役割を果たしたといえる。

もう一つ大きな主要道路は、城塞のアクバラーバード門（デリー門）から市街のアクバラーバード門に通じる道で、現在はファイズ・バーザール（気前のよさの商店街）と呼ばれる通りである*[23]。チャーンドニー・チャウクほど大きくはないが、当時は幅30ヤード（約27m）、長さ1050ヤード（約204m）、888の店が立ち並び、道路の真ん中には“天国の水路（ナフレ・ビヒシュト）”が走っていたようである。

ファイズ・バーザールは、1650年にシャー・ジャハーンの最初の妻アクバラーバーディー・ベーガムが造ったものである。またその通り沿いにあるモスクやその周辺にある隊商宿（キャラバンサライ）や浴場（ハンマーム）も彼女自らが建造したものである*[24]。ジャハーン・アーラー同様、彼女もまたシャージャハーナーバードの美化と繁栄に一役買ったのである。また、城塞のアクバラーバード門（デリー門）とジャーメ・マスジドを結ぶ道路にはハース・バーザール（特別な商店街）という通りがあり、今日でも大勢の買物客で賑わっている。

シャージャハーナーバードの市街地には、皇子やムガル上級貴族の広い館があり、その周りには下級役人や豪商、召使いや下層民がひしめくように住んでいたのであろう。ムガル上級貴族の立派な邸宅は、城塞の近くの川沿い、ジャーメ・マスジドの近く、主要門の近くの市壁の周辺の三つのエリアに集まっていた。上級貴族たちはこぞって城塞の宮殿をモデルにして自らの邸宅を建てたようである。入口には“ナッカール・ハーナ”と呼ばれる高い門があり、そこを過ぎると“ディーワーン・ハーナ”と呼ばれる応接の間があった。さらにその奥には、庭園や水路、噴水、美しい家、地下室、浴場(ハンマーム)など広がっていた*25。そこはまさに小さな宮殿と呼ぶに相応しいものであった。

こうしたムガル貴族の邸宅は、2本の主要道路の他にも似たような道路があり、それらの道路沿いに主に建てられていた。そこから分かれた無数の道路が四方に広がり、その道路沿いに下級貴族や下級役人などの住居が建てられていた。ベルニエは道路沿いに立ち並ぶ家々にについて次のように記述している。

これらすべての道路と道路の間に、マンサブダールつまり下級オムラー（ムガル貴族）や裁判所属史や多くの豪商や他の個人の家があらゆる方向に広がっています。それ程みっともなくはない家も多数あります。確かに、全部レンガか石でできているものは殆どありませんし、土だけでできていて藁(わら)で葺(ふ)いたものも沢山あります。けれども、中庭や庭があって、一般に風通しが良いので、住み心地がよいのです。〔と言いますのも、〕美しい家具があって、内部はとても快適ですし、その上、藁屋根は、堅固で、丈夫で、なかなか美しく、長い籐のようなものの層で支えてありますし、この土壁はとても白く細かい漆喰を塗ってあるからです*26。

シャージャハーナーバードの悲劇

シャージャハーナーバードの繁栄はシャー・ジャハーンの肉体の衰えとともに暗い影を落とし始めた。1657年、突然シャー・ジャハーンが重病で倒れると、インド全土に動揺と混乱が巻き起こった。シャー・ジャハーンの病気が長引き、ついに亡くなったという噂が各地に広がると、長子ダーラー・シコーを始め、他の皇子たちも、それぞれの支配地で公然と帝位継承に名乗りを挙げた。そして、ついに兄弟同士の血で血を洗う熾烈な戦いが始まったのである。

その戦いの結果、皇帝の座に就いたのは三男の皇子アウラングゼーブであった。帝位を嘱望（しょくぼう）された長子ダーラー・シコーは、1659年アウラングゼーブに捕らえられ、ラーホールからシャージャハーナーバードまで護送された。アウラングゼーブは見せしめのために、ダーラーとその末の息子スィパハル・シコーを汚れた醜い象の上に乗せ、シャージャハーナーバードの市中を引き回した。その時の様子を、ベルニエは以下のように記述している。

ダーラーは、王族が身に着ける、あの大粒の真珠の首飾りも、刺繍を施した豪華なターバンとカバイつまり上衣も、もう着けていなかった。衣服といえば、汚れきった白い粗布の上衣を着、同じ布のターバンをつけ、みすぼらしいカシミヤのショールつまりスカーフで頭を覆っているだけで、ただの従者と変わらぬ服装である。息子のスィパハル・シコーも同じ物をまとっている。このみじめな姿で、ダーラーは町に入り、一番大きなバザール（チャーンドニー・チャウク）つまり商店街の中を通り抜け、町じゅうの人に見られて、これがダーラーその人であることを、もう誰も疑わないようにさせられた・・・ダーラーが通るはずの一番大きなバザールに出かけた。だが、剣に手をかけるような大胆な人間は一人も見当たらない。ただ、数人のファキール（乞食修行者）と貧しい商人たちが、あの破廉恥なパタン人が馬に乗り、ダーラーの脇について来るのを見ると、一緒になって罵声を浴び始め、裏切り者と呼ばわり、パラパラと石を投げた。確かに露台という露台、店という店には、大勢の人がぎっしり詰め掛けていて、皆さめざめと泣き、聞こえるものは泣き叫ぶ声、嘆く声、ジー

ワン・カーンを罵り呪う声ばかり＊27。

1659年、ダーラー・シコーがアウラングゼーブ軍に捕らわれた時、シャー・ジャハーンと娘ジャハーン・アーラーや妻たちはすでにアーグラ城に幽閉されていた。帝位継承争いに参加した次男のシャー・シュジャー皇子はアウラングゼーブ軍に包囲され、敗走後の消息も分からぬままであった。四男のムラード・バフシュはアウラングゼーブの巧みな罠にはまり、デリー城の北に隣接するサリームガル城塞に幽閉されたのち、グワーリヤル城で処刑された。シャー・ジャハーンとその家族がダーラー・シコーの哀れな末路を見ることがなかったことだけが、せめてもの救いであったのかもしれない。

シャー・ジャハーンが病気になると、帝都シャージャハーナーバードの宮廷城砦は、4人の皇子による帝位継承をめぐる骨肉の争いの舞台となった。その帝位継承を制し、6代皇帝の座に就いたのがアウラングゼーブであったが、彼の治世後はムガル帝国は衰退し、1739年にはイランのアフシャール朝の創始者ナーディル・シャー（在位1736-47）の入城を許し、その際に世界最大のダイヤモンド「コーヘ・ヌール（光の山）」など宝石を象眼した孔雀の玉座を持ち去られたといわれている。またイギリス支配に反抗して起こったインド大反乱（1857-59）の時も、シャージャハーナーバードの宮廷は戦場の舞台となった。

2　ラズィヤ・スルターンの墓

図 22　ラズィヤ・スルターンの墓（トゥルクマーン門の近く）

悲劇的な死を遂げた女性スルターン

シャージャハーナーバの南にはトゥルクマーン門という市壁の門がある。その門の通りを北に向かって歩くと、シャージャハーナーバの中心にあるジャーメ・マスジドに辿り着く。ラズィヤ・スルターンの墓は、トゥルクマーン門の通りを北に数百メートル歩き、右手の狭い路地を上り詰めたところにある。現在では、ラズィヤの名前を知る者は少ない。ラズィヤはデリーの最初のイスラーム王朝、奴隷王朝（1206-90）の第5代スルターン（在位 1236-40）となった初めての女性スルターンであった。男性中心のイスラーム社会で女性がスルターン位に居続けることがいかに難しいことであったか。その点について、イブン・バットゥータは次のように記述している。

彼女は4年間にわたって王権を維持した。その間、彼女はいつも男たちと同じように、弓、矢筒（タルカシュ）や小型の服（キルパーン）を持って馬に跨り、顔には覆い布さえ被らなかった。その後、彼女の所有するエチオピア人との仲が疑われたため、人々は彼女を廃位させて、結婚させることで一致した。その結果、彼女は廃位させられ、彼女の親戚の一人と結婚した＊1。

ラズィヤは有能で自尊心が強く男勝りであったがゆえに、朝廷の高官・貴族から妬みや反発を買い、わずか4年で廃位させられるという無念な結末に終わった。そのことが後に玉座奪還に燃え反乱を企てることになるが、結局この企ても失敗に終わった。イブン・バットゥータはその反乱の顛末について、次のように記述している。

反乱に失敗し、ラディーヤの軍は敗走させられ、彼女自身も逃げたが、空腹に襲われ、すっかり疲れ果てた。そこで、彼女は一人の農夫のところに近づき、土地を耕しているのを見て、何か食べ物を恵んでくれるよう求めた。農夫は、彼女に一切れのパンを差し出したので、彼女はそのパンを食べた。彼女は睡魔に襲われた。その時の彼女は、男の服装をしていたが、彼女が眠った時、その農夫は寝ている彼女の姿を覗くと、彼女が衣服の下に宝石飾りの付いた［婦人用の］短い外衣（カバーウ）を纏（まと）っているのを見た。そこで農夫はそれが女であることを知って、彼女を殺すと、着ているものを剥ぎ取り、彼女の馬を追いかけて捕らえ、殺した遺体を彼の畑に埋めた。農夫は彼女の衣服の一部を手に取ると、それを売りに市場に行った。しかし、市場の商人たちは彼の様子を不審に思い、彼をシフナ、つまり警察長官（ハーキム）に引き渡した。長官は、彼を鞭（むち）で打って、彼女を殺したことを白状させた。そして、彼は彼らを彼女を埋めた場所に案内した。彼らは、彼女を掘り出して浄めた後、経帷子（きょうかたびら）（埋葬用白布）に包んで、その所に埋葬した、その場所には円蓋堂が建てられて、彼女の墓は現在もなお、御利益を得るための参拝の場所となっている。そこは［デリー］町から1ファルサフの距離にある〈ジューン川（ヤムナー川）〉と呼ばれる大河の岸辺にある＊2。

イブン・バットゥータのラズィヤについての説明があまりにも描写がリアルであるのは、誰からか聞いた話を自ら脚色したからであろうが、ラズィヤの男勝りの大胆な行動が衆目を集め、男優位のムスリム社会に様々なスキャンダルを巻き起こしたことは想像に難くない。ペルシア人編年史家フィリシュタもまたラズィヤについての記述を残している。イブン・バットゥータに比べて客観的な記述にとどまっており、それだけに信憑性が高い気がする。その記述の内容を要約すると以下のようなものである。

贔屓（ひいき）にしていたアビシニアン人（エチオピア人）奴隷のヤクートを馬管理の長官に任命したことから、トルコ系貴族の地方総督たちの間に不平不満の感情が高まり、ついに反乱にまで発展した。その首謀者がバティンダーの地方総督アルトゥーニヤであった。ラズィヤはその反乱の鎮圧に向かう途中、ラズィヤ軍の内部クーデターに遭い、激しい衝突が起こり、その時にヤクートは殺され、ラズィヤ自身も捕えられた。彼女はバティンダー城のアルトゥーニヤの元に押送された。ラズィヤが廃位させられると、彼女の弟のムイズッディーン・バフラーム（在位1240-42）がスルターン位を継いだ。その間、アルトゥーニヤは幽閉されていたラズィヤを解放し、妻に迎えると、彼女の助言を得て、短期間で

図 23　バティンダー城内、右手２階の部屋にラズィヤは幽閉されたという

大軍を集めると、デリーに向かって進軍した。しかし、スルターン・バフラームの命を受けた、バルバン（後にスルターンとなる）**によって撃破され、この敗走中に、ラズィヤと夫のアルトゥーニヤはザミンダール**（ヒンドゥー領主層）**によって捕えられ、殺害された。2人は捕えられてバフラームの元に押送されたが、バフラームは投獄して暗殺せよと命じたと語る歴史家もいる＊3。**

バティンダー城内に幽閉されたラズィヤは、幽閉された部屋の窓から幾度も飛び降りて逃げようとしたという逸話が今でも地元には残っている。ラズィヤがどのような最期を迎えたのか、その真実は藪の中であるが、もしラズィヤが公の場に出るときには顔をヴエールで覆い、大胆な行動を控え、トルコ系奴隷を優遇し、王朝の高官や廷臣、地方総督に対して十分な配慮を心がけていたら、反乱も起こらず悲劇的な結末を迎えずに済んだのであろうか。

父イルトゥトミシュやバルバンといった奴隷王朝のスルターンの墓がクトブ・モスク（デリーの南部）の周辺にあるのに比べて、ラズィヤ・スルターンの墓はそこからかなり離れたデリーの北部（現在のオールド・デリー）、現在のトゥルクマーン門の近くにある。それは女性スルターンゆえの末路であったのであろうか。

近代インド・ムスリムの社会改革家、サイヤド・アフマド・ハーン（1897没）は、ラズィヤの墓を建立したのはラズィヤの弟で、6代スルターンになったムイッズッディーン（在位 1240-42）であると確信していた＊[4]。姉ラズィヤの悲劇的な死を悼（いた）んだ弟が建立するのは救いであり、また血縁の情として自然だと思っていたのかもしれない。

イルトゥトミシュの後継者として嘱望（しょくぼう）されていた長子ナースィルッディーン・マフムードが急死せず、スルターン位を継承していれば、ラズィヤも悲劇的な最期を遂げることもなかったのかもしれない。ラズィヤ・スルターンの墓は曲がりくねった狭い路地の奥に、訪れる者も少なく、ひっそりと置かれている。
⇨イルトゥトミシュの墓、スルターン・ガーリーの墓

フィーローザーバード

3　フィーローザーバード

フィーローザーバード

トゥグルク朝の4代スルターン、フィーローズ・シャー（在位 1351-88）はデリー・スルターン朝時代におけるデリーの都市建設と建造物造営において、歴史的に最も重要な役割を果たした統治者（スルターン）であった。フィーローズ・シャーが造営した広域の首都圏はフィーローザーバードと呼ばれ、宮廷地区フィーローズ・シャー・コートラーを中心に、北は現在のオールド・デリーの一部（スルターン・ラズィヤの墓所の近辺）から、南はデリーの旧城市地区（メヘローリー村の近辺）までの約16km に及ぶ広範な地域を包摂するものであった。

1398年、中央アジアのティムールが容易に首都フィーローザーバードに侵入できたのは、従来の一定の区域に高い城壁に囲まれた城壁都市とは異なり、フィーローザーバードが首都圏全体を低い城壁が囲む都市国家となっていたためであろう。

フィーローズ・シャーの特筆すべき功績は、デリー首都圏内にとどまらず、北インドの広い地域にさまざまな公共の建造物を多数造営した点にあろう。フィリシュタによれば、フィーローズ・シャーは彼の治世の間、50の灌漑用のダム、40の大小モスク、30のモスク付設のイスラーム教育施設（マドラサ）、20の宮殿、100の隊商宿（キャラバンサライ）、200の町や都市、30の灌漑用の貯水池や湖、100の医療施設、5の墓廟、100の公共浴場、10の記念塔、10の公共井戸、150の橋を建設したという*1。

首都フィーローザーバードの残された遺構や歴史書に照らし推察すると、首都フィーローザーバードは宮廷地区（フィーローズ・シャー・コートラー）を中心に、宗教学園地区（ハウズ・ハース）と旧城市地区（ラーイ・ピトーラー城砦やスィーリー城砦）がそれぞれ重要な拠点として置かれ、さらにその間に大小のモスクや道路、階段式井戸（バーオリー）や公共浴場（ハンマーム）が網の目のように配置された、いわばイスラームの都市国家建設ともいえるものであったのかもしれない。その中で、とりわけ重要な機能を持っていたのは集団礼拝モスク（ジャーメ・マスジド）であった。

フィーローズ・シャーの宮廷史家シャムス・スィラージ・アフィーフは『フィーローズ・シャーの歴史』の中で、フィーローズ・シャーは彼の治世に「8つのジャーメ・マスジドを建設した」「これらの公共のマスジドはそれぞれ1万人の礼拝者を十分に収容できる規模を持っていた」と記している[*2]。

中世インド・イスラーム史家の荒松雄もまた、8つの集団礼拝モスク（ジャーメ・マスジド）の中で、現存するものとして比定できるものを4つ挙げている。①フィーローズ・シャー・コートラの遺跡群の中の大モスク、②オールド・デリーのトゥルコマーン門の近くの「カラーン・マスジド」。③ニザームッディーンの聖廟（ダルガー）の近くにある「カーリー・マスジド」、④サトプラーの近傍にある「キルキー・マスジド」の4つである[*3]。いずれのジャーメ・マスジドにも共通しているのは、外に開いた入口門の両脇に太い柱のような尖塔が立っている点である。

フィリシュタによれば、ティムール（1336-1405）は1398年にデリーを制圧した際、フィーローズ・シャーが建てた素晴らしいジャーメ・マスジド（大モスク）に魅了され、それと同じモスクをサマルカンドに建てたいと考え、その集団礼拝モスク（ジャーメ・マスジド）の設計者とレンガ職人や技術者をデリーからサマルカンドに連れ帰ったといわれる[*4]。

しかし、ティムールの回想記には「スルターン・フィーローズ・シャーが建てた素晴らしい集団礼拝モスク（ジャーメ・マスジド）に魅了され、それと同じモスクをサマルカンドに建てたいと考えた」という記述はない。ティムールは、「私は自国（帝国）の中心であるサマルカンドに、他のどの国の敵対者も持たないようなジャーメ・マ

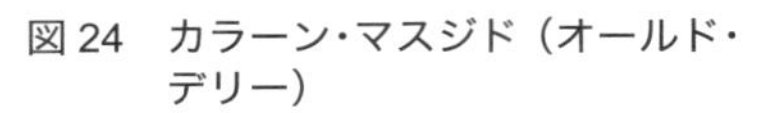

図24　カラーン・マスジド（オールド・デリー）

図25　キルキー・マスジド

図26　ビービー・ハーヌム・マスジド（サマルカンド）

スジドを建造することを決心した。それで、私は私の特別な使用人としてデリーのモスク建設の従事者や石工全員を殺さず確保しておくように命じた」とだけ書き残している。フィーローズ・シャーのジャーメ・マスジドを賞賛するのは、中央アジアの覇者としての矜持がそれを許さなかったのかもしれない。

のちにティムールがサマルカンドに建造したジャーメ・マスジドは「ビービー・ハーヌム・マスジド（サマルカンド）」であるといわれている。一般に「ビービー・ハーヌム・マスジド」はデリーの職人たちの手によってフィーローズ・シャー・コートラーのジャーメ・マスジドをモデルに建造したものであると信じられている。確かに、「ビービー・ハーヌム・マスジド」はフィーローズ・シャーが建造した集団礼拝モスク（ジャーメ・マスジド）に共通した特徴、外に開いた入口門の両脇にある太い柱のような尖塔を有している。もしフィーローズ・シャー・コートラーのジャーメ・マスジドがモデルであったとすれば、フィーローズ・シャー・コートラーのジャーメ・マスジドにも、その入口門に両脇に太い柱の尖塔があったはずである。しかし、残念ながらその遺構は残っておらず確認することはできない。

フィーローズ・シャーが建設した広域な首都フィーローザーバードは、フィーローズ・シャーの40年という長い治世の間、デリーにどのような賑（にぎ）わいを見せていたのであろうか。宮廷史家シャムス・スィラージ・アフィーフは『フィーローズ・シャーの歴史』の中で、首都フィーローザーバードの様子を次のように記述している。

> **すぐれた支配者スルターン・フィーローズ・シャー治世の40年間、南の旧城市デリーから北の新都フィーローザーバードへ、また北の新都フィーローザーバードから南の旧城市デリーへと人々は往来しながら日々の生活を楽しむのがつねであった。あまりにも往来する人が多いので、この2つの町の約16kmの道のりは、まるで蟻の大群が群れをなしている様で、どこも人で溢れていた。こうした大混雑を手助けするために、ラバや馬などの乗物をかかえている一般の運搬人たちがいた。彼らはお祈り後に毎朝一定の賃金でいつでも雇うことができるようになっていた。それゆえ旅行者は最善と思われるような旅ができたのであった**[*5]**。**

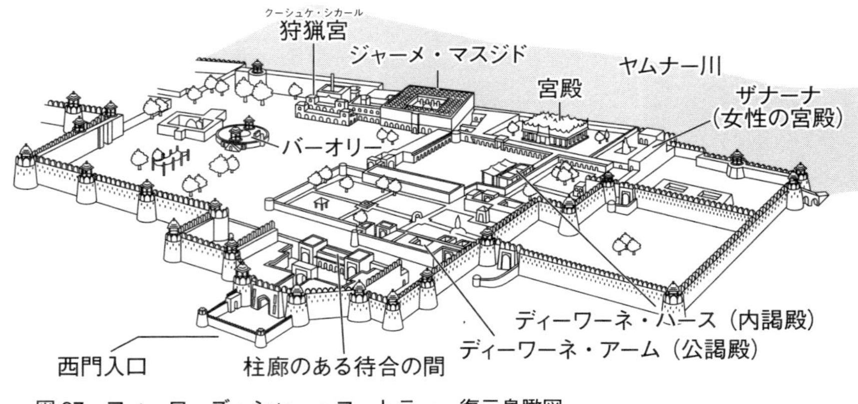

図 27　フィーローズ・シャー・コートラー　復元鳥瞰図

フィーローズ・シャー・コートラー

従来のデリーの城砦都市はヤムナー川から離れた場所に造営されていた。それゆえ、つねに水不足に悩まされていたのは想像に難くない。フィーローズ・シャーの先見の明は、フィーローザーバードの宮廷地区をヤムナー川沿いに建設した点にある。こうしたヤムナー川沿いに宮廷地区を建設し、その宮廷区域の敷地内には、庭園（バーグ）、アショーカ王の石柱を持つ狩猟宮（クーシュケ・シカール）、集団礼拝モスク（ジャーメ・マスジド）、公謁殿（ディーワーネ・アーム）、内謁殿（ディーワーネ・ハース）、女性の居所（ザナーナ）、階段式井戸（バーオリー）などを配置する新しい建築様式は、その後ムガル朝の宮廷地区造営の祖型となったといわれる。

狩猟宮（クーシュケ・シカール）

フィーローズ・シャー・コートラーには、大きな石柱が宮殿の中央に建っている不思議な建物がある。これが狩猟宮（クーシュケ・シカール）と呼ばれる宮殿である。狩猟宮とは、当時のスルターンや貴族・廷臣たちが最大の娯楽としていた狩猟の場所、いわばお狩り場に

図28　フィーローズ・シャーの宮殿、狩猟宮（クーシュケ・シカール）

建てられた離宮とでもいうべき建造物だったと考えられる。ティムールはフィーローザーバードに入城した際、120頭の象、12頭のサイなど、フィーローズ・シャーが蒐集した多くの珍獣を自ら捕獲したとフィリシュタは記述している*6。おそらくこの宮殿は狩猟宮（クーシュケ・シカール）というだけではなく、フィーローズ・シャーの旅行や狩りなどの催しのための珍獣の飼育場でもあったと思われる。

むしろ不思議なのは、狩猟宮（クーシュケ・シカール）の真ん中に巨大な石柱が建っていることである。明らかに異教徒の記念塔と知りながら、なぜ宮殿の真ん中に石柱を置いたのかは不明である。これは想像の域を出ないが、その理由を想起させる興味深い記述がある。歴史家のロミラ＝ターパルは『インド史』の中で、トゥグルク朝のフィーローズ・シャーが宮廷建造物の中央に大きな石柱を移設した経緯を説明している。

トゥグルク朝のフィーローズ・シャーはインドの過去の歴史や文化に対して多大な興味を持っていた。あるとき、メー

図 29　鉄柱（クトブ・モスク内）

図 30　アショーカ王の石柱（オールド・デリー）

ラトとトープラーでアショーカ王柱を見てすっかり魅せられ、それらをデリーに運ばせた。その1本をよく目につく城砦の屋上に建てた。その銘文に何が書いてあるか知りたがっていたが、アショーカ王の時代以後に文字が変わってしまい、誰も読むことができなかった。彼はそれが呪文であり、宗教儀礼に関係あるものと考えていた[*7]。

アショーカ王の石柱は、マウリヤ朝第3代王、アショーカ王（在位前268年頃-前232年頃）が全インドをほぼ統一した即位8年以後に北インドの要地や仏教聖地に30柱ほど建立したもので、継ぎ目のない一石から成る円柱を立てるのは、宇宙軸としての柱の観念をあらわすものだといわれている。フィーローズ・シャーは、空中に高くそびえる石柱に神秘的な力を感じたので、宮殿の真ん中にわざわざそれを移設したのであろう。もちろん、この石柱の頂上にはもともと牛か、獅子か、象などの動物像が据えられていたと思われるが、偶像を禁止するイスラーム教徒により削り取られたと解釈すべきであろう。

この宮廷区域には、現在でも不思議な空間が残っている。ジャーメ・マスジドの裏側の回廊の隅に、精霊（ジン）が天国から降りてきて、人々の願いごとを叶えてくれると一般に信じられていることから、毎週木曜日になると大勢の人々がフィーローズ・シャー・コートラーに集まる。人々は精霊（ジン）が居そうなジャーメ・マスジドの裏側の回廊の暗い場所の窪みを探し、そこに願いごとを書いた手紙を置いたり、焚き火をして願掛けしたりする。

図31　集団礼拝モスク（ジャーメ・マスジド）の裏側の回廊

デリー中部

1　プラーナー・キラ

未完の城砦都市ディーンパナー

プラーナー・キラ（古い城砦）はフマーユーン廟から北へ約1500m、マトゥラー・ロード沿いにある有名な城砦である。この城砦は、1533年にムガル帝国の2代皇帝フマーユーン（在位1530-50）がデリーの6番目の新都ディーンパナー（信仰の守護者）として最初に造営したものであるが、今日あるプラーナー・キラはデリーを制圧したスール朝のシェール・シャーがフマーユーンの城砦を破壊し、新たな城砦として築いたものである。そしてシェール・シャーの死後、フマーユーンがデリーを奪還した際、その城砦を占領し改修したものである。

プラーナー・キラのある位置には、古代インドの叙事詩《マハーバーラタ》に描かれたパーンダヴァ5王子の都インドラプラスタがあったとされており、ヒンドゥー教徒にはとりわけ知られた場所であった。もちろんそれを裏づける証拠はまったく見つかっていない*1。フマーユーンは、なぜこの場所に新しい城砦都市を造営したのか。その点について、宮廷史家ホーンダアミールは、フマーユーンの回想記『フマーユーン・ナーマ』の中で次のように記述している。

フマーユーン帝がデリーに到着されると、そこは楽園のように美しく、あらゆる悪魔から神の庇護の下、安全な場所であったので、占星術師の占いや宗教的指導者の助言により、ヤムナー川の畔沿いの高台が新都ディーンパナーの建設地に選ばれた。……最初に、陛下は神聖な御手で地上に

図 32　プラーナー・キラ

> レンガを一個置かれると、大勢の群衆も同様に各自一個ずつ地上に石を置いた。というのは、軍人、家来、名工、石工、労役者たちは住む部屋も建設地に石や泥を運ぶ時間もまったくないことが分かっていたので、彼ら全員が群衆の一人となって新都造営にあたった。同じ頃に、皇帝の宮殿の中で作業が開始された。同年のシャウワール月（10月）後半には、新都ディーンパナーの市壁、城砦、城壁、城門の完成は間近であった＊[2]。（1533）

ところが、新都建設の完成を目前にして、アフガン勢力を結集したインド東部のシェール・シャー（スール朝）との戦いに敗れ、フマーユーンは新都ディーンパナーを捨て、遠いペルシアの地に逃れ、結局その完成を見ることとはできなかった。こうしてムガル帝国の支配は一時中絶することになる。しかしこのスール朝の傑出した首長シェール・シャーは、フマーユーンの意志を引き継ぎ、さらに相当な規模の新都建設の事業を精力的に推進したのである。

未完の城砦都市シェールガル

デリーを制圧したスール朝のシェール・シャーは、1541年にシェールガル（ライオンの城砦）と呼ばれる新都をデリーに建設した。その遺構は余り残っていないためにその全容は明らかでないが、宮廷史家アッバース・ハーンは『シェール・シャーの歴史』の中の記述から、シェールガルがフマーユーンの新都ディーンパナーをはるかに凌(しの)ぐ相当な規模であったことをうかがい知ることができる。

> **デリーの旧都（スィーリー城砦）はヤムナー川から離れていたので、シェール・シャーはそれを壊してヤムナー川の岸沿いに新たな首都を建てた。この新都の中に山のように力強く高さのある2つの城砦を建設するよう命じた。小さい方の城砦は統治者の邸宅で、もう一つはそれを守るために新都全体を囲む壁の大きな城砦であった。小さい城砦の中に、シェール・シャーは多数の金や瑠璃(るり)で装飾され、貴重な品々で施された石の集団礼拝モスク(ジャーメ・マスジド)を建造した。しかしシェール・シャーが亡くなる時までに新都を取り囲む城砦は完成しなかった*3。**

宮廷史家アブドゥッラーもまた、『ダーウーディーの歴史』の中で、シェールガルがフマーユーンの新都ディーンパナーをはるかに凌(しの)ぐ相当な規模であったことをうかがい知るような記述を残している。

> **ハイバト・ハーンによってムルターンが征服された後、シェール・シャーは1540年にアーグラからデリーに向かっ**

た。旧都スィーリーに建っている、堂々と聳(そび)え立ち人目を引くアラーウッディーン（ヒルジー朝）の城砦を見て、シェール・シャーは不快な感情に駆られて賞賛に値しないとしてそれを破壊した。ヤムナー河畔にフィーローザーバード（フィーローズ・シャー・コートラーの近く）とインドラパット村のキロークリー（プラーナー・キラーの近く）との間に新都を建設した。……彼はまた壮麗なマスジドを急ピッチで完成させた。この城砦の名はシェールガル（ライオンの城砦）と呼ばれ、その城壁は幅が広く、長さもあり、高さも際立っていた。しかし彼の支配期は短かったために、その完成を見ずに亡くなった。この城砦の中には、シェール・マンダルと呼ばれる小さな館が不完全な状態で残っている＊4。

現在、デリーには新都シェールガルの出入口の門と思われるものが2つ残っている。1つは、プラーナー・キラの反対側にあるダルワーザ・シェール・シャーヒー（シェール・シャーの門）である。もう1つは、フィーローズ・シャー・コートラーの近くにあるフーニー・ダルワーザ（血で染まった門）である。2つの門の位置関係は、宮廷史家アブドゥッラーが記述している新都の位置関係と一致する。

この2つの門の位置関係から新都の規模を推察すると、シェールガルはプラーナー・キラを内包あるいは隣接し、フィーローズ・シャー・コートラーと隣接する縦に約3km、北に走るマトゥラー・ロードを跨(また)いで横に2kmほどの大規模なものではなかったかと思われる。新都シェールガルへの入口門と思われるダルワーザ・シェール・シャーヒーは、後年この門から新都シェールガルまでのアーケードは、2階にベランダが張り出し一続きの住居があったと考えられている＊5。

中世インド・イスラーム史家の荒松雄は、新都シェールガルはほぼ2世紀前のフィーローズ・シャー・トゥグルクによる新

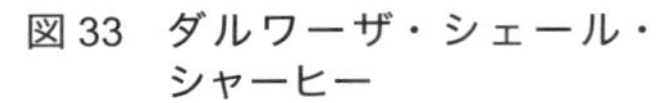

図33　ダルワーザ・シェール・シャーヒー

図34　フーニー・ダルワーザ

首都フィーローザーバードの宮廷地区建設の構想の場合と同じと見ており、また新都シェールガルはシャー・ジャハーン（ムガル5代皇帝）の新都シャージャハーナーバードの都市造営計画にも影響を与え、その祖型をなすものとみてよいであろうと論じている*6。

したがって、現在のプラーナー・キラはシェール・シャーの宮廷を含む新城砦にあたり、それを囲むか隣接するかの形で、その西方に相当規模の都市区域が建設されていたと考えられる。おそらく宮廷のある新城砦も、新しい都市区域も同様にシェールガル（ライオンの城砦）と呼ばれていたと思われる。残念なのは、シェール・シャーが不慮の事故で亡くなったために、その新都シェールガルは完成しなかったことである。それゆえ、新都シェールガルがどのようなものであったかは、残されたシェールガルの2つの門の遺構とプラーナー・キラから、またはそれに関する歴史書を通して我々は想像を巡らすしかない。

シェール・シャーは、デリーに大規模な城砦都市シェール・ガルを建設した有能な支配者であった。また同時に、優れた都市計画者であり偉大な建築家でもあった。彼の帝国の治世が余りにも短かったので彼の功績を知る者は少ない。しかし、インド亜大陸の東西（チッタゴンとペシャワール）を結ぶグランド・トランク・ロード（大幹線道路）といえばインド人で知らない者はいない。そのグランド・トランク・ロードを再建した人物がシェール・シャーである。それは単なる主幹線道路の再建整備をはるかに越えた壮大な都市計画であったといえる。フィリシュタはインドの地に残したシェール・シャーの輝かしい功績を次のように記述している。

> **シェール・シャーは、ベンガルのスナールガーオンから2000マイルあるインダス川までの道路を再建し、その道路沿いには隊商宿（キャラバンサライ）を建て、1.5マイル離れた場所ごとに井戸を掘った。さらに彼は、幹線道路沿いに神アッラーを礼拝するための壮麗なモスクをたくさん建て、そこにはコーランの読み手や宗教的指導者（ムッラー）を任命した。あらゆる宿場で国や宗教を問わず、見知らぬすべての人々が彼らの身分や生活水準に応じて公の費用で楽しめるように命令した。そして彼は、強烈な太陽光線から旅人を守るために、また渇いた喉を潤おすために幹線道路沿いに果樹を植えた。朝廷に迅速に情報を送るために、また貿易や通信の利便性のために適切な距離に軍馬駐屯地（駅逓制度）が設けられた。同じ施設がまたアーグラからマーンドゥーまで、450マイルごとに整備された。当然、果樹も道路沿いに植えられ、モスク、隊商宿（キャラバンサライ）、階段式井戸（バーオリー）などもお互いに短いに距離に建てられた。彼の支配の間、住民の安全があまりにも良かったので、盗まれる心配なく、旅人も商人も道路沿いに所有物を置きぐっすり眠ることができた*7。**

しかしシェール・シャーは、1545年5月22日、カーリンジャルの城塞外で、近くの手投げ弾が爆発し負傷し、その傷がもとで亡くなったといわれる。彼の帝国の治世はわずか5年ほどであったが、グランド・トランク・ロードだけでなく、交易と商業の育成や通信網の改善、そして地税徴収制度、軍事制度や行政制度などの改革を断行し、インドの政治経済に多大な功績を残した。もしシェール・シャーが不慮の事故で亡くならず、彼の治世がもう少し長く続いていたら、インドの社会はどのように変容し発展したのであろうか。

シェール・マンダル

プラーナー・キラの城内の東中央には、八角形の小さい2階建と屋上をもつシェール・マンダル（シェールの館）が建っている。「シェール・マンダル」と名づけられたこの館は、1541年にシェール・シャーが“ジャハーン・ヌマー”（世界を映すもの）として建設したものである＊8。現在は、館の内部に入ることも上の階に登ることもできない。

イスラームでは八角形は“八つの楽園（ハシュト・ビヒシュト）”を意味するものであるがゆえに、シェール・シャーはインド東部のサーサーラームにも、生前に立派な八角形の墓廟を人工湖の真ん中に建造している。八角形（八つの楽園）は、おそらく彼の建築物のモチーフの一つであったのであろう。

1545年、シェール・シャーが不慮の事故で亡くなると、スール朝の朝廷内で権力抗争が巻き起こった。ペルシアのサファヴィー朝に身を寄せていたフマーユーンは、その混乱に乗じて、サファヴィー朝の支援を受け、北インドに進軍し、1555年にデリーを奪還した。ムガル皇帝として再即位したフマーユーンは、シェール・シャーの造営した大城砦を占領し、その内部を改修し宮廷を設けた。しかし支配して間もなくして、フマーユーンは図書館として利用していたシェール・マンダルの階段から滑り落ちてこの世を去った。その時の様子をフィリシュタは次のように記述している。

図35　シェール・マンダル

1556年1月21日の夕刻、図書館のテラスを歩き、新鮮な空気を吸おうと腰を下ろした。しばらくして、階段を降りようとしたとき、皇帝に所属するムアッズィン（礼拝の呼びかけ人）**が礼拝の刻（とき）を告げた。いつものように、フマーユーンは立ったまま礼拝時の言葉を繰り返したあと、ムアッズィンの呼びかけが終わるまで階段の2段目に座っていた。礼拝に行こうとして、握っていた杖で体を起こし、何とか立ち上がろうとしたとき、杖が滑って、そのまま下に真っ逆さまに落ちた**＊9。

後年、歴史家たちは階段はらせん階段になっており、そこから下に滑り落ちることは有り得ないとして、階段から滑って亡くなったという説を認めていない＊10。フマーユーンは彼の多くの貴族たちと同様、酒の代わりに、あるいは酒に加えてアヘンを喫う習慣があった。もちろん、彼はアヘン中毒者ではなかったといわれるが、多くのムガル朝の皇子たちがアルコール中毒やアヘン中毒により早世したという事実に鑑みれば、アヘン中毒者でなかったと言い切れない。

したがって、フマーユーンがアヘンを喫っていて誤って階段あるいは手すりから落ちたとしても不思議なことではない。いずれにせよ、その死の真相はわからないままである。結局、フマーユーンは不慮の事故で亡くなったために歴史的な建造物を残すことはできなかったが、ペルシア細密画（ミニアチュール）の流れをくむムガル絵画をインドにもたらした功績は大きいといえよう。

キラ・エ・クフナ・マスジド

キラ・エ・クフナ・マスジド（古い城砦のモスク）は、1541年にシェール・シャーによって建立されたものである。正面には5つのアーチ状の出入口があり、その中央の出入口は他のものより大きく高くなっている。屋根には3つのドーム（2つは損壊）を戴き、ドームの頂上には蓮のつぼみの装飾が施され、その真ん中に小さい尖塔が立っている。アーチ状の中央出入口の門と外側の両サイドの出入口の門の上部には小さなジャローカーが据えられている。本来、“ジャローカー”とは、君主が公式に臣下の前に姿を現す際に使用された張り出し窓やバルコニーのことをさす。なぜモスクの出入口の門にジャローカーが装飾されているのかはわからない。

キラ・エ・クフナ・マスジドは北インドのパターン建築様式の最も洗練された見本といわれている。“パターン”とはインド国内および西北国境に住むアフガン族のことで、ローディー朝もスール朝もアフガン族の王朝であったことから、彼らの建築様式はパターン建築様式と呼ばれていたのであろう。インド東部のアフガン族出身であったシェール・シャーによってパターンの建築様式は継承・発展されたのである。しかもこのモ

図 36　キラ・エ・クフナ・マスジド

スクは、ローディー朝からムガル朝初期のモスクの発展を示すよい事例となっており、その意味では北インドのモスクの発展において重要な地位を占めているといえる。

パターンの建築様式の影響を受けたモスクの例として、デリー市内にあるローディー朝のバーラ・グンバド・マスジド（「12 個のドームをもつモスク」の意、15 世紀末）とモート・キ・マスジド（「レンズマメのモスク」の意、16 世紀初頭）、そしてローディー朝末期とムガル朝初期の間のジャマーリー・カマーリー・マスジド（1528-29）が挙げられよう。いずれも 5 つのアーチ状の正面入口、その中央の入り口が他のものより大きく強調され、屋根には 3 つのドームを戴き、そのドームの頂には蓮のつぼみが装飾されている。またモート・キ・マスジドとジャマーリー・カマーリー・マスジドの中央入口の上には小さなバルコニーのジャローカーが据えられている。

シェール・シャーの建設したキラ・エ・クフナ・マスジドは、まさにローディー朝末期のモスク建築とムガル朝初期のモスク

図37　バーラ・グンバド・マスジド

図38　バーラ・グンバド・マスジドの裏側

図39　モート・キ・マスジド

図40　ジャマーリー・カマーリー・マスジド

建築の特徴を継承し、さらに発展させたモスク建築の傑作の一つといえよう。偉大な建築家としてのシェール・シャーの優れた才能は、彼が生前に自分のために建立した墓廟にも現れている。インド東部のサーサーラームに建てた大きな八角形の墓廟は、人工湖の真ん中に設けられた四角い階段状の台の上に築かれており、そこへは北側にある長い通路を渡っていくことになる。

イスラーム庭園・景観の専門家フェアチャイルド・ラッグルズは、庭園の中にではなく人工湖の中に墓が築かれている場合について、「庭園に死者を葬る習慣はデリー・スルターン朝の間で特に広まった。墓が水に囲まれている場合、庭園とその中に時おり設けられた水槽の関係は逆転し、水が景観を支配し、

図 41　シェール・シャーの墓廟（サーサーラーム）

植生はそこに浮かぶ島や周縁に追いやられるのだ」と述べている＊11。

シェール・シャーにとって「楽園」とは、緑（庭）に囲まれた場所というよりは水（人工湖）に囲まれた場所というイメージが強かったのであろう。楽園の住民（死者）は八角形の周りに張り出したバルコニーや、バルコニーに設けられた小亭（チャトリー）から、周囲の水面や景観を眺めることができるようプランされている。この墓廟はローディー朝の墓建築の頂点と見なされており、まさにそれは墓建築の傑作の一つといえよう。しかしアクバル帝以後、ムガル朝の墓建築はペルシアの影響を受けて大きく変化していくことになる。

2　フマーユーン廟

図42　フマーユーン廟（西門から見た全景）

フマーユーン廟

西門へと通じる細長い一本の道を進むと、その両脇には庭園や樹木が配され、往来する参観者の日中の暑さを和らげてくれる。西門を入ると真正面に壮麗なフマーユーン廟が現れる。白大理石のドームと赤砂岩の建物との美しいコントラストは青く晴れたインドの空に映える。まさに「楽園のようだ」と称されるムガル帝国の最初の墓廟庭園である。

フマーユーン廟は、不慮の事故で亡くなった2代皇帝フマーユーン（在位1530-40、55-56）の墓廟である。初代皇帝バーブルはカーブルに埋葬されたため、この墓廟がインドの地での最初のムガル皇帝廟となった。フマーユーン廟はいつ誰によって建立されたかについては諸説がある。フマーユーン廟の入り口の史跡案内板には、「死を悼む未亡人、ハミーダ・バーノー・ベーガムがこれを建造した」と書かれている。しかしこれは正確ではない。確かに、ハミーダ・バーノー・ベーガムはフマーユーンの妻の一人でありアクバルの母であったので、墓廟建立の発起人の中心的人物であったのかもしれない。しかし、フマーユーン廟の建設に直接関係しているのは、ハージー・ベーガムとして知られる正妃で、最初の妻ベーガー・ベーガム（1582没）であった。

フマーユーン廟の建設について、アクバル治世の宮廷史家アブル・ファズルは、「26歳（1568）の時、陛下は1567年にマッカ巡礼からお戻りになった未亡人ハージー・ベーガムにどのような公事に関わってもらうか考えていらっしゃった。そして陛下はハージー・ベーガムをフマーユーン廟の管理責任者にされました。彼女はそこで亡くなりました。」と記述している*[1]。アブル・ファズルの記述や他の関連書物などから推察すると、すでにフマーユーン廟の建設は1560年代初頭に始まっており、1568年にその管理責任者としてハージー・ベーガムが任命され、1569年前後には完成していたと考えられる。

むしろ重要なのは、フマーユーン廟は誰が設計したのかということであろう。なぜなら、墓廟庭園と呼ばれるフマーユーン廟の建築様式は、その後にタージ・マハルを含む多くのムガル建築に大きな影響を及ぼすことになるからである。フマーユーン廟を設計したのは、庭園や墓廟庭園を専門とする景観設計家ミーラク・ミールザー・ギヤースとその息子であるといわれている。ミーラク・ミールザー・ギヤースは、イラン高原で代々続いた庭園を含む景観設計家一族の出身で、ヘラートで生まれ育った。彼はイラン高原や中央アジアの間で広がっていたティムールの伝統様式の中で修業した庭園作りの職人であった*[2]。

ムガル帝国の創始者バーブルは回想記『バーブル・ナーマ』中で、「アーグラとドールプルで建築している建物のことを思い出し、これらの完成のための石工（いしく）やすき掘り人夫などの責任者の一人にミーラク・ミールザー・ギヤースを任命した」と書き残している*3。1526〜1529年にかけて、バーブルはアーグラやドールプルに精力的に庭園建設を行なっており、庭園建設の技術者としてミーラク・ミールザー・ギヤースの名はすでに知られていたのであろう。その後彼は、ブハーラーの各地で働き、そこで景観設計家として名声と地位を得た。1562年頃、フマーユーン廟を設計するために再びインドに戻ってきた。おそらくパトロンであるアクバルの要請によるものであろう。

墓廟と四分庭園（チャハール・バーグ）

ペルシア語で四分庭園（チャハール・バーグ）とは、周囲を壁で囲み、外界と一線を引いた場所に四つに区画された庭園の形式をさす。クルアーンには四つ庭園と4本の川が流れる緑したたる場所として楽園は描かれているために、四分庭園（チャハール・バーグ）の原型はイスラーム起源にあると考えるのは自然であろう。しかし、イスラーム庭園・景観の専門家フェアチャイルド・ラッグルズによれば、イスラーム初期の4世紀間、クルアーンに見られる楽園の記述を真似して、実際にも四分割され、4本の水路が流れる庭園が設計された痕跡はない。むしろ土地を四分割し、灌漑用水路を造園の要とする考え方はイスラーム以前すでに存在していたという*4。

四分庭園（チャハール・バーグ）はティムール朝の庭園形式として確立し、バーブルによって理想の庭園、愉楽の庭園へと発展していったといわれているが、バーブルは庭園をクルアーンに描かれている楽園（ジャンナ）を意識して建設していたのであろうか。バーブルは回想記『バーブル・ナーマ』の中で、「ヒンドゥスターンの一つの大きな欠点は人工の水路が無い事だ。どこであれ、私たちが滞留する場合、水車を設置して水路を作り出し、設計図に従って作られた整然とした場所を作り出す事が可能であると私は常に考えていた」と記述している*5。つまりバーブルにとって庭園はあくまでも滞留する場所、大園遊会で招待客をもてなす空間であり、

図43　四分庭園（チャハール・バーグ）（細密画）

「楽園」の建設を意図していたとは思えない。では、いつ頃から庭園が「楽園」とみなされるようになったのであろうか。

庭園が「楽園」と結びついた点について、フェアチャイルド・ラッグルズは、「16世紀頃にはすでに庭園はあの世の楽園を地上に映し出したものだとする強力なシンボリズムが広まっていた。この世で死者の肉体が涼しげな庭園で眠るように、魂もまた休息し、青々とした植物と熟した果物をあの世で永遠に楽し

図44　ギヤースッディーン・トゥグルクの墓

図45　アラーウッディーン（サイイド朝）の墓（バダーユーン）

むと考えられたのだ。墓は間接的に死者を意味し、墓廟庭園は楽園を象徴していた」と述べている＊[6]。

インドでは、16世紀よりも前のデリー・スルターン朝時代には、すでに多数の墓廟庭園が存在していた。トゥグルク朝のギヤースッディーン（在位1320-25）やフィーローズ・シャーの墓、サイイド朝のアラーウッディーン（在位1445-51）の墓、ローディー庭園にあるローディー朝のバフロール・ローディー（在位1451-88）の墓などがその典型例である。

確かに、デリー・スルターン朝時代にはすでに庭園内に死者を葬るという習慣は広がっていた。フェアチャイルド・ラッグルズもまた、「庭園内に死者を葬るのはムガル朝の発明でもティムール朝から伝えられた風習でもなく、すでにデリー・スルターン朝の長い伝統であったのである」と指摘している＊[7]。しかしデリー・スルターン朝の墓廟庭園には、四分庭園（チャハール・バーグ）形式のように、現世に来世の楽園を想起させる強力なシンボリズムがない。

この点について、フェアチャイルド・ラッグルズは、「スルターン朝時代、ムスリム支配者は、住民の大多数がヒンドゥー教徒である国を治めるにあたって相互理解のためにもこうしたヒンドゥーのシンボリズムを意図的に取り入れた可能性がある」と指摘している＊[8]。確かに、ヒンドゥー教徒は洞窟、川、山、泉、池などを神々も訪れる聖地と見なしており、こうしたヒン

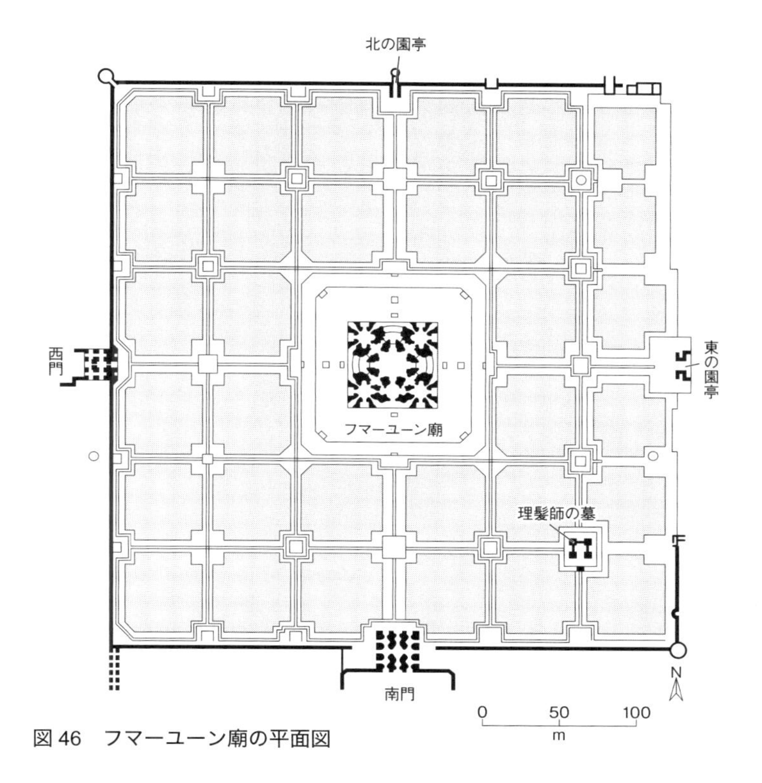

図 46　フマーユーン廟の平面図

ドゥーのシンボリズムをムスリム支配者は墓の背景に取り入れたという指摘は面白い。

スール朝のシェール・シャーの墓廟が人工池の中央に建立されているのも、こうしたヒンドゥーのシンボリズムを自らの墓廟建築に取り込み、インドにおけるスール朝の正統性と聖地としての墓廟を表現しているともいえる。いずれにせよ、庭園に死者を葬るというデリー・スルターン朝の習慣が存在していたがゆえに、ムガル朝の墓廟庭園はティムール由来の四分庭園(チャハール・バーグ)を取り入れることで、さらに洗練した建築美をインドの地に発展させることができたといえよう。

周壁に囲まれたフマユーン廟の広大な庭園は四分庭園(チャハール・バーグ)になっており、その中央には高さ約 6.5m、90m 角の基壇が築かれている。そして基壇の真ん中には墓廟が建っており、“八つの楽園(ハシュト・ビヒシュト)”の構造をもつ建物の上には堂々とした白大理石の二重殻ドームが聳

図 47　フマーユーン廟（基壇の上に立つ廟、イーワーンが四方に開口）

図 48　四分庭園（チャハール・バーグ）

えている。そこにティムール朝時代の影響を見ることができる。基壇とドームを囲む建物は赤砂岩に嵌め込まれた白大理石で装飾され、さらにイーワーンが四方に開口しており、ティムールの伝統と土着インドの伝統が融合した美しい建築となっている。

四分庭園（チャハール・バーグ）に目を移すと、中央の墓廟から園路が基軸上を十字に走っている。四分割された各部分はさらに9つのグリッド（碁盤目）に分かれ、そのうちの8つが庭園で、残りの一つは中央の墓廟の基壇で占められている。中央の基壇から四方に広がる園路の中心を水路が走り、各交差部分の四角い水槽からは噴水が舞い上がる。反対に四方の門のいずれかからも園路を辿って行くと、基壇に辿り着き、壮麗な墓廟が眼前に広がるプランとなっている。

墓廟内の模棺（セノタフ）

墓廟の各面の中央には、屋外に向けて大きなアーチを開口させた、かまぼこ型の天井が置かれている。南側の入口から墓廟に入ると、中央のドームの下にフマーユーンの模棺（セノタフ）が置かれている。本当の棺はその真下の地下に埋葬されている。暗い廟内でも、装飾的な石の障壁（ジャーリー）から入る光で模棺の輪郭が浮かび上がる。この墓廟構造はハシュト・ビヒシュトと呼ばれ、中心の部屋を八つの区画が取り囲む八角形の構造となっている。中心の部屋にはフマーユーンの模棺（セノタフ）が置かれており、それを取り囲むように、四隅の部屋にはムガル皇族の模棺が置かれ、各部屋を一巡することができる。フマーユーンの模棺（セノタフ）を除いて、各部屋に置かれた模棺（セノタフ）には名前が刻印されていないために、誰のものかは明確ではない。

この墓廟には、他にもたくさんのムガル皇族の遺体が埋葬されている。その中には、冷酷な弟アウラングゼーブによって殺されたシャー・ジャハーンの不運な長子ダーラー・シコーの頭のない遺体も埋められている。皇子間の皇位継承争いで、弟のアウラングゼーブに敗れ捕らえられたダーラー・シコーは、1659年にデリーで処刑された。処刑後の顛末（てんまつ）について、ベルニエはこう記述している。

ダーラーの首は直ちに城塞に運ばれ、アウラングゼーブの

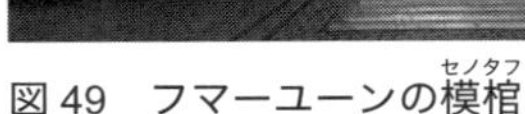

図49　フマーユーンの模棺（セノタフ）

図50　フマーユーン廟の外に置かれた墓

> **前に持ち出された。アウラングゼーブはこの首を皿に載せることと、水を持ってくることを同時に命じる。ハンカチを取り寄せ、念入りに顔を洗わせ、血を拭わせて、それが紛れもないダーラーの首であることを見定めると、アウラングゼーブは涙を流して泣き出し、こう言った。ああバド・バクト、ああ不運な男だ。これを向うへ持って行け。そしてフマーユーンの墓に葬ってくれ*9。**

宮廷史家イナーヤト・ハーンよれば、処刑されたダーラーの遺体は、アウラングゼーブの命により、見せしめのために象に乗せられ、市中を2度も引き回された。その遺体は湯灌（ゆかん）や死装束など、イスラームの慣習的な葬儀は一切行われず、汚れて血で染まったまま、フマーユーンの模棺（セノタフ）の下の地下納体堂に安置されたという*10。墓廟の外側に置かれた野晒（のざら）しの模棺（セノタフ）の一つがダーラー・シコーのものではないかといわれている。

その後も、ジャハーンダール・シャー、ファッルフスィヤル、アーラムギール2世など、衰退したムガル帝国後期の皇帝たちがここに埋葬されている。彼らの模棺（セノタフ）もしくは墓もまた、ダーラー・シコー同様、フマユーン廟の外側の基壇の上に置かれている。その意味では、フマーユーン廟はムガル帝国の栄枯盛衰を今に語る歴史的建造物ともいえる。

3　アブドゥッラヒームの墓

図51　アブドゥッラヒームの墓

ニザームッディーン・アウリヤーの聖廟（ダルガー）のすぐ近くに、アブドゥッラヒーム・ハーネ・ハーナーン（1626没）の墓がある。9つの部分が合体した立方体の墓様式はデリーでは珍しい。フスローバーグ（アラーハーバード）にあるフスロー・ミールザー（アクバルの息子）の妹（ニサール・ベーガム）の墓も同様のプランとなっている。墓様式が同じなのは単なる偶然ではないのかもしれない。

今日、アブドゥッラヒーム・ハーネ・ハーナーンの名を知る者はほとんどいない。むしろアクバルの宰相（ワズィール）バイラーム・ハーンの息子といった方がわかり易いかもしれない。父バイラーム・ハーンはムガル帝国の2代皇帝フマーユーンの側近として、また若き3代皇帝アクバルの後見人かつ宰相（ワズィール）として一時権勢をふるった人物であった。しかし傲慢な政権運営が災いし、ついにアクバルは自ら親政を執ることを宣言したのである。アクバルの覚悟を悟ると、バイラーム・ハーンは服従の姿勢を示し、一旦はマッカ巡礼に出立したが、悪い連中にそそのかされ、自ら反乱を起こした。しかしその企ては失敗に終わった。アクバルは反乱の罪を咎(とが)めず、再びマッカ巡礼に出かけることを許した＊[1]。

バイラーム・ハーンはマッカ巡礼に向かう途中、アフマダーバードの近くのパータンの名所に立ち寄った。そこは、近くに千の寺院が建っていることから、サハスヌクと呼ばれていた＊[2]。その帰り、1561年の12月のある朝、個人的な恨みを抱いていたアフガン人によって刺殺された＊[3]。

アフガン人の暴漢たちから難を逃れたバイラーム・ハーンの妻と幼子はアクバルのもとに連れて来られた。悪意のある廷臣たちの当てこすりにもかかわらず、アクバルはバイラーム・ハーンの妻を妃として迎え、その子供（アブドゥッラヒーム）を自分の息子として育てた。アクバル治世において、アブドゥッラヒームは重要な行政・軍事職を歴任し、アクバルから“首長の中の首長(ハーネ・ハーナーン)”の称号を得、アブドゥッラヒーム・ハーネ・ハーナーンとして知られるようになった。

バイラーム・ハーンの遺児となったアブドゥッラヒームは25歳のとき、アクバルからサリーム（のちのジャハーンギール帝）の筆頭の師父(しふ)に任じられた。その後サリームが4代皇帝に即位すると彼の重臣として仕えていたが、1606年にジャハーンギールの息子フスローの反乱に加担し数週間後に捕らえられた。その時の様子をアブル・ファズルはアクバルの回想録に次のように記述している。

皇子フスロー、騎兵隊長のフサイン・ベーグ、そしてラーホールの税務長官(ディーワーン)のアブドゥッラヒームの3人は、ラーホー

ルのすぐ近くの大邸宅、ミールザー・カームラーン庭園にいたジャハーンギールの前に引き出された。皇子フスロー自身は左手と左足は鎖でしっかりとつながれたままであった。これはチンギス・ハーンの慣例に則(のっと)った罪人の縛り方であった。他の者に罪を負わせようと無駄な努力をしたがフサイン・ベーグは牛の生皮の中に入れられた。そしてアブドゥッラヒームはロバの生皮の中に入れられた。そうした状態で彼らはロバにつながれて市中を引き回された。ロバの生皮よりも牛の生皮の方が、乾きが速いので、フサイン・ベーグは数時間後に窒息死した。しかしアブドゥッラヒームは、24時間後もまだ生きていた。幾人かの廷臣の懇願により、彼は赦免(しゃめん)された。他の共謀者やフスローの兵士は串刺の刑に処された。彼らの遺体はミールザー・カームラーン庭園からラーホール城までの道路沿いに2列に並べられた。貧相な象に乗せられたフスローはその道に沿って連れて行かれた[*4]。

アブドゥッラヒームは赦免(しゃめん)後もジャハーンギールに仕えていたが、時の権力者に翻弄され、1626年にデリーで不運な人生を終えた[*5]。皇子フスローもまた、父ジャハーンギールから赦免(しゃめん)されたが、目を潰され、その後の生涯を暗い牢獄の中で過ごすことになった。1606年、彼の母マーン・バーワティー・バーイー(シャー・ベーガム)は、息子フスローの「親不孝」と彼女の弟マードー・スィンフの「不品行」を苦にアヘンを飲み込んで自ら命を絶った[*6]。後にフスローは帝位継承をめぐる権力抗争に巻き込まれ、牢から引き出され、弟のフッラム(のちのシャー・ジャハーン帝)に連れ去られた。1621年に病死したといわれる[*7]。しかしフッラムが帝位後継者となりうる兄フスローを殺したとしても何ら不思議なことではない。

ジャハーンギールは晩年、亡くなる直前に、自らの師父(しふ)であっ

図52　アブドゥッラヒームの墓

図53　フスローの妹の墓(フスローバーグ)

たアブドゥッラヒーム、息子フスロー、妻、そして娘の死を悼み、デリーとアラーハーバードにそれぞれ墓を建立したのであろう。アブドゥッラヒームの墓と妹の墓が似ているのも、偶然ではなく、こうした複雑な人間関係が反映していたのかもしれない。

4　アトガ・ハーンの墓

図 54　アトガ・ハーンの墓

アトガ·ハーンの墓（1566-7）はニザームッディーン·アウリヤーの近傍にある。アトガ・ハーンは 3 代ムガル皇帝アクバルに仕えた宰相であった。1562 年、宰相職を妬んだアドハム・ハーンによって不運にも暗殺された。アドハム・ハーンがなぜ凶暴に及んだのかは彼の性格によるものであろうが、衝動的な行動に走った背景には、母親のマーハム・アナガがアクバル帝の乳母で宮廷に大きな影響力を持っており、こうした凶行も許されると思っていたのであろう。しかし彼の凶暴な行動は、アクバル帝により残酷な死を持って償わされることになる＊1。その辺り

の顛末についてはアドハム・ハーンのところで詳しく述べることにする。⇨アドハム・ハーンの墓

アドハム・ハーンに暗殺された宰相として、不幸にもその名を歴史に残すことになった。アトガ・ハーンが著名なチシュティー派スーフィー聖者の墓廟（ダルガー）の近傍に埋葬されたのは、おそらくアトガ・ハーンは生前ニザームッディーン・アウリヤーを崇敬していたのであろう。一方、アドハム・ハーンの墓はクトブ遺跡の西南西、チシュティー派のスーフィー聖者クトブッディーンの聖廟（ダルガー）から北に歩いてほど近い場所にある。おそらくこの墓はアドハム・ハーンのためではなく乳母マーハム・アナガのために建立されたもので、マーハム・アナガはスーフィー聖者クトブッディーンを深く崇敬していたのであろう。⇨クトブッディーンの聖廟（ダルガー）

アトガ・ハーンの墓はアドハム・ハーンの墓に比べると規模は小さい。しかし、囲壁の真ん中に建つ立方体の墓は赤砂岩と白い化粧漆喰とのコントラストが美しい。四方の門にはクルアーンの一節が刻まれており、窓は閉じられている。外壁には従来のティムールタイルのモザイク模様から石の象眼細工に入れ替わった装飾技法が施されている。これはアクバルの下で確立したムガル建築の装飾技法である＊[2]。

*

ニザームッディーンの聖廟

5　ニザームッディーン

ニザームッディーン・アウリヤー

ニザームッディーン・アウリヤー（1238-1325）はデリーで最も有名なチシュティー派スーフィー聖者である。ニザームッディーンの一族はサイイド（預言者の直系子孫あるいはその親族）だったとされており、祖父の時代にモンゴル軍の侵略を恐れて中央アジアのブハーラーから西北インドに移住してきた人々であった。しばらくラーホールにいたのち、イスラーム神秘主義（スーフィズム）の中心的拠点として栄えていたバダーユーン（現インド北部）に移り住み、そこでニザームッディーンは生まれ育った。5歳の時に父親を亡くし、16歳の時にイスラームの諸学を学ぶために母と姉妹とともにデリーにやってきた*[1]。

当時、デリー・スルターン朝の首都デリーは、インドにおけるイスラーム諸学の中心であった。この地で幸運にも、アジョーダン（現在のパークパッタン、パキスタン）を拠点に活躍していたチシュティー派スーフィー導師ファリードゥッディーンの知遇を得、その後彼の後継者となった。ファリードゥッディーンは、12世紀にインド・アジュメールに、最初にチシュティー派の修道場（ハンカー）を構えたスーフィー導師ムイーヌッディーン・チシュティー（1142?-1236）の後継者の一人であった。

デリー・スルターン朝初期の奴隷王朝からトゥグルク朝中期にかけて、インド亜大陸でスーフィー教団の活動が盛んだったのは、チシュティー派とスフラワルディー派の2つのスーフィー教団であった。その中でも、チシュティー派はベンガルから南インドの一部にまでその活動範囲を広げ、デリー・スルターン朝からムガル帝国全期を通じて、インドで最大の影響力を持つスーフィー教団としての地位を確立していったのである。

デリーにはニザームッディーンの聖廟（ダルガー）のほかに、ニザームッディーンの有能な後継者ナスィールッディーンの聖廟（ダルガー）と、ムイーヌッディーン・チシュティー（1142?-1236）のもう一人の後継者クトブッディーンの聖廟（ダルガー）がある。また南インドのグルバルガの地には、ニザームッディーンのもう一人の後継者で、ゲース・ダラーズ（“長い巻毛”）の異名をもつサイイド・ムハンマド・フサイニー（1422没）の聖廟（ダルガー）がある。いずれの聖者廟（ダルガー）も、今日なお多くの巡拝者を集め、その地域だけにとどまらずインド全域のムスリム大衆の間に大きな影響力を持っている。

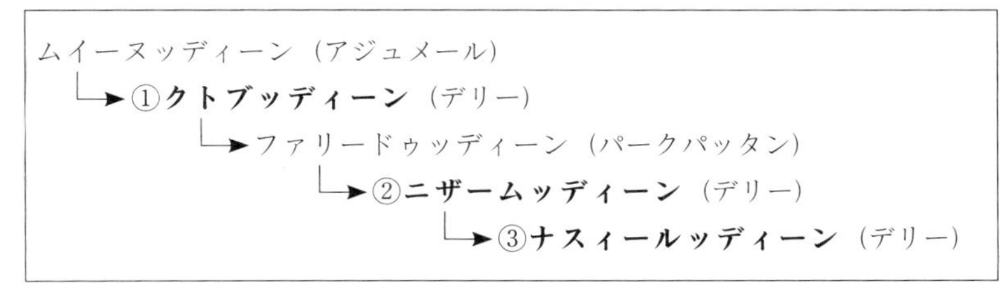

図55　デリーのチシュティー派聖者の師弟関係の系譜

イスラーム神秘主義（スーフィズム）の拡大

南アジアにおけるイスラーム化にスーフィー導師とその聖者廟（ダルガー）が果たした役割はきわめて大きい。南アジアでは、こうした神秘主義（スーフィズム）の浸透により、イスラーム教徒が複数のスーフィー教団に入門するのは決して珍しいことではなく、神秘主義（スーフィズム）はイスラーム教徒の宗教生活の一部となっていた。

神秘主義（スーフィズム）とは、イスラームの内面精神を重視する思想・運動をいい、その特徴は神と自己との合一の境地を目指して、自己を消滅させる修業を行う点にある。そのために、スーフィーと呼ばれる多くの人々は、世俗的束縛からの脱却が必要とされた。したがって、禁欲的で質素な生活を旨とし、政治的・経済的活

図 56　ムイーヌッディーンの聖廟（ダルガー）
（アジュメール）

図 57　ムハンマド・フサイニーの聖廟（ダルガー）（グルバルガ）

動は避けるべき事柄であるとする倫理的規範を守ることが求められた。しかし、現実にはスフラワルディー派の指導者のように、早くから進んでスルターンや支配層に近づき、彼らから与えられた地位や富を積極的に利用し、影響力を拡大していったスーフィー教団も存在していた。

チシュティー派と支配層との関係について、中世インド・イスラーム史家荒松雄は現存するデリー・スルターン朝時代の遺跡から得た知見に基づき、「チシュティー派の指導者たちは、彼らが原則として掲げる倫理的規範にも関わらず、その宗教的実践やスーフィズム宣布という現実の場において、ムスリム支配権力の力と権威とを、間接的にせよ利用していたのではないか。それが彼らの宗教活動を成功に導く要因の一つであったのではないか」と指摘している＊2。

チシュティー派のスーフィー聖者が時の支配層と一定の距離を保ちながら、しかも支配層の権力に依存せず、なぜかくもインドにおいてチシュティー派の宗教活動が広く民衆の間に支持され、多くの人々の尊崇を集め、強大な君主権力と伍（ご）するほどの宗教権威を確立し得たのであろうか。13、14 世紀にデリーで活躍した 2 人のチシュティー派聖者、ニザームッディーン・アウリヤー（1325 没）とナスィールッディーン（1356 年没）の活動について、中世インドの歴史家サティーシュ・チャンドラは次のように記述している。

チシュティー派の2人のスーフィー聖者は、ヒンドゥーも含め、下層の人々とも自由に交わった。彼らは禁欲的で質素な暮らしをして、人々の方言、ヒンダヴィーすなわちヒンディーで会話をした。彼らは、人々の改宗にはほとんど関心を持たなかったが、のちになって多くの家族や集団の改宗は、こうした聖者の「善意」によるところが大きかった。スーフィー聖者たちは神への接近の雰囲気をつくりだすためにサマーと呼ばれる音楽による吟唱を用いたので、人々のあいだに人気を博した。さらに、彼はしばしばその目的のためにヒンディー語の詩を選んだので、聴衆により多く訴えたのである。ニザームッディーン・オーリヤーはヨーガの呼吸法を取り入れ、ヨーガ派の人々からスィド、「完全なる者」と呼ばれていたほどである＊3。

清貧に甘んじ修行に励む2人のスーフィー聖者の姿は、インドの一般民衆には“サードゥー”と呼ばれるヒンドゥーの行者（ヨーガ行者や苦行者）と重なるものに見え、また音楽や舞踏を伴う“サマー”と呼ばれる新しいスタイルの宗教修行法は新鮮なものに映り人気を博したということであろう。とりわけスーフィー聖者廟（ダルガー）で行われる命日祭（ウルス）には、“カウワーリー”と呼ばれる音楽家による神・預言者・聖者を讃える宗教賛歌が廟内に響き渡り、巡拝者はその調べと詩に酔いしれたのであろう。

影響力のある有名なスーフィー聖者が亡くなると、その修道場（ハンカー）には聖者廟（ダルガー）が建立される。死後もスーフィー聖者の宗教権威が存続した背景には、スーフィーの聖者廟（ダルガー）が果たしてきた役割は大きいと荒松雄は指摘している＊4。一般民衆の間に広く行われている信仰、いわゆる五穀豊穣（商売繁盛）と無病息災を

図 58　ニザームッディーン聖廟（ダルガー）内でのカウワーリー

図 59　廟内の柵に結びつけられた赤布糸

願い、災禍や悪霊を退け、福を招くよう神に祈願する民間信仰をスーフィー指導者は聖者廟（ダルガー）の中に巧みに取り込み、それを祈願する一般民衆の聖なる場として聖者廟（ダルガー）は重要な役割を果たしたのである。そこにはイスラームへの改宗を強要せず、むしろ土着の習俗や慣習、民間信仰などを積極的に活動の中に取り込みながらも、歌や音楽を通して新しいスタイルの宗教修行を示したということであろう。

こうして聖者廟（ダルガー）には、イスラーム教徒だけではなくヒンドゥー教徒やシク教徒も参詣し、病気平癒や健康祈願、「子宝」祈願などの悩みごとを解決するために個人的願かけ（ドゥアー）を行ったり、災禍や悪霊を退け、福を招くよう神に祈願したりする。もし祈願が成就した場合は、供物を奉納したり供儀を行ったりする。参詣者は聖者の墓石、その周囲の聖柵や床に手を触れて、聖者の宿る呪力をもらい受ける。また聖廟（ダルガー）を囲む柵や樹木、階段式井戸（バーオリー）の柵などに白や赤や黄色の布切れを結びつける慣行も広くみられる。

図60　ニザームッディーンの聖廟（ダルガー）内に残る主な墓と建造物

ニザームッディーンの聖廟（ダルガー）

ニザームッディーン・アウリヤー（1236-1325）の聖廟（ダルガー）は、マトゥラー・ロードを隔てたフマーユーン廟の反対側の一角にある。今日あるニザームッディーン・ウエスト地区は当時ギヤースプルと呼ばれており、スーフィー指導者としてニザームッディーンが自らの小さな居所や修道場（ハンカー）を設けた場所である。

スーフィー指導者の聖廟（ダルガー）は彼らのもとの住居や、修道場（ハーンカー）や集会所（ジャマーアト・ハーナ）のあった場所か、あるいはそれに近接した場所に造られるのが通例である*[5]。スーフィー聖者の生前の宗教生活の場と死後の安息の場である墓所が密接なかかわりを持っているのは、おそらく預言者ムハンマドが宗教生活の居所で亡くなりその場所が墓所になったことに由来するのであろう。

スーフィー聖者ニザームッディーンがデリーに確立した宗教権威とその影響力は彼の死後も衰えなかった。それは聖者信仰の拠点として聖者廟（ダルガー）が存続・発展していったからである。スーフィー聖者とムガル支配層との関係は、ニザームッディーンの聖廟（ダルガー）を囲むように置かれたムガル帝国の皇族の墓からもうかがい知ることができる。ニザームッディーンの聖廟のすぐ脇の南側には、12代皇帝ムハンマド・シャーと5代皇帝シャー・ジャハーンの娘ジャハーン・アーラーの墓が並んで置かれている。そのすぐ東側には16代皇帝アクバル・シャーの皇子ミールザー・ジャハーンギールの墓所がある。有名なペルシア語詩人で、愛弟子アミール・フスローの墓はむしろニザームッディーンの聖廟（ダルガー）からやや離れた場所に置かれている。

ニザームッディーンの聖廟（ダルガー）に限らず、チシュティー派スーフィー聖者の墓廟（ダルガー）はムガル全期の皇帝や皇族にも大きな影響力を及ぼしていた。3代皇帝アクバルは、「子宝」祈願のためにアジュメールのチシュティー派ムイーヌッディーンの聖廟（ダルガー）にアーグラから裸足で巡礼していた。チシュティー派導師サリーム・

図 61　アウラングゼー帝の墓（フルダーバード）

チシュティーが「子が授かる」と予言し、それが実現すると彼の修道場（ハーンカー）に新都ファテプル・スィークリーを建設したことは有名である＊6。6代皇帝アウラングゼーブと皇子アズィーム・ハーンとその妃の墓は、フルダーバードにあるチシュティー派スーフィー聖者、ザイヌッディーン・シーラーズィーの聖廟（ダルガー）内に埋葬されている。

ジャハーン・アーラーの墓

5代皇帝シャー・ジャハーンの皇女ジャハーン・アーラーの墓は、ニザームッディーンの聖廟（ダルガー）のすぐ近くの南側にある。屋根のない、透かし彫りの美しい大理石の障壁（ジャーリー）が彼女の墓石を囲んでいる。障壁（ジャーリー）越しに中の墓石を見ることできる。こうしたハズィーラ様式の墓の起源は、15世紀の中央アジアのティムールに遡（さかのぼ）るとされる。

ジャハーン・アーラーの墓所に近接しているのが、12代皇帝ムハンマド・シャー（在位1719～49）の墓所である。またすぐ近くの東側には、16代皇帝アクバル・シャーの長子で、アラーハーバードで獄死した悲劇の皇子ミールザー・ジャハーギールの墓所がある。いずれの墓所も、大理石の基壇の上に置かれた墓石を、総大理石造りの障壁（ジャーリー）が囲むハズィーラ様式で、その外観は隣接する皇女のそれとよく似ている。3代ムガル皇帝のアクバル廟には、すでにこうした墓様式が用いられていることから、おそらくハズィーラ様式の墓はムガル帝国の皇帝やその皇子・皇女に好まれ継承されていったのであろう。

皇女ジャハーン・アーラーは、父シャー・ジャハーンがアーグラ城に息子アウラングゼーブによって幽閉された7年間、シャージャハーンに寄り添い彼の最期を看取った。そして母ムムターズ・マハルが眠る墓の隣に父シャー・ジャハーンを埋葬した。シャー・ジャハーンの死後、彼女はデリーに移り住み、残りの人生をニザームッディーン・アウリヤーの熱心な崇敬者となり、自らもスーフィーの道に入ったといわれる。そして彼女は、自らの墓をニザームッディーン・アウリヤーの聖廟（ダルガー）の近くに造ることを生前から決めていた。彼女の希望通りその場所に埋葬された＊[7]。彼女の墓石の頭側には、敬虔な信者の言葉が刻まれた墓碑が立っている。その墓碑の中には、次のような言葉が刻まれている＊[8]。

我が墓を覆うものは緑（の草）のみとすべし。心貧しい者の墓を覆うに、草に勝るものはなし。ひととき現世にありしジャハーン・アーラー、チシュティー教団の聖者の弟子にして皇帝シャー・ジャハーン――神が陛下をお守りくださいますように――の娘。（ヒジュラ暦）1093年

図 62　ジャハーン・アーラーの墓

アミール・フスローの墓

アミール・フスロー（1253-1325）は、“インドの鸚鵡（おうむ）”と呼ばれたインドで最も優れたペルシア語詩人で、また音楽家としても有名であった。アミール・フスローはデリー・スルターン朝の奴隷王朝、ヒルジー朝、トゥグルク朝と続く3代王朝の下で活躍した当代随一の宮廷文人であった。少年の頃、スーフィー聖者ニザームッディーンの弟子となった。それ以降、ニザームッディーンとアミール・フスローの師弟関係の深さは、生前ニザームッディーンがよく口にしていたといわれる、「もしイスラーム法が禁じなければ、私とフスローを同じ墓のなかに埋葬してほしい」という言葉によく現れている。フスローもまた、我が最愛の師を「あなたのダルガーはキブラ（マッカの方角）、そして天使が鳩のようにあなたの丸天井の上を飛んでいる……」という詩句で称えたといわれる。また師の死にあたってフスローは次のような詩を口ずさんだといわれる*9。

色白の恋人は、巻毛を顔に寝台に眠る
さあフスローよ、家路につけ、この世の夜の帳（とばり）が下りた

ニザームッディーンが亡くなってから、その半年後にアミール・フスローも師の後を追うようにこの世を去った。フスローが亡くなると、弟子や友人たちはニザームッディーンが生前よく口にしていた言葉通り、アミール・フスローの墓をニザームッディーンの聖廟（ダルガー）内に置こうとした。ところが、弟子のなかの一人、朝廷の将軍職（アミール）にあった宦官が、アミール・フスローを師ニザームッディーンの近くに埋葬することは聖者の名声を汚すものだとして憤慨し反対したのである。やむなくフスローの墓は、ニザームッディーンが生前に彼の友人やお気に入りの弟子たちとよく語り合った場所、チャブートラー・ヤーラーニーに埋葬されたという*10。つまり、アミール・フスローの墓は、ニザームッディーンの聖廟（ダルガー）の囲壁に隣接する外側に置かれているのである。

アミール・フスローの墓とそれを囲む木製の柵は、1530年にサイイド・メヘディーによって建てられたもので、彼はその墓の外側に大理石の墓碑銘を立て、浮彫り文字で次のような文言が刻まれている*11。

アッラー以外に神はなし、
ムハンマドはアッラーの使徒なり
この銘板は、カーズィー、皇帝バーブルの統治において、
この上ない名誉を与えている
溢れる川の水のごとくほとばしる博識の超人、詩歌の国の帝王、アミール・フスロー

図 63　アミール・フスローの墓所

図 64　アミール・フスローの墓

> **彼の散文は、エデンの園**（楽園）**に流れる川の水よりも人々の心を引きつける**
> **彼の詩は、最も澄み切った水よりもさらに透き通っている**
> **彼はさえずりの名手、**
> **ブルブル**（ペルシアの詩に出てくる鳴き鳥）**よりもうまく詩歌を奏でる**
> **まさにオウム、甘い言葉を流暢に喋る、それに及ぶものは誰もいない**
> **………**

アミール・フスローの詩は、ムガル皇帝や皇族の間でも広く愛されていた。とりわけジャハーンギール帝の妃ヌール・ジャハーンとシャー・ジャハーン帝は、アミール・フスローの有名な詩、「もしこの地上に楽園があるなら、それはここなり、ここなり、ここなり」がお気に入りであったとようだ。ヌール・ジャハーンはカシュミールのシャーリーマール庭園（バーグ）の園亭の中に、シャー・ジャハーンはデリー城の内謁殿（ディワーネ・ハース）の中にこの詩をそれぞれ書き残している。⇨シャーリーマール庭園（バーグ）、デリー城

階段式井戸（バーオリー）

図 65　階段式井戸（バーオリー）

ニザームッディーンの聖廟（ダルガー）の内域、その聖廟（ダルガー）の北側に数 10m 離れた場所に階段式井戸（バーオリー）がある。この階段式井戸（バーオリー）の造営時期については、諸説あり正確にはよくわからない。荒松雄は、階段式井戸（バーオリー）の内側壁面の石積みの特徴から、ニザームッディーンの存命中か、遅くともその死後それほど遠くない時期に造られたと見るのが妥当としている*[12]。

ある伝承によれば、トゥグルク朝の初代スルターン、ギヤースッディーン（在位 1320-25）が城砦都市トゥグルカーバードの建設に従事していたちょうど同じ頃、ニザームッディーンの階段式井戸（バーオリー）も建設中であった。そのため、ギヤースッディーンは城砦都市トゥグルカーバードが完成するまで、建設労働者が他の場所で働くのを禁止していた。しかし、労働者たちはスーフィー聖者の階段式井戸（バーオリー）建設のために夜働いた。するとギヤースッディーンは油を売るのを禁じた。そのため彼らは夜に働くことができなくなった。彼らは油の代わりに階段式井戸（バーオリー）の水を使った。それは十分に油の役割を果たしたといわれる。この伝承が事実であるかどうかは別にして、階段式井戸(バーオリー)建設の時期と荒松雄の見解とは時代的に一致している＊13。

インド・ムスリムの近代社会改革家、アフマド・ハーン（1847）によれば、聖者廟(ダルガー)の域内にある階段式井戸(バーオリー)の水には病気を治癒する力があると信じられ、この階段式井戸(バーオリー)の水の中に身を浸す無知な人々もいた。またこの階段式井戸(バーオリー)の水は「聖なる」ものと信じられ、「悪魔(ジン)を追っ払って悪霊(ブート)を避ける」効用があるとされているため、ここへ来て人々は祈ったり、クルアーンの章句（バスマラやアッラーフ・アクバル）と唱えたりした。聖者廟(ダルガー)の巡拝者の中には、今日においてもこうした民間信仰を信じる者は少なくない＊14。

6　ローディー庭園

今日、ローディー庭園（バーグ）はジョール庭園（バーグ）とも呼ばれ、市民の間で人気のある場所である。ニザームッディーン・アウリヤーの聖廟（ダルガー）に近い西の方角に位置している。広い庭園内には4基の墓廟と1基のモスクが木立や竹林に囲まれ、緑と花に縁どられて静かに佇（たたず）んでいる。全ての墓廟がローディー朝のものではない。1基だけがサイイド朝のスルターン・ムハンマド・シャーの墓廟である。それ以外の墓廟がローディー朝のものである。

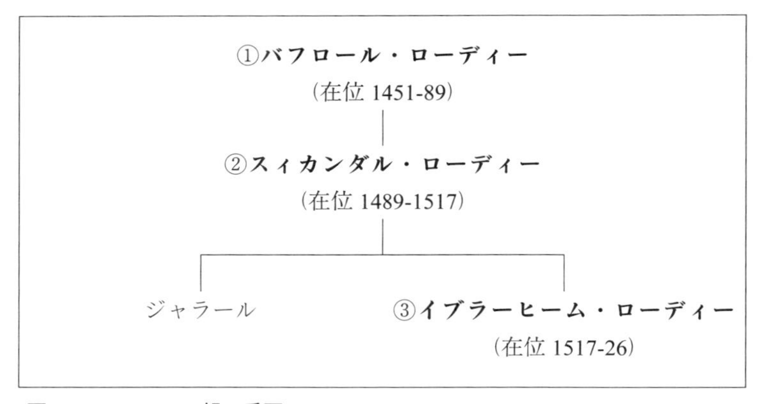

図66　ローディー朝の系図

バフロール・ローディーの墓

バフロール・ローディー（在位1451-89）は、デリー・スルターン朝の最後の王朝、ローディー朝を創始したアフガン系スルターンであった。ローディー朝は誕生したが、実権は依然として前のサイイド朝の宰相（ワズィール）らによって握られていた。ローディー朝のスルターンでありながら、アフガン系ゆえに軽んじられ、よそ者扱いされていたのである。のちにサイイド朝の残党は一

図 67　シーシュ・グンバド

掃された＊[1]。

バフロール・ローディーは、部下のアフガン人に対しては、同族の中の指導者の一人に過ぎないという姿勢を一貫して崩さなかった。その一方で、イスラームへの信仰が厚く、質素な生活を旨とし、アフガン人であることを誇りとしていた。バフロール・ローディーの性格について、フィリシュタは次のように記述している。

バフロール・ローディーは、高潔で温厚な王子であった。知識の及ぶ限り正義を行い、臣民を家来というよりもむしろ仲間として扱った。王位につくと、財産を友人たちに広く分け与えた。そして王の威厳を見せつけることはなく、自分が王であることが世に知れ渡っていればそれで十分だと言って、めったに玉座に上ることはなかった。彼の食事はきわめて質素で、めったに宮殿で食べることはなかった。

彼は文学的教養などまったくなかったが、学識者たちを好み、彼らの功績によって報酬を与えた。……彼はイスラーム法に精通していただけでなく、賢く勇敢な君主であった。彼はまた、政治秩序を維持するための最善の制度をつねに学び、それをいつも実行していた。彼は何事にも慎重で、とくに国の諸事において、早計に判断しないよう常に諭していた。そして実際、生活全般にわたる彼の行動を見れば、その資質がどのくらい実践されたか十分に表わされている*[2]。

1488年、バフロール・ローディーは遠征地のバドーリーという町で亡くなった。スルターンとして38年にも及ぶ支配が終わったのである。バフロール・ローディーの遺体は息子スィカンダル・ローディーによってバドーリーからデリーに運ばれ、1488年に建立された墓に埋葬された。デリーには、バフロール・ローディーのものとされる墓が2つ存在している。一つはローディー庭園内にあるシーシュ・グンバド（ガラスのドーム）である。もう一つはナスィールッディーン・チラーゲ・デリー（“デリーの灯”の意）の聖廟（ダルガー）の西壁の外側にある墓である＊[3]。⇨バフロール・ローディーの墓（ナスィールッディーンの聖廟の近く）

シーシュ・グンバドは、外観がカーシャーン（イランのイスファハーン州の都市）のタイルで美しく装飾されている。墓廟の中は、アフガン系の墓らしく一族の墓石がたくさん並んで置かれている。ただ、そこに誰が埋葬されているのかは不明である。墓廟のマッカ側（西側）の壁にはミフラーブという窪みがあり、礼拝室を備えた珍しい墓廟となっている。

シーシュ・グンバドがバフロール・ローディーの墓であるかどうかは議論のあるところであるが、息子スィカンダル・ローディーの墓にも近いことからも、バフロール・ローディーの墓である公算が大きい。というのは、ローディー朝は3人のスルターンで支配は終わっている。最後のスルターンとなったイブラーヒーム・ローディーの墓はローディー庭園内にはない。というのは、ムガル朝のバーブルとパーニーパットの戦い破れて戦地で亡くなり、デリーから北に100kmほどのパーニーパットの地に墓所があるからである*4。つまりスィカンダル・ローディーの墓を除くと、ローディー庭園にバフロール・ローディーの墓が残ることは自然だといえる。

スィカンダル・ローディーの墓

バフロール・ローディーが亡くなるとすぐに、後継者を巡って激しい駆け引きが繰り広げられた。孫のアズィーム・フマーユーンが就くべきだという貴族もいれば、亡きスルターンの長男バルバク・ハーンが就くべきだという貴族もいて、スィカンダルがスルターン位に就くのは容易なことではなかった。しかも彼は、母親がヒンドゥーで、生粋のアフガン人でなかった*5。

多くのアフガン人族長や貴族の支持を得て、スィカンダルは1489年に父のスルターン位を継承し、スィカンダル・シャーの称号を名乗った。スルターン位に就くと直ちに、彼の宗主権を認めない勢力に対して軍を進め、制圧に乗り出した。その反対勢力の中心にいたのは主にスィカンダルの血族であった。スィカンダルは出来る限り戦争を避け、極力平和裏に解決しようとした。たとえ戦争で相手が負けた場合でも、スィカンダルの情けにすがり、服従の姿勢を示せば、その反抗の罪は許され、寛大な処置を下した。つまりスィカンダルは、アフガン人族長たちの権力を抑える一方で、自らの権威を高めることに腐心していたのである。

スィカンダルは極めて有能な官僚としての資質も備えており、その一方で詩人であり、極めて鑑識力のある文学的素養も備えた教養人でもあった。スィカンダルの容姿と性格について、

図68　スィカンダル・ローディーの墓

フィリシュタは次のように記述している。

> **豊かな学識と良識に溢れる知性と同様に、端麗な顔立ちのよさという点で際立っていた。彼の支配期間、あらゆる生活用品が安く豊富であった。その領土には、平和が行き渡っていた。彼は公開の場で不平を聞くために、ある一定の時間を割くのを忘れることなど決してなかった。そして決められた食事の時間や休憩時間さえ忘れて一日中政務に没頭することもしばしばあった。また、決まった時刻に日に5回、礼拝をすることも習慣になっていた。彼は政務にあたっては極めて公平で、個人的感情に動かされることはめったになかった[*6]。**

確かに、スィカンダルは中央集権化を進め、ローディー朝の威信を高めたが、その一方でラージプートなど他の種族やヒン

図69　バーラ・グンバドとマスジド

ドゥー教徒を敵に回したことも事実である。またスィカンダルの貴族や高官などへの施与地・給与地の授与は、国の財政を崩壊させる原因となった。さらにスィカンダルは、政治的・軍事的要衝という理由からアーグラの北西10kmに、「スィカンドラ」という新都市を建設したといわれているが、「スィカンドラ」という名前だけがこの町に残り、現在その遺構は何も残っていない*[7]。

スィカンダルは1517年、アーグラの地で亡くなった。彼の棺はアーグラからデリーに運ばれ、息子イブラーヒーム・ローディーによって、1517年に父バフロール・ローディーが眠るローディー庭園内に埋葬されたといわれる*[8]。この墓廟は、大きさは異なるが、その構造はローディー庭園内にあるムハンマド・シャー・ファリード（サイイド朝）とよく似ている。⇨ムハンマド・シャー・ファリードの墓

ローディー庭園内には、スィカンダル・ローディーの治世に

建造されたとされるバーラ・グンバドとマスジド（モスク）が残っている。バーラ・グンバドとは、「12のドーム」という意味であるが、この墓廟とマスジドの関係はずっと議論の的となっていた。バーラ・グンバドはマスジドに付属した建物なのか、それともマスジドがこの墓廟に付属しているのか。この議論について、荒松雄はイギリスのサイモン・ディグビー（1975）の仮説を紹介している。「ディグビー氏はこの建物を、スィカンダル・ローディーの治世に造営された『バーラ・グンバド』の名で知られる壮大な門を備えた集団礼拝モスク（ジャーメ・マスジド）だとする推論を展開している」とし、彼の推論を妥当性の高いものだと評価している＊9。

ローディー朝時代には、このマスジドほど魅力的なものは極めて少ない。1494年、スィカンダル・ローディーの治世に造営されたものであるが、ムガル朝のモスク建築の発展過程において、このマスジドは重要な位置を占めている。つまりそれはムガル朝の初期モスク建築の特徴である、西側の礼拝室の窪みの壁（ミフラーブ）の外側に飾り出窓がある。⇨キラ・エ・クフナ・マスジド

ムハンマド・シャー・ファリードの墓

1434年にサイイド朝の2代スルターン、ムバーラク・シャーが暗殺されと、その首謀者であった宰相のサルワルル・ムルクはムバーラクの養子で、初代スルターン・ヒズル・ハーンの孫であったムハンマド・シャー・ファリードを3代スルターン座に就かせた。まさにムハンマド・シャー・ファリードは傀儡（かいらい）政権のスルターンに他ならなかった。

そもそもサイイド朝は、デリーに侵攻し殺戮と略奪の限りを尽くしたティムールの傀儡（かいらい）政権ともいえる王朝であった。ティムールの侵攻により、またマールワー（インド中部）の1401年の独立により、トゥグルク朝はほとんど解体状態となった。1414

図 70　ムハンマド・シャー・ファリードの墓

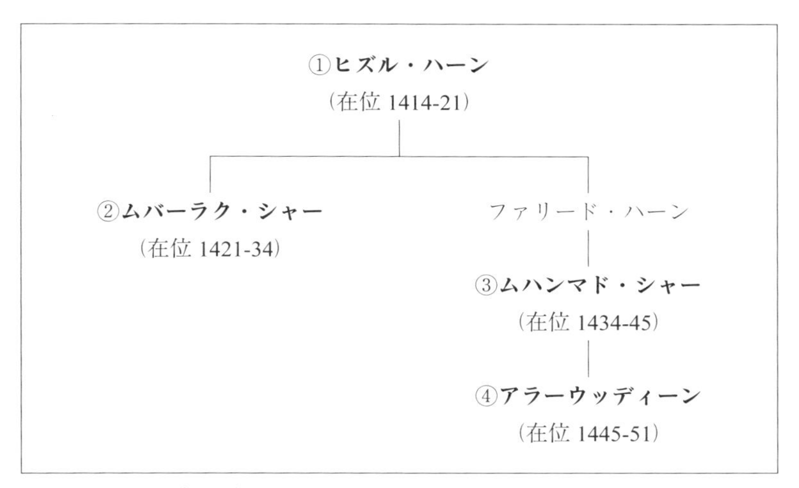

図 71　サイイド朝の系図

年、ヒズル・ハーンはデリーを占領するとスルターン国を樹立した。ヒズル・ハーンの建てた王朝は彼自身がムハンマドの直系子孫の一族であったことから、サイイド朝と呼ばれるようになった[*10]。

ヒズル·ハーンは決して自らをスルターン（王）とは称さなかった。ヒズル・ハーンが自らをスルターンと称さなかったのは、サイド朝はあくまでもティムールの傀儡（かいらい）政権であり、自らも代理人に過ぎないことを自覚していたからであった。ヒズル・ハーンの支配に対する姿勢について、フィリシュタは次のように記述している。

> **彼（ヒズル・ハーン）は贈り物を自分の部下の仕官に分配する一方で、王の称号（スルターン）を名乗るのを差し控え、自分はティムールのために政権を守るのだと公言していた。ティムールの名の下に硬貨を鋳造させたり、金曜礼拝の説教（フトバ）の際にティムール（統治者）の名前を唱えさせたりした。ティムールが死ぬと、彼の後継者シャー・ルフ・ミールザーの名を説教（フトバ）で唱えさせ、ティムール朝の首都サマルカンドへ貢ぎ物を送った**＊[11]。

1421年、ヒズル・ハーンが亡くなると、その3日後にムバーラク・シャーはスルターン位に就いた。ムバーラク・シャーの治世は安定したものではなかった。彼は、13年あまりスルターンの地位にあったが、つねにパンジャーブのヒンドゥー諸種族の威嚇や、ジャウンプルの王やメーワト、エタワー、グワーリヤルの君主たちへの対応に費やされていた。ムバーラク・シャーに人物について、フィリシュタは、「彼（ムバーラク・シャー）は優れた才能の持ち主であった。どんな場合でも、公平であり慈悲深い人間であった。彼の性格は極めて平等であったので、彼は生涯においていかなる人に対しても怒りに任せて語ることは決してなかった」と記述している＊[12]。

時として公平さは、特別な待遇や計らいを求める者にとって邪魔以外の何物でもなかった。しかも名誉を重んじる貴族にとって、公平に基づく信賞必罰の扱いは一歩間違うと恨みや妬（ねた）

みを買い、知らぬうちに屈辱を与え、ついには暗殺を企てる事態に発展しかねない危険性を孕（はら）んでいた。こうしたスルターン・ムバーラク・シャーの扱いに不満を抱いていた宰相（ワズィール）のサルワルル・ムルクはヒンドゥーの一団と共謀してムバーラク・シャーを暗殺する機会を狙っていた。この暗殺の顛末（てんまつ）について、フィリシュタは次のように記述している。

> **1435年の1月、ムバーラク・シャーは習慣に倣（なら）って、新しい町に最近建てられたモスクに少数のお伴を連れて礼拝に出掛けた。同時に、ヒンドゥーの一団を引き連れて、暗殺を企てた大臣らの一部もモスクに入った。その残りの者は出入口には邪魔が入らないように見張りに立たった。ムバーラク・シャーは陰謀を企んでいる者が甲冑（かっちゅう）を着ているのに気づいていたが、しばらく彼らに注意を全く払っていなかった。ついに、ヒンドゥーの一人が刀を抜いてムバーラク・シャーを目がけて突進すると、他の者もその後に従って突進していった。そしてこの重要で優れた人物であったスルターンは殺された*[13]。**

こうして、スルターン・ムバーラク・シャーは宰相（ワズィール）の手の者に暗殺された。ムバーラク・シャーは「ムバーラカーバード」という新都を建設したといわれる。しかし、本当にこの新都が建設されたのかどうかは不明である*[14]。今日もなお、「ムバーラク・シャー・コートラー」という地図上に記された地名に、スルターン・ムバーラク・シャー・サイイドの墓とされる八角形の墓が残っている。墓の全容を写真に収めることが難しいほど、周りには住宅が密集している。また最初のスルターン、ヒズル・ハーンの墓と称されるものはデリーには残っていない。

1434年、ムバーラク・シャーが暗殺されと、その首謀者であった宰相のサルワルル・ムルクはムバーラク・シャーの養子

図 72　ムバーラク・シャー・サイイドの墓

で、初代スルターン・ヒズル・ハーンの孫であったムハンマド・シャー・ファリードを3代スルターンの座に就かせた。ムハンマド・シャーは、前スルターンが暗殺されたように、自分もいつ宰相（ワズィール）とその一味に暗殺されるかわからないという恐怖の中で生活を送っていた。なんとか彼らを追放できないかと考えていた矢先、宰相（ワズィール）はスルターンの計画を知り、先手を打ってムハンマド・シャーの暗殺を決行した。その顛末（てんまつ）について、フィリシュタは次にように記述している。

1436年7月23日、以前ムバーラク・シャーの暗殺に手を貸したミーラーン・サドルの息子たちとその従者の数人の手を借りて、宰相のサルワルル・ムルクはムハンマド・シャーを殺すために、刀を抜いて彼のいる宮殿に押し入った。しかしムハンマド・シャーはすでにその企みを察知していたので、暗殺を未然に防ぐために護衛兵を見張りに立

てていた。護衛兵たちは彼らが侵入すると、一斉の合図で暗殺者を目がけて飛び出した。暗殺者たちは逃亡したが、宰相（ワズィール）は門を通り抜けようとしたとき、身体の一部を切り落とされ、そして暗殺者の残党とともに殺された。この陰謀に関わった者は公の面前で死刑に処された[*15]。

こうして、ムハンマド・シャーの暗殺は未遂に終わった。暗殺の首謀者たちは処刑されたが、そもそもムハンマド・シャーにはスルターンとして統治能力も強い意志も持ち合わせていなかった。そのため度々愚かな行為を繰り返し、次第に国は機能不全に陥っていった。スルターンの失脚を予想した地方の支配者たちは、何とか自分たちの独立国家を堅固なものにしようと奔走した。農民や地主たちもまた、動乱が続くのではないかという漠然とした不安から、生活や収入を確保しようとして税の支払いを保留にするなど、自己防衛に走った。

こうした状況の中、1440年にマールワー国のスルターン、マフムード・ハルジーがデリーに攻めてきた。パニックに陥ったムハンマド・シャーは、直ちにバフロール・ローディーの下に助勢を懇願する使者を送った。もはやサイイド朝はバフロール・ローディーの後ろ楯なくしては存立さえできない王朝となっていた[*16]。

サイイド朝の勢力が急速に衰えていく中、ムハンマド・シャーは放蕩な生活から病に侵され、1445年に12年余りの支配に幕を閉じた。現在もなお、彼の墓とされる八角形の墓（図69）はローディー庭園内にある。八角形の周廊を持つ墓建築様式はムバーラク・シャーの墓にも共通するもので、恐らくこの慣習を継承したものといえる。

息子のアラーウッディーン・アーラム・シャーがスルターン位を継承したが、すでにスルターン・アラーウッディーンの評判は地に落ちていた。口汚い民衆は、「アラーウッディーンは父よりもさらに気の弱い軟弱者だ」と口々に嘲(あざけ)り笑った。サイイド朝時代には、デリーを除く北インドの領土、デカン、グジャラート、マールワー、ジャウンプル、ベンガルなど、多くの地方支配者はすでに独立国家を樹立していた。そのため、アラーウッディーンの領土はデリーとその周辺のわずかな地域だけであった[*17]。

結局、アラーウッディーンはサイイド朝の支配を自ら放棄し、王朝の後ろ楯となっていたバフロール・ローディーに、「私の父、ムハンマド・シャーがあなたを自分の息子（養子）とした以上、私はあなたを兄弟として認めております。バダーユーンを所有し、そこで静かに暮らすことを約束するという条件なら、あなたに王位を譲ります」という手紙を送り、退位してバダーユーンに隠棲し静かな生涯を送った。

アラーウッディーンの治世は7年ほどであったが、デリー・スルターン朝において自ら退位したスルターンは珍しく、また退位後も28年余り生きながらえたスルターンも稀有であったといえる。アラーウッディーンの墓廟は、現在でもバダーユーンに残っている。なぜアラーウッディーンはバダーユーンに隠棲したのかは不明であるが、バダーユーンは当時神秘主義(スーフィズム)の中心的な拠点であった町で、有名なスーフィー聖者ニザームッディーンが生まれ育った町として知られている。現在でもバダーユーンにはニザームッディーンの両親の墓がある。⇨ニザームッディーン・アウリヤー

デリー南部

1　ラーイ・ピトーラー

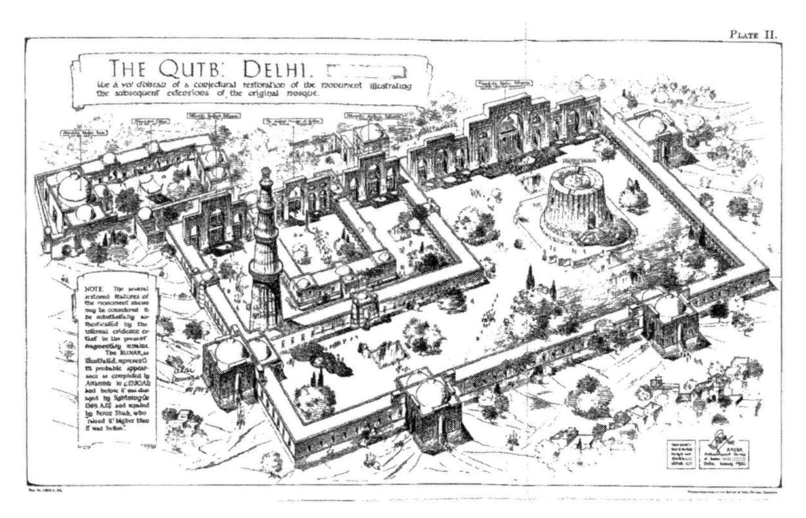

図73　クトブ・モスクの鳥瞰図

ラーイ・ピトーラー城砦

ラーイ・ピトーラーの城砦はデリー・スルターン朝の最初の城砦都市である。もちろん、ゴール朝の武将で、のちに奴隷王朝（デリー・スルターン朝の最初の王朝）のスルターンとなるクトブッディーン・アイバクが自ら築いた城砦都市ではない。当時、デリー地域を支配していたのは、ラージプートのチャウハーン朝の王プリトヴィーラージ（3世）であった。彼は、12世紀後半、ラール・コート（赤い城）の名で知られてきた城砦を包摂する大城砦を増築したのである。ラール・コートは、もともとトーマル・

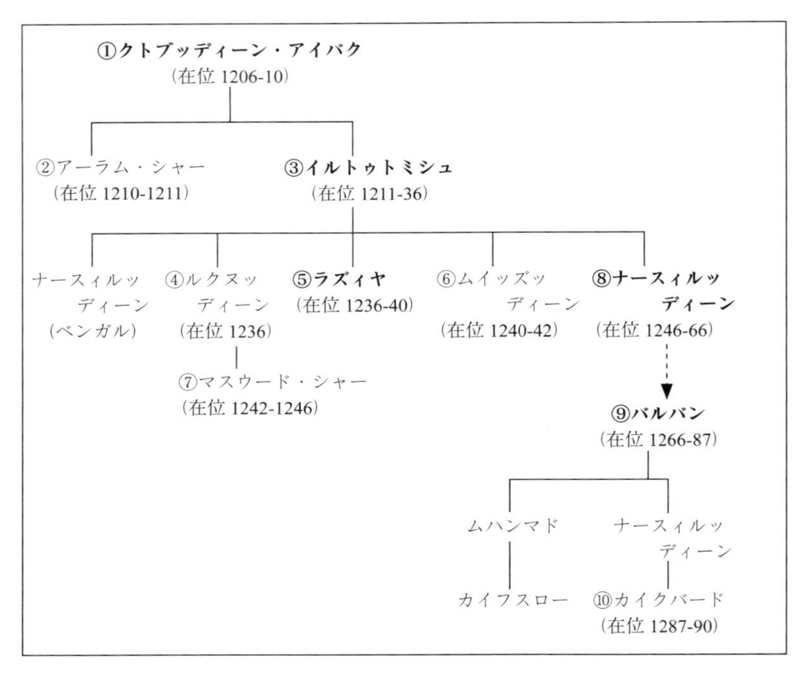

図 74　奴隷王朝の系図

ラージプート族の首長アナング・パール2世が11世紀中葉に中心拠点として造営したものである。

ゴール朝の“ムハンマド・ゴーリー”と呼ばれるムイズッディーンは、1170年代後半以後もしばしばインドへの侵入を繰り返していた。1186年、パンジャーブのラーホールを拠点にしていたガズナ朝を滅ぼすと、北インドへの侵攻を本格的に開始した。ラージプートのチャウハーン朝の王プリトヴィーラージに阻まれながらも、2度にわたりタラーインの地での交戦の末、ついに1192年プリトヴィーラージ率いるラージプート連合軍を撃破した。タラーインの戦いで敗れたプリトゥヴィーラージは捕えられ、のちに処刑された*1。プリトゥヴィーラージは今日もなお歴史上有名な英雄として多くのヒンドゥー教徒に広く崇敬されている。

タラーインの戦い以後、ムイッズッディーンは、デリーの支配を信頼できる奴隷出身の武将、クトブッディーン・アイバクにゆだねるとガズナに帰還した。1193年、統治責任者となったアイバクは、デリーを占領すると、敗軍の将プリトヴィーラージが築いたラーイ・ピトーラー城砦をそのまま自らの拠点として利用したのである。トルコ人征服者は、その巨大な城砦を、プリトヴィーラージを訛（なま）ってつけた呼称に、ヒンドゥーの王を意味する「ラーイ」の称号と、さらに城砦を意味する「キラ」というペルシア語をつけて、キラ・ラーイ・ピトーラー（ピトーラー王の城砦）と呼んでいた。

アイバクがクトブ・モスクやクトブ・ミーナールを建立したクトブ区域は、ラーイ・ピトーラー城砦の南部、つまりラール・コートの東側にあたる。西側には、宮廷を設けたものと推定される。ラール・コートを含むラーイ・ピトーラー城砦は、クトブ・モスクのある区域を除き、城壁以外に残された遺跡等はきわめて少ない。

クトブ・ミーナール

クトブ・モスクの南東には、インド最大・最古のクトブ・ミーナールが建っている。高さ72.5m、頂上まで379段の階段がある。尖塔（ミナレット）としては世界一の高さを誇る。クトブ・ミーナールは当初四層構造であった。一層の部分はアイバクによって建てられ、二層から四層部分はイルトゥトミシュによって建てられた。ところが、1369年に雷によって四層部分が激しく損傷したため、時のスルターン、フィーローズ・シャー・トゥグルクによって大修復工事が行われ、その時に五層部分が付け加えられ、現在の姿に至っている[*2]。その後も幾度となく修復工事が行われている。

図75　クトブ・ミーナールとアラーイー門

クトブ・ミーナールのモデルされるのは、ゴール朝のギヤースッディーン・ムハンマドが建造した「ジャームの塔」(1193/4)であるといわれる。アフガニスタンのゴール州の人里離れた谷に、高さ60mの円塔が独立して建てられた尖塔（ミナレット）を見ると、そもそも「ジャームの塔」は最初から何かの記念塔と考えるのが自然であろう。

ゴール朝の「ジャームの塔」もまた、ガズナ朝のスルターン・マスウード3世が1100年頃に建てた尖塔（ミナレット）をモデルにしたといわれ、モスクなどの建築物は付随しておらず、記念塔として建設されたものと推測されている。ガズナ朝に始まるこのような独立したミナレットは、カラハン朝、ゴール朝などでも模倣され、奴隷王朝のクトブ・ミーナール(塔)へと継承されたと考えられる*3。ただクトブ・ミーナールはむしろ集団礼拝モスク（ジャーメ・マスジド）に付随したものであり、その意味ではガズナ朝やゴール朝の尖塔（ミナレット）とは異なるといえよう。

しかし、本来ミナレットとは、この尖塔の上からムアッズィン（礼拝の呼びかけをする者）が信徒への礼拝の呼びかけ（アザーン）を行う建造物であることを考えれば、このミナレットはあまりにも巨大すぎる。その宗教的機能を十分果たしていたかどうかは疑問である。もちろん、クトブ・ミーナールも一種の尖塔（ミナレット）ではあるが、むしろミナレットのもつ本来の宗教的機能よりも、異教徒に対するムスリムの勝利を示威し、多数派の土着ヒンドゥー教徒に対するムスリムの政治的・文化的優位性を強調する狙いがあったのではないかと思われる。同時にそれは、少年の頃に奴隷となり数奇な運命を辿り、スルターンとなったアイバクとイルトゥトミシュにとって、記念すべき勝利の塔であったのかもしれない。

クトブ・モスク

クウワトゥル・イスラーム・マスジド（イスラームの力のモスク）の名で知られたインド最古の大モスク、通称「クトブ・モスク（マスジド）」が建立された場所は、ラーイ・ピトーラー城砦の南側、正確にはラール・コートの東側にあたる。当時、その場所には、27のヒンドゥー教やジャイナ教の寺院（神殿）が立ち並んでいたといわれる。

征服地デリーの統治責任者となったアイバクは、象を用いてこれらの「偶像の家（ブトハーナ）」を解体し、クトブ・モスクの建設に必要な石材は再活用し、偶像などは破壊し、土の中に埋めたといわれる。

現在でも、最初のモスクの東回廊の列柱部分にその痕跡を見ることができる。もちろんイスラームでは偶像崇拝が禁じられ

図 76　クトブ・モスク　礼拝室と鉄柱（中央）

ているので、柱に装飾された偶像の鼻の部分だけは削り取られている。モロッコの大旅行家イブン・バットゥータは、「埋められた偶像」について次のように記述している。

> **またモスクの諸門のうちの東門には、実に巨大な二つの青銅製の偶像があって、地面に伏せた姿で石に固定されている。モスクに入る人も出て来る人も、皆がその二つの偶像の上を踏みつけていく［のが習わしである］。このモスクの場所は、もともとはブトハーナ、つまり偶像の家（仏堂）であったが、［デリーの町が］征服された時に、モスクに変えられた**[*4]。

こうした集団礼拝モスク（ジャーメ・マスジド）の門前に偶像やその破片を埋めて、その上を踏みつけて出入りするという「習わし」は、当時の中央アジアのトルコ系ムスリムにとって一般的であったようだ[*5]。ヒンドゥー教やジャイナ教の寺院（神殿）が破壊され、モスクに建てかえられたのは、デリーだけでなく、北インドの広い地域に見られる。ヒンドゥー教徒が圧倒的多数を占めるインドの環境の中で、統治者が誰であるかを知らしめるためにも、またムスリムの義務の一つである礼拝を安全に行うためにも、「偶像の家（ブトハーナ）」を破壊し、新たなモスクの建設は、ムスリム統治者の責務であったともいえる。

クトブ・モスクが大モスクといわれるのは、3期に分けて拡大されているからである。クトブ・モスクが拡張されるプロセスを順に追うと次のようになる。第1次拡張工事は、奴隷王朝の3代スルターン・イルトゥトミシュによって行われ、①最初のモスクと④クトブ・ミーナールを完成させて回廊内に取込み、北西部に自らの墓を建立し、原初の約3倍の広さに拡張された。

第2次拡張工事は、ヒルジー朝のスルターン・アラーウッディーンによって行われ、南部のアラーイー門（ダルワーザ）と未完のアラーイー・ミーナール（塔）を囲む回廊部、そして南西部には自らの墓とイスラームの教育施設（マドラサ）を建立し、第1次拡張部分を含む原初の約11倍にまで拡張された*6。イブン・バットゥータがデリーの大モスクを訪れた時、クトブ・ミーナールの現在の五層部分を除いて大モスはほぼ完成していたといってよい。

鉄柱（Iron Pillar）

クトブ・モスクの礼拝室前に、高さ7m、基底直径40cm、重さ6000kgを超える「鉄柱」が尖塔（ミナレット）のシンボルのように1本立っている。この「鉄柱」は何なのか。なぜここに置かれているのか。イブン・バットゥータもこれに関心を抱いたようで、次のような記述を残している。

> **…大モスクの中央部には如何なる金属を使ったかは分からないが、一本の荘重な円柱がある。それについて、彼らの博学の賢者たちの一人が私に語ったところによると、それ**

図 77　鉄柱［Iron Pillar］

> **は［ペルシア語で］〈ハフト・ジューシュ〉と呼ばれており、その意味は〈七つの金属〉のことで、そうした材料から造られているという。この円柱の一部には、人差し指の長さの磨かれた部分があって、その磨り減ったところはきらきら光沢がある。もしそれが鉄であれば、そこは跡がつかないはずである＊[7]。**

イブン・バットゥータが、ここで触れている「一本の荘重な円柱」とは、「鉄柱（アイロン・ピラー）」(Iron Pillar) のことである。この「鉄柱」は、古代インドの統一王朝、グプタ王朝チャンドラ・グプタ２世（在位 376 年頃 -414 年頃）時代の４世紀頃の記念柱（スタンバ）で、アイバクがどこか遠い他の場所からここに運ばせたものだといわれている。

この「鉄柱」の頂きには深いくぼみがあり、そこにはもともと“ガルダ”（インド神話に登場する神鳥）の像がはめられていたのではないかと推測されている＊8。グプタ朝は「至高のヴィシュヌ信者」の称号を自ら名乗っており、事実ヒンドゥー王を偲（しの）んでヴィシュヌ神に捧げるという刻銘が今も残っているようである＊9。

16世紀末から17世紀初頭にかけて、ムガル帝国のジャハーンギール帝時代に、北西インドを旅行したイギリス人たちは、この「鉄柱」に刻まれた文字はギリシャ語で書かれたものだと確信していた。またアショーカ王の石柱は、アクレサンドロス大王が紀元前327年インド王ポロスと戦って勝利した記念に建てられたものだと信じて疑わなかったようである＊10。

むしろ疑問なのは、明らかに異教徒の記念塔と知りながら、それをわざわざモスクの中央部になぜ据えたのかということである。これは想像の域を出ないが、アイバクは古代インドの「鉄柱」（記念塔）に強い関心を抱き、神秘的な力を感じたのではなかろうか。そうでなければ、わざわざモスクの中央部にそれを移設したりはしないはずである。トゥグルク朝のフィーローズ・シャーもまた、宮廷建造物の中央に大きなアショーカ王の石柱（記念柱）を移設している。現在でも、ニューデリー東部地区の遺跡公園「フィーローズ・シャー・コートラー」の中に残っている。
⇨フィーローズ・シャー・コートラー

イルトゥトミシュの墓

イルトゥトミシュ（在位1211-36）の墓は、クトブ・モスクの西に隣接して建てられている。イルトゥトミシュは奴隷王朝の第3代スルターンである。フィリシュタによれば、彼はトルコ人イルバリー族の名家の出であったが、少年のころ父親にとりわけ可愛がられていたがゆえに、他の兄弟に妬まれ、狩りに誘われて出掛けた際に、兄弟から裸にされ、隊商の一団に奴隷とし

図 78　イルトゥミシュの墓

て売られてしまった。その後転売された末、アイバクによって購入されたという＊11。

イルトゥトミシュはアイバクの奴隷武将として活躍し、アイバクの後継者として奴隷王朝の基盤を築いた人物であった。アイバクの治世は、北の脅威ホラズム帝国のインドへの侵攻を防ぐために、ラーホール（現パキスタン）に拠点を置き、その間にポロ競技中に落馬死し、わずか4年で幕を閉じた。この墓に地下通路があるのは、本当の棺は地下にある二重墳墓の形式をとっているからであろう。これは中央アジアのトルコ系・モンゴル系諸族の一般的な慣習であったようだ。したがって、われわれが目にする棺は模棺（セノタフ）である。トゥグルク朝のギヤースッディーンの墓建築やムガル帝国のフマーユーン廟やタージ・マハルなどの墓廟にもこの慣習が継承されている。もちろん、この慣習がすべての墓建築に継承されているかどうかは疑わしい。

この墓には当初立派なドーム屋根があったようであるが、すでに崩落して青空が見える。門扉もない。のちにトゥグルク朝のスルターン・フィーローズ・シャーはこの墓を修復している。ドーム屋根、装飾された内壁、白檀で作られた墓廟の門扉であったことを考えると、イルトゥトミシュの墓廟は当時の最高傑作の一つといえよう。

イルトゥトミシュは長男ナースィルッディーン・マフムードを亡くすと、自分の後継者として、次男のルクヌッディーンではなく、娘のラズィヤを指名した。怠惰で放蕩に耽る次男ルクヌッディーンよりも娘のラズィヤの方が国政の運営能力に長けていたからである＊[12]。女性のスルターン即位はインド史上では珍しいことであった。だが彼の死後、ラズィヤ・スルターンは悲劇的な死を遂げることになる。⇨ラズィヤの墓、スルターン・ガーリーの墓

アラーイー・ミーナール

ヒルジー朝の2代スルターン、アラーウッディーン（在位 1296-1316）はヒンドゥー諸勢力を制圧するために、1307年にデカンや南インド各地にマリク・カーフールを将とする遠征軍を送った。彼は自ら「アレクサンドロス2世」と名乗り、インド亜大陸の南端までおよぶ、野心的で強引な拡張政策を行った。アラーウッディーンの野心の一つの象徴ともいえる巨大な塔、アラーイー・ミーナールが未完のままの状態でクトブ・モスクの北側に立っている。

アラーウッディーンは1311年にクトブ・ミーナールを超える第2の塔の建設に着手したが、翌年病気を患ったためにその計画は中止された。この未完の巨大な塔、アラーイー・ミーナールについて、イブン・バットゥータは次のように語っている。

さらに、スルタン=クトブ・ウッディーンは、西側の広場のところに、それより大きなミナレットを建設したいと

思ったが、彼はその三分の一を建てたところで、完成を待たずして亡くなった。続いて、スルタン=ムハンマドはそれを完成させようとしたが、［占いの結果］凶兆であると出たので、それを中止した。この［未完成の］ミナレットは、規模の大きさの点で世界の不思議の一つであり、［上に登る］その通路の横幅は、象三頭が並んで登れるほどの広さ

図 79　アラーイー・ミーナール

図 80　アラーウッディーンのイスラームの教育施設（マドラサ）

図 81　アラーウッディーンの墓

> **である。この三分の一の［未完成の］建物は、先に述べた北側の広場にあるミナレット全体の高さと等しい*[13]。**

イブン・バットゥータの説明には明らかに事実誤認がある。アラーイー・ミーナールを造営したのは、スルターン・クトブッディーンではなく、第3代スルターンのアラーウッディーンである。またスルターン・ムハンマドもアラーウッディーンのことであり、完成を待たずに亡くなった訳ではないと、訳注者の家島彦一は指摘している*[14]。アラーウッディーンはクトブ・モスクの南側に、アラーイー・ダルワーザ（門）（1305）をはじめ、イスラームの教育施設（マドラサ）や自らの墓を造営している。

2　ラーイ・ピトーラー近郊

バルバンの墓

奴隷王朝の9代スルターン、バルバン（在位1246-66）の墓は、クトブ地区に近いアヌヴラト・マールグの道路沿いにある。墓の近くには居住地跡もあり、現在はこの地域は高校生の歴史の遺跡跡の見学コースになっている。フィリシュタによれば、トルキスターン出身のバルバンはトルコ人イルバリー氏族の王子であったが、モンゴル軍の中央アジアの侵入時に捕えられ商人に売られ、バグダードへ連れて行かれた。そこでまた別の商人に買われ、デリーに連れて来られ、イルトゥトミシュに買われたということである＊[1]。

バルバンは、特に歴史的な建築物を残している訳ではないが、宮廷奴隷から身を起こし、イルトゥトゥミシュの治世（1211-36）には有力な奴隷貴族となり、ムイッズッディーンの治世（1240-46）では、将軍としてラズィヤ反乱の鎮圧を指揮し、ナースィルッディーン（在位1246-66）の治世では、摂政として権勢をふるい、最後にはスルターンに登りつめた成功譚の人物であった。当時、60年という長きにわたって、奴隷王朝の権力の中枢に居続けることは極めて稀であった。イブン・バットゥータは、バルバンの性格や成し遂げた功績について、次のように高く評価している。

彼は、スルタンたちの中の最も優れた人物の一人であり、公明正大、温厚で、貴顕の士であった。彼の寛大な行為の一例として、次のことがあった。彼は一つの館を建設すると、それを〈安全･保護の館（ダールルアマーン)〉と名付けた。そして、負債を負った人がそこに入ってきた時、彼がその借金を肩代わりして返済してやり、もし［人を］恐れて逃

図82　バルバンの墓

> **げてきた者がそこに入れば、そこを安全な場所として提供し、人殺しをして逃げ込んできた者であれば、その者に代わって殺された近親家族に満足を与え、また法的に罰せられるべき罪を犯した者が来た場合にも同じように、その告発者に満足が与えられるようにした。彼が死んだ時、彼が埋葬されたのは、他ならぬこの館であった。私は、実際に彼の墓に参拝したことがある＊2。**

優れたスルターンとして、20年余り権力の座にいたバルバンであったが、彼もまた一人の父親に過ぎなった。長男ムハンマドを後継者にするために、ライバルや敵対者たちを一掃する一方で、辺境地帯の属領の総督に任命し統治経験を積ませ、さらに王になるための訓戒（「バルバンの訓戒20か条」）を伝えた。バルバンの訓戒は長い間、権力の中枢にいたバルバン自身が学んだ教訓、つまりよい統治を行う上で、王としての心構えを説いたものである。しかし、その期待を一身に背負っていた長男ムハンマドであったが、モンゴル軍との戦いで落命した。バルバンは最愛の息子の死という悲痛の中で80年という生涯を閉じた*[3]。バルバンの死後、後継者に恵まれなかった奴隷王朝は遂に1290年にヒルジー族のジャラールッディーン・フィーローズによって滅ばされた。

クトブッディーンの聖廟（ダルガー）

スーフィー聖者（シャイフ）クトブッディーン（1236没）の聖廟（ダルガー）は南西に400mのメヘローリー村にある。クトブッディーンはデリーを拠点に活躍した著名なチシュティー派のスーフィー導師（シャイフ）であった。クトブッディーンは最初にアジュメールに修道場（ハーンカー）を構えていたチシュティー派のムイーヌッディーン（1236没）の後継者の1人であった。その後、デリーには2人のスーフィー導師（シャイフ）、ニザームッディーンとナスィールッディーンが広く民衆に支持され、クトブッディーンを含め「デリーの3聖」と称されるほどであった。

クトブッディーンはヤハルテスト川の近くの町ウーシュ（現在のカザフスタンの南）で生まれた。この地域は10世紀頃、政治的にも経済的にも重要な地域であった。同時に神秘家ハッラージュを信奉するスーフィー信者の有力な拠点として発展していた*[4]。幼い時に父を無くし、母親の女手一つで育てられた。青年になるにつれ、礼拝と瞑想に多くの時間を割くようになった。母親は彼のために結婚させたが、彼の妻が礼拝の妨げとなるとわかると、離縁して当時スンナ派諸学の中心地であったバグダードに向かった。

バグダードのあるモスクの中で、クトブッディーンはムイーヌッディーン・チシュティーに出会った。彼の人間的魅力に深い感銘を受けたので、彼の弟子となった。導師ムイーヌッディーンがバグダードを去ったのち、彼もまたバクダードを去り、ホラーサーンを旅してムルターンに辿り着いた。しばらく滞在し

図 83　クトブッディーンの聖廟（ダルガー）

た後、1221 年前後にデリーへ向かった＊5。

奴隷王朝のスルターン・イルトゥトミシュ（1210-35）はクトブッディーンをデリーに暖かく迎え入れ、そして彼がこの町に住むことを望んでいた。しかし、クトブッディーンは当初イルトゥトミシュの拠点の近くに居を構えることを潔しとはしなかったが、イルトゥトミシュに強く懇願されて彼の拠点（クトブ・ミーナール）の近くに居所を構えることになった。

こうして、デリーはスーフィー運動の中心地となり、そのデリーにおけるイスラーム神秘主義（スーフィズム）初期の立役者なったのがクトブッディーンであった。しかし彼が亡くなると、その影響力は衰えた。19 世紀のインド・ムスリムの近代社会改革家アフマド・ハーンは、シェール・シャーがクトブッディーン廟に参拝に訪れた時の様子を次のように記述している。

ある時、皇帝シェール・シャーはこの地に狩猟にやって来て、この崇高な聖者廟（ダルガー）に参拝した折、その神聖な聖者廟（ダルガー）が

あまりにもみすぼらしく見えたので、その周りに囲壁を造らせ、そして参拝者が靴を預けて裸足で参拝できる場所を造ることにした。心の中でこの考えを念じて、彼は3本の矢を空に射ると、その矢が落ちた場所に1つの門と1つの囲壁を建てさせた[*6]**。**

クトブッディーンの代わりにデリーで影響力を増したのが、同じチシュティー派のスーフィーの聖者ニザームディーンであった。クトブッディーンが果たした歴史的役割について、荒松雄は、「クトブッディーンの聖廟（ダルガー）内域にムガル後期に属する墓や建造物が圧倒的に数多く存在し、しかもムガル後期の最初の皇帝、第7代シャー・アーラムI世（バハードゥル・シャーI世、1707-1712）自身の墓所が設けられているのは、インドのムスリム大衆層に大きな影響力を持っていたスーフィー聖者の宗教的権威と、衰えたといえども、なおインドの支配権力の象徴としての役割を演じていたムガル皇帝との結びつきを示しているという点で、歴史的な意味を持つものといえる」と述べている[*7]。

クトブッディーンの聖廟（ダルガー）はムガル後期の9代皇帝、ファッルフ・スィヤル（在位1713-19）によって建立されたものであるが、荒松雄が前述しているように、聖者廟（ダルガー）内域になぜムガル後期に属する墓や建造物が多く現存しているのであろうか。ムガル帝国の凋落と反乱の渦中で支配者となった2人の皇帝には、デリーで大きな影響力を持っていたスーフィー聖者ニザームッディーンではなく、クトブッディーン（1236年歿）を精神的拠り所する理由が何かあったのであろうか。いずれせよ、6代皇帝アウラングゼーブ以後、ムガル後期の歴代皇帝の多くが崇敬するスーフィー聖者の聖廟（ダルガー）の一角に埋葬されている。

アドハム・ハーンの墓

図 84　アドハム・ハーンの墓

アドハム・ハーンの墓はチシュティー派のスーフィー聖者クトブッディーンの聖廟（ダルガー）のすぐ近くにある。アドハム・ハーンは3代ムガル皇帝アクバルの乳母マーハム・アナガの息子であった。マーハム・アナガは幼少からアクバルの窮地を、身を挺して救った乳母であった。それだけにマーハム・アナガに対するアクバルの敬愛の念は深かった。それゆえ、乳母マーハム・アナガとその一族は朝廷に大きな影響力を持つようになった。不幸なことに、乳母マーハム・アナガにはアドハム・ハーンという性悪で衝動的な性格の息子が1人いた。

1561年、アドハム・ハーンは母マーハム・アナガの力添えで、マールワー（インド中部）への遠征の指揮官として派遣された。マールワーを攻略した際、彼は財宝や後宮の女たちといった戦利品を自分で勝手に処分した。アドハム・ハーンによる戦利品の隠匿はムガル体制の根幹を揺らがす問題であったので、アクバルはアドハム・ハーンを厳しく糾弾したが、戦利品をすべて返すという乳母マーハム・アナガの取り成しで、何とか寛大な処分で終わった。ところが、その翌年の1562年、もう一人の乳母ジー・ジー・アナガの夫アトガ・ハーンが宰相に任命されると、宮廷での彼の影響力と地位に嫉妬し、抑えがたい衝動に駆られて彼を殺してしまった。その悲劇的な事件の顛末（てんまつ）について、アブル・ファズルは次のように書き残している。

> **ある夕方のこと、アトガ・ハーンは他の高官たちと王宮のさる一室で職務を行っていた。その時、突然アドハム・ハーンが大勢の手下を連れて乱入してきた。アドハム・ハーンは突入するやいなや、手に持った短刀でアトガ・ハーンを殴りつけ、手下の一人に彼を殺せと命じた。アトガ・ハーンは刺殺された。王宮の騒ぎに目を覚ましたアクバルは、アトガ・ハーンがアドハム・ハーンに殺されたと聞いて、手に剣を持って駆けつけた。テラスにいた暗殺者アドハム・ハーンを見つけると、アクバルは「こやつ、よくも私の養父を殺したな」と叫んだ。アドハムは「陛下、ちょっと待ってください」と答えると、アクバルの腕を掴んで、「まず聞いてください」といった。アクバルは彼の手を振り払うと彼の顔を殴り、そのまま地上へ蹴落とした。アクバルの命令により、息のあるアドハム・ハーンは2度もテラスの高みから地上へ頭から真っ逆さまに投げ落とされた*[8]。**

図85の細密画（ミニアチュール）はその時の様子を描いたものである。この事件を聞いたマーハム・アナガは、また息子が悪行を働き投獄されていると思い込んでいた。病気を押して、彼女は息子の過ちを償うために、デリーからアーグラに赴いたのであった。彼女に会うと、アクバルは、「彼が私の養父を殺したので、私は彼の命を取りました」と事件の経緯を語った。すると、マーハム・

図 85　殺人者アドハム・ハーン、アクバルの命で投げ落とされた場面

アナガは「陛下はよい判断をなさいました」と答えた。しかし、マーハム・アナガは悲しみのあまりその 40 日後に亡くなった*[9]。

暗殺されたアトガ・ハーンの墓がドーム屋根を戴くシンプルな立方体の墓とは対照的に、アドハム・ハーンの墓は堂々とした八角形の墓である。インド・イスラーム建築・美術史家キャサリン・アッシャーによれば、ローディー朝やスール朝において、八角形の墓は王や王族の近親者につきものだと考えられていたが、ムガル朝では反逆者の墓だと見なされていた*[10]。しかしこの解釈には疑問を抱かざるを得ない。なぜなら、この墓は反逆者アドハム・ハーンのために建てられたのではなく、愚息を失い深い悲しみの中で亡くなった乳母マーハム・アナガのために建てられたからである。宮廷史家アブル・ファズルは乳母マーハム・アナガを失くしたアクバルの悲しみを次にように記述している。

> **陛下は深い悲しみを表明された。その遺体もまた敬意を持って丁重にデリーへ移送された。陛下は自らしばらくの間その遺体に付き添って歩かれた。国の全ての官吏と多くの名門貴族はマーハム・アナガへの尊敬と哀悼の意を表した。アクバルの命により、高い立派な建物がマーハム・アナガとアドハム・ハーンの墓石の上に建てられた**[*11]。

アドハム・ハーンの墓はなぜ八角形の建造物だったのか。アフガン系のローディー朝やスール朝の王（スルターン）の墓には八角形のものが多い。おそらく八角形は“八つの楽園（ハシュト・ビヒシュト）”を連想させるからであろう。アクバルも同様の意図で、乳母マーハム・アナガの墓を建立したのであろう。アドハム・ハーンの墓がスーフィー聖者クトブッディーンの聖廟（ダルガー）にほど近い場所にあるのも、乳母マーハム・アナガが生前からクトブッディーンを深く崇敬していたからであろう。⇨アトガ・ハーンの墓

スルターン・ガーリーの墓

スルターン・ガーリーの墓は、奴隷王朝の第3代スルターン、イルトゥトミシュの長子、ナースィルッディーン・マフムードの墓である。ラクナーワティー（北ベンガル）の総督に任命されたナースィルッディーン・マフムードは、1226～27年に、ベンガルとビハールに独立王国を築いていたギヤースッディーン・バフティヤール・ヒルジーと戦い勝利した。彼の活躍により、ベンガルとビハールの宗主権は再び奴隷王朝のもとに移った。

図86　スルターン・ガーリーの墓

しかし、不幸なことにイルトゥトミシュの後継者（スルターン）として嘱望（しょくぼう）されていたナースィルッディーン・マフムードは病気で急死した。フィリシュタは、その時の様子を次のように記述している。

1229年、アラブから大使がカリフ（ムスリム世界の教皇）から預かった王服を持参してデリーに到着した。イルトゥトミシュは喜んで彼らを受け入れた。彼らのために盛大な宴会を催し、豪華な贈物を与えた。その年のことであった。イルトゥトミシュはベンガルの王、長子ナースィルッディーンが亡くなったという知らせを受け取った。イルトゥトミシュは若くして亡くなった息子に自分と同じ称号スルターン位を与えた。イルトゥトミシュは支配地ベンガルに息子の遺体を運ぶと、長子ナースィルッディーンの死により混乱に落ち入っていたその国の統治を亡きナースィルッディーンに委ねた。この国が完全に落ち着くまで、イルトゥトミシュはその政府を監督するために代理の者を残

し、息子の遺体を伴ってデリーに戻った＊[12]。

フィリシュタの記述には、亡くなった息子に自分の地位とその支配地を残してやりたいという父イルトゥトミシュの思いが溢れている。デリーに運ばれたナースィルッディーンの遺体はマリクプル村に埋葬された。そこはクトブ・ミーナールの北西約3.5マイルの所（現在のヴァサント・クンジ）にある。3年後の1231年、父イルトゥトミシュは墓を覆うアーチ構造の地下納体堂を持つ墓を建立した。

スルターン・ガーリーの"ガーリー"は、地下納体堂に由来しているようである。ナースィルッディーンの地下納体堂は極めて特異な構造をなしている。この点について、カー・スティーヴン（1876）は、「この地下納体堂は明らかにイスラーム侵入以前のものであるが、それはヒンドゥーの職人によって建造されたものなのか、それともヒンドゥーの建造物をイスラーム教徒が奪い取ったものなのか、それを決めることは容易ではない。厳格なイスラーム教徒は、イルトゥトミシュがヒンドゥー教徒も礼拝を捧げられるように、この地下の部屋に息子を埋葬したのであろうと考えている」と述べている＊[13]。

確かに、デリー・スルターン朝時代の墓建築の中でも、これはきわめて特異な設計となっている。地上から一段高く配置された墓は、地下に納体堂があるかのように設計され、急な石の階段を下りて入る地下納体堂形式になっている。それを厚い八角形の大きな石の屋根で覆っている。さらに墓は、小さな中庭をもつモスクの囲壁の中央に配置されている。

この本廟のすぐ脇に、ドームを8本の柱が支えるチャトリー様式の八角形の墓（図88）がある。これは以前ここに建てられていた2つのうちの1つであるが、1つは石が崩れて半壊状態である。この2つの墓はイルトゥトミシュの息子、ルクヌッディーン・フィーローズ・シャー（1237年没）とムイッズッディーン・

図 87　地下形式の納体堂

図 88　チャトリー様式の墓

バフラーム・シャー（1241 年没）の墓ではないかといわれている[*14]。⇨ハウズ・ハース

この墓は、この近くの村のヒンドゥーとムスリムの両コミュニティの祈りを捧げる聖なる場所となっている。つまり、彼らはこの墓を聖者の聖廟（ダルガー）と考えている。木曜日の晩、すなわち金曜日の始まりには、この墓で礼拝を行う特別な日である。ヒンドゥーもムスリムもこの聖者廟（ダルガー）を訪れ、ヒンドゥー・ムスリムの混淆した宗教的寛容な祭祀を催す。毎年、ナースィルッディーンの命日祭（ウルス）には、デリー中から巡礼者がこの墓を訪れるという。

3　スィーリー

図 89　スィーリー城砦の遺構の一部

アラーウッディーン

ヒルジー朝を創始したのは、ヒルジー族の長ジャラールッディーン・フィーローズであった。アフガン系で非トルコ系貴族であったヒルジー族が王朝を樹立できたのは、奴隷王朝のスルターンであったバルバンの死後、朝廷内で権力闘争が起こり、マリク・ニザームッディーンが権力を我がものにしようとして朝廷中枢にいた古参のトルコ人貴族を大量に殺害したからだといわれている＊1。

ジャラールッディーン（在位 1290-96）がスルターン位についたのは 70 歳という高齢であった。イブン・バットゥータによれば、ジャラールッディーンは甥のアラーウッディーンを自分の娘と結婚させ、カラーの町の知事に任命した。しかし夫婦仲は悪く、アラーウッディーンは叔父（義父）であるジャラールッ

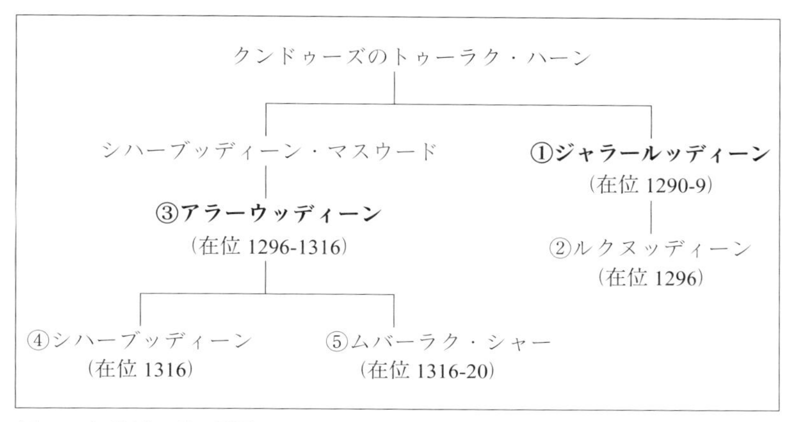

図 90　ヒルジー朝の系図

ディーンにしばしば不満を訴えていた。それが原因で2人の関係はもつれたというのである＊2。

スルターン・ジャラールッディーンとアラーウッディーンの関係は近親の間柄であるがゆえに複雑で、いったん関係がこじれると相互不信から深い憎悪を抱きかねない。結局、アラーウッディーンは義父で叔父のスルターン・ジャラールッディーンを謀殺するという不幸な結末となった。イブン・バットゥータは、その顛末（てんまつ）について次のように記述している。

アラーゥ・ウッディーンは、行動力があって、勇猛果敢であり、つねに勝ち運に恵まれていたので、王権への野望に燃えていた。しかし彼が手にすることの出来る財は、自らの刀剣によって獲得した異教徒たちの戦利品だけであった。たまたまある時、彼はドゥワイキール地方に軍事遠征を行ったことがあった。……彼がドゥワイキール（デーヴァギリ；現在のダウラターバード）**に到着すると、その土候王は彼の支配に従い、戦わずしてその町を任せた上に、莫大な贈呈品を彼に献上した。彼はカラーの町に戻ってきたが、**

> **彼の叔父（舅）には戦利品を何一つ差し出さなかった。そこで［家来の］人々は、そのことで彼の叔父の彼への敵愾心を煽った。叔父は彼を［デリーに］呼び寄せようとしたが、彼はそこに行くこと拒否した。そこで叔父のスルターン=ジャラール・ウッディーンは、『このわしが奴のところに出掛けて、奴を連れて来よう。奴はわが子も同然じゃからな』と言った。……スルターン・ジャラール・ウッディーンは、彼の甥の［アラーゥ・ウッディーン］のところに達するために川を船で渡った。一方の彼の甥もまた別の船に乗って、彼を殺そうと心に決めて川を渡った。アラーゥ・ウッディーンは家来たちに向って、『このわしが［挨拶のために］奴と抱き合った時に、殺ってしまえ！』と言った。そして二人が川の真ん中で出会って、甥［のアラーゥ・ウッディーン］は叔父［のスルターン・ジャラール・ウッディーン］を抱き寄せ、かねての約束通りに、彼の家来が叔父を殺害した*3。**

スルターン・ジャラールッディーンは慈悲深く人を疑わない温厚な性格であった。一方アラーウッディーンは、猜疑心が強く、所有欲・権力欲が旺盛で、欲しいものを得るためなら人を殺めることなど厭わない性格であった。1296年、スルターン・ジャラールッディーンを謀殺したのち、アラーウッディーンは貴族や兵士を自分の味方につけるために、デーヴァギリ（「神々の丘」、現在のダウラターバード）で得た莫大な金銀財宝や位階を惜しげも無く振る舞ったので、多く者が彼の側についた。しかし、彼への不満が反乱へと発展すると、それに加担した者は貴族であれ、身内であれ、改宗者であれ、残酷な手段を用いて容赦なく罰したのである*4。

モンゴル軍は再三北インドに侵入したが、その度にアラーウッディーン軍はそれを撃退した。その時、“勇士の王”と呼ばれた将軍こそ、のちにトゥグルク朝を興したギヤースッディーン・トゥグルクであった。「モンゴル軍はイスラーム軍（アラーウッディーン軍）のあまりの強さに勢いを挫かれので、ヒンドゥスターン（インドの地）を征服するという夢は彼らの頭からきれいに消え去った」と宮廷史家ズィヤーウッディーン・バラニーが語ったように、モンゴル軍は13世紀末以降、二度とインドに侵入することはなかった＊5。

スィーリー城砦

スィーリー城砦は、ヒルジー朝のスルターン・アラーウッディーン（在位1296-1316）が造営したデリーで2番目に古い城砦都市である。なぜここに新たな城砦都市を築かねばならなかったのか。デリーの支配者となったアラーウッディーンは、当初ラーイ・ピトーラー城砦を拠点としていた。当時、中央アジアではチンギス・ハーン率いるモンゴル軍が勢力を拡大し、イラン地域のホラズム朝を征服すると、西北インドにもしばしば侵入していた。

アラーウッディーンが遠征中に、モンゴル軍は北インドに侵入し、デリーに包囲網を敷いた。交通路は遮断されたため、アラーウッディーン軍は援軍も補給も絶たれ、デリーはきわめて危険な状況にあった。幸運なことに、モンゴル軍は突然包囲網を解き撤退したのである。宮廷史家バラニーは、「こうした体験から、自らの怠慢さに気づいたアラーウッディーンは、ラーイ・ピトーラー城砦の北北東のスィーリーの地に新たな城砦を建設した」と語っている＊6。

スィーリー城砦は、後代までデリーの重要な拠点として使用され栄え続けていた。しかし、現在はスィーリー城砦の多くの部分が消失していない。それはムガル朝の初期、スール朝のシェール・シャー（在位1538-45）がプラーナー・キラを造営す

図91　スィーリー城砦内の“贈り物の墓（トホフェ・ワーラー・グンバド）”（贈り物としてのドーム）

るために、スィーリー城砦の石材を使用したからだといわれている。それが真実であるどうかは分からないが、宮廷史家アブドゥッラーは、「シェール・シャーがアーグラからデリーに入城した時、旧都スィーリーに堂々と聳（そび）え立ち、衆目を引くアラーウッディーン（ヒルジー朝）の城砦を見て、シェール・シャーは不快な感情に駆り立てられ賞賛に値しないとしてそれを破壊した」と記述している*7。おそらくスィーリー城砦都市を破壊したのはシェール・シャーに間違いないであろう。現在は、一部の遺構が残っているだけで全容はわからない。

グジャラート征服とランタンボールの悲劇

モンゴル軍の脅威がなくなると、1297年アラーウッディーンは兄弟のアルフ・ハーンと大臣（ワズィール）をグジャラートへ派遣し、その地の征服を命じた。その目的はグジャラートにあるヒンドゥー教の聖地ソームナート寺院を破壊することであった。というのは、偶像崇拝を禁じるイスラーム教徒（ムスリム）にとって偶像の破壊は聖戦に値する行為とみなされていたからである。当然のことながら、ヒンドゥー寺院の宝物庫に収められていた金銀財宝を略奪するのは何ら問題とされなかった。

1024年、初めてガズナ朝のマフムード（ムスリム）がソームナートの寺院を破壊し略奪した際、近隣のイスラーム諸王朝は驚きと賞賛を持って受け入れたという事実を思い起こせば十分であろう。アミール・フスローは、「アラーウッディーン軍はソームナートの偶像も寺院もすべて破壊したが、偶像の中で最も大きい偶像の一つを偉大な陛下の宮殿に送った」と記述している*8。なぜすべての偶像を破壊しなかったのか。最も大きな偶像とはどういうものだったか。その点については何も触れてはいない。

グジャラートの征服後、大臣は軍を率いてアラビア海のカンベイ湾岸の町に向かった。カンベイ湾岸の町は豊かで、多くの商人が住み、莫大な富を生み出していた。大臣の軍はこの町に入ると、ムスリム商人であれ富裕な者の財はすべて略奪の対象となった。この時、カーフールという目鼻立ちの整った商人の奴隷の一人を捕らえた。この人物こそ、ヒンドゥーからムスリムに改宗し、のちにアラーウッディーンの側近となり、南インドへの遠征を指揮したマリク・カーフールであった*9。

グジャラート遠征のあと、デリーに帰還する途中、ジャーロール（ジョードプルの南）という町にたどり着くと、2人のモンゴル系貴族が戦利品の5分の1の分け前を要求し、反乱を起こした。反乱は鎮圧されたが、首謀者のモンゴル系貴族の2人は助けを求めてランタンボールに逃げ込んだ。その後、この反乱に加担したモンゴル兵だけでなくその家族も含め大量に虐殺された*10。モンゴル系貴族とは、先代スルターンのジャラールッディーンの時代にイスラームに改宗し定住し、その後ヒルジー朝の貴族となったモンゴル人のことである。

アラーウッディーンはグジャラート征服後、ラージャスターン地方に目を向け、征服する機会を窺っていた。その標的となっていたのがランタンボールであった。ランタンボールは当時チャウハーン家のプリトヴィラージの後継者ハミールデーヴァが支配していた。戦争になった経緯について、歴史学者サティーシュ・チャンドラ（1978）は次のように説明している。

アラーウッディーンはハミールデーヴァに使いを送って、モンゴル系貴族を殺すか、あるいは城外に追放するように命じた。しかし、ハミールデーヴァは、気位が高く、また自分の元に逃げてきた人間を助けなければならないと強く感じていたから、さらにまた自分の城砦と軍の力を信頼していたから、アラーウッディーンにたいして傲慢な回答をした＊11。

アラーウッディーンの要請を拒否した結果、ランタンボールの城砦は5ヶ月の間アラーウッディーン軍に包囲され、最後に悲劇的な結末で城砦は陥落した。アラーウッディーンの行軍に同行した有名な宮廷文士アミール・フスローは、その時の様子を次のように書き残している

勝利を確信したアラーウッディーン軍は5ヶ月の間ランタンボールの城砦を包囲した。彼らは毎日、外塁すなわち塹壕の土を高く積み上げ仮の砦を築きあげた。そこから激しい攻撃を加え、彼らを取り囲んでいた火の中をくぐり抜け、サンショウウオのように突進した。アラーウッディーン軍の投石用の武器から飛び出す石は城砦の内外に落ち、その半分は兵士や道に当たって光を放った。またアラーウッディーン軍は雹の粒のような塊を城砦に落した。それを口にした守備隊の兵士は冷たくなって死んだ。城砦の中の食料はほとんど底をついていた。一粒の米が金の二粒に値す

るほど飢餓が広がっていた。とうとうある晩、王は高台の頂きで火を焚き、彼の女たちと家族を燃え盛る火の中に投げ入れると、忠実なわずかな手勢とともに敵地へ突進した。絶望して自らの命を犠牲にしたのであった。1301年の6月、幸運にもこの堅固な城塞は残酷な王の大量殺人によって陥落した[*12]。

アミール・フスローには、ランタンボールの悲劇は絶望した王（ラージャー）による大量殺戮（さつりく）と映ったのであろう。誇り高いラージプートの王族は自分の女たちや家族が敵に捕らわれ辱（はずかし）めを受けることを拒み、燃え盛る火葬用の薪の上で集団自決する道を選んだのであった。これは“ジャウハルの儀式”と呼ばれるもので、これがペルシア語の文献に初めて登場する記述であるといわれる。⇨グワーリヤル

チットール城砦

ランタンボールの陥落後、アラーウッディーンはメーワール王国（インド北西部）の中心都市チットールの征服を目指した。この王国は、ラージャスターンで最も強力な国家であった。アラーウッディーンにとってこの王国を征服することがラージャスターン地方を征服することになると信じていた。その王国の支配者（ラージャー）はラタン・セーンであった。チットール城砦はアラーウッディーンにより6ヶ月間包囲され、ついに1303年に陥落した。アラーウッディーンはこの地の支配を長子ヒズル・ハーンに任せて、デリーに帰還した。

チットール陥落後、王（ラージャー）ラタン・セーンはデリーの城砦に幽閉された。捕らわれの身となった王（ラージャー）ラタン・セーンを救出するために、一人の王女が取った驚くべき奇抜な救出計画について、フィリシュタは次のような記述を残している。

> アラーウッディーンは、王（ラージャー）ラタン・セーンに、「もしあなたがあなたの娘を私に引き渡すなら、あなたを解放してやろう」といった。幽閉されている間、耐え難い屈辱を受けていた王（ラージャー）は、その申し出に同意し、アラーウッディーンに娘を引き渡すことにした。……しかし、王（ラージャー）の親族はアラーウッディーンの卑劣な申入れを聞いて、一族の名誉を守るために王女の毒殺を決めた。しかし、王（ラージャー）の娘は、父ラタン・セーンを救出し、自らの名誉も守ろうと一計を案じた。……その計画を事前に打ち合わせる手紙を父ラタン・セーンに送った。王女の従者に選ばれた親族の男たちの多くは甲冑（かっちゅう）に身を固めて貴婦人が乗るような輿（こし）の中に隠れた。高貴な婦人を護衛するのが慣例であったので、王女は騎兵や歩兵とともにデリーへ行進した。父との打合わせ通り、王女はアラーウッディーンから通行許可を受け取っていたので、輿（こし）の馬車隊も止められることなく、王女の一行はデリーに到着した。到着したその日、アラーウッディーンの特別な計らいで、輿（こし）の一団も牢獄の中に運び入られることが許された。王女の随行者たちは牢獄の外で見張っていた。城内の牢獄に入るやいなや従者の兵士たちは隠れていた輿（こし）から飛び降り、宮廷の護衛兵たちを剣で殺し、王（ラージャー）ラタン・セーンを救い出した。すでに用意された馬に乗ると、敵に気づかれる前に、王（ラージャー）と王女、そして従者たちはデリーを一目散に駆け抜け、丘の合間にある自国へと逃げ帰った＊13。

こうして、機転の才に富む王女の奇想天外な王（ラージャー）の救出計画は成功裏に終わった。その日から、アラーウッディーンの王子ヒズル・ハーンが支配していたチットール城砦は、王（ラージャー）ラタン・セーンが奪還すべき城砦となったため、激しい攻撃を受けることとなった。結局、アラーウッディーンはチットール城砦を維持する必要性が見出せないとわかると、その城砦からヒズル・ハーンを撤退させ、王(ラージャー)ラタン・セーンの甥にその支配権を移管するよう命じた。チットールはアラーウッディーンの治世の間、ヒルジー朝の属国同様の王国として存続した。チットールの城主となった王(ラージャー)ラタン・セーンの甥は、アラーウッディーンに莫大な金と貴重な贈り物を毎年送り届け、500の騎兵と1万の歩兵とともに、アラーウッディーン軍の旗下に馳(は)せ参じたという*14。

南インドへの遠征

モンゴル軍の脅威が去り、グジャラートやラージャスターン地方を征服し、その支配地域も安定するにつれ、アラーウッディーンは税制上・軍事上の改革、法や規制の強化などさまざまな改革を断行した。アラーウッディーンの王朝は、これまでの王朝にないほど権力は強固となり、略奪した莫大な財宝により財源も盤石となっていた。

こうした状況を背景にして、アラーウッディーンは外の広い世界へと目を向けはじめた。ある時、アラーウッディーンはある貴族に「もし私がデリーにとどまり満足し、新たな征服にも着手しないとすれば、私が持っている財も象も馬も何に使えばよいのか。もしそれを何にも使わなければ、私の支配はのちに何といわれるであろうか」と問うと、その貴族は、「王様には2つの重要な事業がございます。1つは全ヒンドゥスターン（インドの地）を支配・征服することです。2つ目はモンゴル軍が2度と侵攻しないように、ムルターンの道を塞ぐことです」と答えたという*15。

こうして、アラーウッディーンはヒンドゥー諸勢力を制圧するために、1307年にデカンや南インドの各地にマリク・カーフールを将とする遠征軍を送った。アラーウッディーンは自ら「アレクサンダロス2世」と名乗り、インド亜大陸の南端まで及ぶ、野心的で強引な拡張政策を断行した。マリク・カーフール率いる南方遠征軍は、アラーウッディーンの治世に大きな富と軍事力、そして支配権の拡大をもたらした。南インド遠征の成功により、マリク・カーフールへのアラーウッディーンの信頼は増すばかりであった。

マリク・カーフールはあらゆる手練手管を使って、アラーウッディーンを説得し、彼の息子たち2人（ヒズル・ハーンとシャディー・ハーン）をグワーリヤル城に、彼らの母親たちをデリーの古い城に幽閉し、さらに彼の兄弟のアルフ・ハーンを捕らえて理不尽にも殺害した。マリク・カーフールはとうとう自らの野心を達成したのであった。

こうした血の粛清（しゅくせい）ともいえるマリク・カーフールの冷酷な行為は、功臣たちの士気を低下させたことは想像に難くない。グジャラート地方では反乱が起こり、ラージャスターン地方のチットールではラージプート族が朝廷の役人を城砦から追い出し独立を唱えた。デカン地方ではヒンドゥー教徒の支配者がアラーウッディーンの支配地を蹂躙（じゅうりん）し、駐屯していた大勢のムスリム兵を追放した*[16]。

こうした報告を受け取ると、アラーウッディーンは怒りのあまり自らの肉体を刀で刺した。彼の精神状態は悲観と激怒で不安定になるばかりで、かろうじて薬の力で抑えているように見えた。1316年、とうとう彼は亡くなった。しかし、アラーウッディーンは屍（しかばね）から起き上った仇（かたき）に毒殺されたのだと疑わない者はいなかった*[17]。

アラーウッディーンが亡くなると、マリク・カーフールは横暴をきわめ、朝廷は混乱に陥った。アラーウッディーンの息子ムバーラク・シャー（在位1316-20）がスルターン位に就くが、若く未熟であったため放蕩（ほうとう）に耽（ふけ）り、マリク・カーフールの側近政治を許す結果となった。しかし結局、マリク・カーフールも宮廷の護衛兵に殺された。その後ヒルジー朝は急速に弱体し、“勇士の王（カーズィー・マリク）”と呼ばれた武将ギヤースッディーン・トゥグルクの手に落ちた。⇨トゥグルカーバード

ヒンドゥスターン（インドの地）の王座にあったいかなる君主でさえ、アラーウッディーンの前では財も権力も遠く及ばなかった。それは、インドに侵入し莫大な財宝を奪い帰還したガズナ朝のマフムード（在位998-1030）の富さえも遥かにしのいでいたといわれる＊18。アラーウッディーンが略奪した莫大な富は何に使われたのであろうか。アラーイー・ミーナールも未完のままに終わり、スィーリー城砦もわずかな遺構しか残っていない。結局、残ったものは彼の権力欲と物質欲への執着、そして残忍さを示す歴史の記録だけであった。アラーウッディーンの墓は、クトブ・モスクの南側の一角にある。

ハウズ・ハース（スルターンの溜め池）

スィーリー城砦から西に数キロ離れたところにハウズ・ハースはある。現在では、狭い空間にしゃれたブティックやカフェ、バーやディスコなどがひしめきあい、週末にもなると若者で溢れ、道路は大渋滞となる。古いハウズ・ハースはその賑（にぎ）やかな町通りの裏側にあたる。まさにハウズ・ハースは中世と現代とが隣り合わせているような町である。

ヒルジー朝のスルターン・アラーウッディーン（在位1296-1316）が2番目のデリーの首都となるスィーリー城砦を建設した際、スィーリーの住民が必要な水を供給するために巨大な貯水池を造った。それがハウズ・ハースである。フィーローズ・シャーの時代、その貯水池が土でいっぱいになると、その中に水は全く無くなった。住民はその中を耕し、井戸を掘り、その井戸の水を売っていた。フィーローズ・シャーはこの貯水池が以前の

ハウズ・ハース

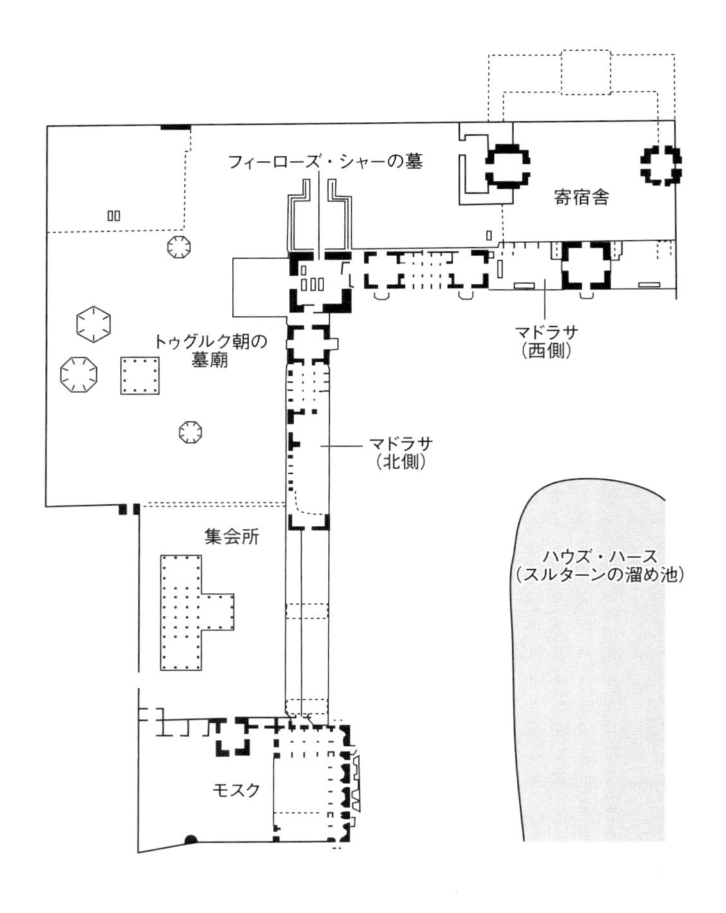

図 92　ハウズ・ハースの宗教複合施設の配置図

ように水で満たされるように、彼らを追い出し、そこに溜まっていた土を取り除き、さらに補修を行った＊[19]。ティムールがデリーを制圧した際に、この貯水池の脇にテントを張り宿営地としたという。彼はこの貯水池はフィーローズ・シャーが造ったものだと記述している。もちろんそれは間違いである＊[20]。

貯水池の南側の高台には、L 字型に配置された寄宿制のイス

図 93　フィーローズ・シャーの墓

ラーム教育施設（マドラサ）や付設モスクなどの宗教複合施設が貯水池側に向いて建てられている。その複合施設のほぼ中央にスルターン・フィーローズ・シャーの墓廟はある。19 世紀のインド・ムスリムの近代社会改革家アフマド・ハーンによれば、この墓はフィーローズ·シャーの息子で、のちにスルターンになったナースィルッディーン・ムハンマド（在位 1390-91）によって 1389 年に建立された。門の正面には石灰石の墓碑銘があり、そこには「スルターン·フィーローズ・シャー、彼の遺骨が清められ、ここが楽園となり、安息の場とならんことを祈る」と書かれていた*[21]。

フィーローズ・シャーの墓廟は四角錐の上にドーム屋根を戴く墓建築で、ギヤースッディーン・トゥグルクの墓に見られるように、トゥグルク朝の代表的な様式であるが、ギヤースッディーン・トゥグルクの墓ほど強い印象を残さない。石とレンガの石造建築で、しっくいが塗られた廟内には、数体の墓が置かれている。そのうちの 2 体は息子のナースィルッディーン・

図94　チャトリー様式の墓群（トゥグルク朝）

図95　付設モスクの西側の窓と階段

ムハンマドと孫のアラーウッディーン・スィカンダル・シャーであるといわれるが、他の墓は不明であるようだ*22。⇨ギヤースッディーンの墓

フィーローズ・シャーはそもそもこの区域をどのような意図をもって建設したのであろうか。ハウズ・ハースにあるイスラーム教育施設(マドラサ)は、彼が1354年に建設した新都フィーローザーバードに先立つ1352年に造営している。同じころ、デリーのあちこちに集団礼拝モスク(ジャーメ・マスジド)のほかに、中小規模のマスジドを多数建てている。L字型の右翼と左翼に配置されたハウズ・ハースの寄宿制のイスラーム教育施設(マドラサ)を見れば、明らかにフィーローズ・シャーはハウズ・ハースをデリーの壮大なイスラーム都市構想の中心的な学問区域に位置づけていたといえよう。このマドラサの北端にはモスクが付設されている。

このモスクの西側、つまり礼拝の方角(キブラ)の壁にはミフラーブと呼ばれる窪みが設けられており、その近くにはほとんど窓や出入口がないのが一般的である。ところが、このモスクのミフラーブ側と側壁に窓があり、下に降りる階段もある。イスラーム庭園・景観研究者フェアチャイルド・ラッグルズはこの構造について、「施設の一部をなすモスクでは窓がキブラ壁と側壁に設けられ、礼拝者は部分的とはいえ、周りの景色を眺めることができた。…施設の住民は好きなだけ自然を眺められただけでなくモスクの主要なミフラーブから直接2本の階段を通って貯水槽までおりていくこともできたが、それは非常に珍しい構造である」と記述している*[23]。

フィーローズ・シャーの墓のすぐ近くに、それぞれ柱の数の異なるトゥグルク朝のチャトリー様式の墓が三基建立されている。この墓建築様式は、スルターン・ガーリーの墓建築のすぐ脇にある八角形のチャトリー様式の墓に起源するといってよい。チャトリーとは、サンスクリット語由来で“傘”を意味するが、4本またはそれ以上の柱で支えられた方形またはドーム屋根をもそう呼び、墓廟そのものも一般にチャトリーというようになったようである。まさにヒンドゥー的な要素な内包した墓建築といえよう。⇨スルターン・ガーリーの墓

トゥグルカーバード

4 トゥグルカーバード

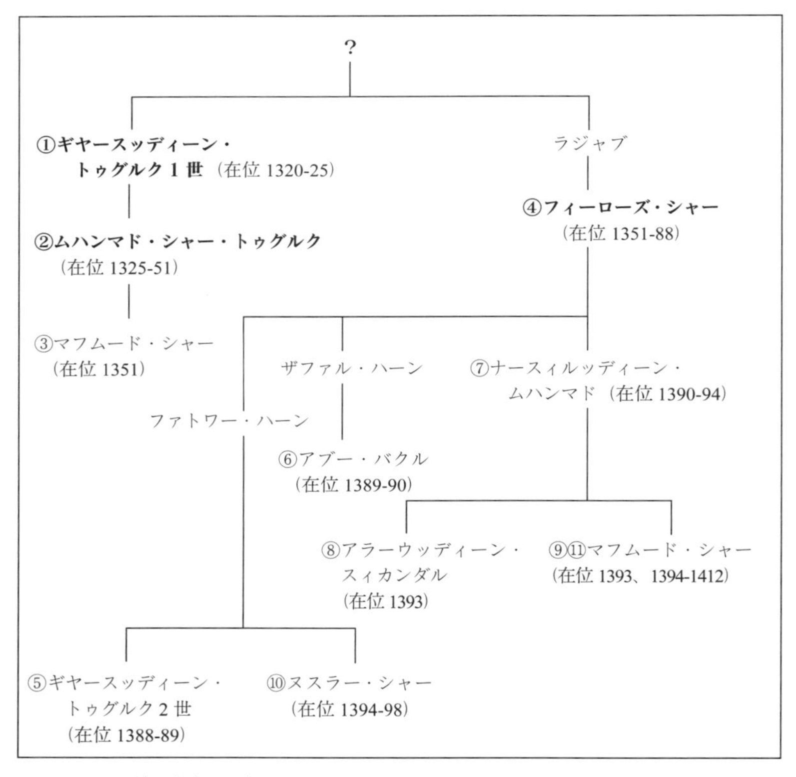

図96　トゥグルク朝の系図

トゥグルカーバード城砦

トゥグルカーバード城砦は、トゥグルク朝の創始者、ギヤースッディーン・トゥグルク（在位1320-25）が自ら造営したデリーで第3番目となる城砦都市である。なぜギヤースッディーンは、ラーイ・ピトーラー城砦やスィーリー城砦を利用せず、新たな城砦都市を建設したのであろうか。想像の域を出ないが、長年山岳地帯でモンゴル軍と戦い、"勇士の王（カーズィー・マリク）"と尊称されたギヤースッディーンには、いずれの城砦も、外敵から城砦都市を守るのには遠方まで見渡すことのできる高台と、十分に補給できる水や食料の確保の点においても十分な備えがないと考えていたのではなかろうか。

不幸なことに、ギヤースッディーンは自ら造営した新都トゥグルカーバードを目前にしながら、城砦に再び帰還することなくこの世を去った。イブン・バットゥータは、当時のトゥグルカーバード大城砦について、次のように記述している。

町には、トゥグルクの幾つもの宝物庫と彼の宮殿があり、またタイルが黄金色に燦然（さんぜん）と輝く壮大な一つの宮殿がある。太陽が昇ると、それは目もあやに光り輝き、じっと見つめていることが出来ないほどに照り映える。彼（ギヤースッディーン）は、町に莫大な量の財宝を蓄えた。伝えられるところでは、彼は貯水槽を造り、その中に［溶かした］金を注ぎ込む、一つの塊を造ろうとした。しかし、そうしたすべて［の財宝］は、彼の息子のムハンマド・シャーがスルタン位に即くや、たちまちにして彼によって使われた＊1。

トゥグルカーバードの城砦祉に登ってみると、イブン・バットゥータが記述しているように、デリー市内を一望することができるこの壮大な宮殿はさぞ美しかったであろうと想像される。大城砦の内庭には、宮殿、集団礼拝モスク（ジャーメ・マスジド）、階段式井戸（バーオリー）、上層階級の住む町、下級階層の住む村、商店街（バーザール）など遺構がまだ残っている。しかし、この大城砦も、2代スルターン、息子のムハンマド・シャー・トゥグルクによって短期間で放棄された。

なぜこの大城塞は放棄され、デリーから1500kmもあるデカン北西部、旧デーオギリの地に、新たな首都ダウラターバード（富の町）（1327-34）を建設しようとしたのか。また、トゥグルカーバー

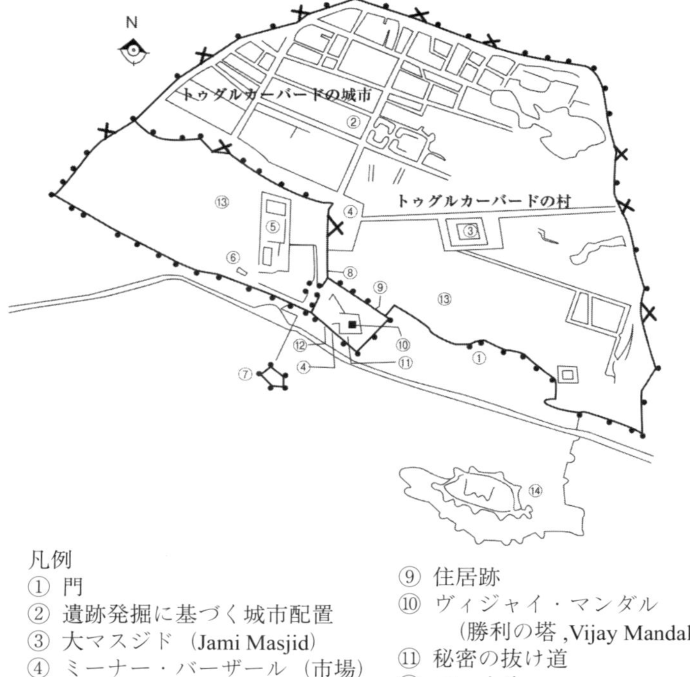

凡例
① 門
② 遺跡発掘に基づく城市配置
③ 大マスジド（Jami Masjid）
④ ミーナー・バーザール（市場）
⑤ 宮廷区域（Palace area）
⑥ バーオリー
（階段を持つ貯水井戸、Baoli）
⑦ ギヤースッディーンの墓廟
⑧ 小マスジド（女性用マスジド）
⑨ 住居跡
⑩ ヴィジャイ・マンダル
（勝利の塔 ,Vijay Mandal）
⑪ 秘密の抜け道
⑫ バーオリー
⑬ 考古学上の遺跡群
⑭ アーディラーバード城砦
（Adilabad Fort）
＊ハーティー・クンド
（Hathi Kund, 象用貯水池）

図 97　トゥグルカーバード城砦の配置図

ド城砦都市に住む支配層、富裕者たち、学識者、大商人など上層社会の人々の多くを強制的に移住させたのか。

強制移住させるにはそれなりの理由があった筈である。その理由について、当時スルターンのムハンマド・シャーから法官(カーディー)に任じられていたイブン・バットゥータは次のように記述している。

スルタンに対して敵愾心(てきがいしん)を燃やすべき最も重大なものの一つは、彼がデリーの住民を町から強制的に立ち退かせたこ

とである。その理由は、以下の通りである。デリーの住民はしばしば、スルタンを侮辱し誹謗(ひぼう)する内容を含む幾つもの紙片を書いて封印し、その表に『世界の御主人様の頭にかけて、これは彼（スルタン）以外は読むべからず！』と書き、夜間の謁見の間に投げ込んだ。［ある時、］スルタンはその文書の封を切り、そこに彼を侮辱し誹謗(ひぼう)する内容を見つけたので、デリーを破壊することを決意した。彼は町の住民からすべての屋敷や居住地を買い取って、彼らにその代価を支払い、そこを出て、ダウラト・アーバードに移るよう命令を下した＊2。

トゥグルカーバードを放棄し、遠方デカンの地ダウラタバードに首都を移したのは、イブン・バットゥータが上述している「狂人と天才」と評されるゆえの単なる気まぐれな性格によるものなのであろうか。荒松雄は、「インド亜大陸全般の地理的条件と、モンゴルをはじめとする西北方からの外敵の脅威という当時の政治的、社会的条件を考慮すれば、デカン西北部に位置する旧デーオギリの地は、ムハンマド・シャーにとっては様々な意味で恰好の拠点であったのかもしれないが、その背景にはむしろ首都デリーにおける経済状況の逼迫、社会秩序の混乱があった」と指摘している。さらに水利（水不足）や耐熱（暑さ）といった自然条件もその理由に加えている。とりわけ自然条件を挙げる理由は、第1の首都トゥルグカーバードが多目的水利計画をもとに建設されていたという事実が存在しているからである＊3。

ヒルジー朝のアラーウッディーンの治世において、モンゴル軍がすでに侵入しているという事実から推察すると、北方からのモンゴルの侵入はトゥグルク朝のスルターンにとって大きな脅威であったことは想像に難くない。インドにイスラームの神秘主義(スーフィズム)が広がったのも、モンゴル軍の侵入により中央アジアから難を逃れて、北インドに移り住んだスーフィー（イスラームの神秘主義者）の指導者や大勢のスーフィーに拠るところが大きい。当時のデリーにおいて、スーフィー聖者はデリーの民衆だけでなく、トゥグルク朝のスルターンや廷臣たちの精神的権威としての地位を確立していたといえよう。

ムハンマド・シャーがスーフィー聖者ニザームッディーンを精神的拠り所にしていたというのは有名な話であるが、ニザームッディーンが1325年に没すると、その後継者となったのが、ナスィールッディーン・チラーゲ・ディフリー（1356年没）であった。ムハンマド・シャーは遷都を正統化する意味においても、精神的権威としてすでに民衆に支持されているスーフィー聖者の追従はどうしても必要であったが、ナスィールッディーンはその命令に従おうとはしなかったという。

強制移住政策による第2の首都ダウラターバード建設は結果的に失敗に終わったが、それにも懲(こ)りずムハンマド・シャーは再びデリーで新都の造営に着手した。その行動力には誰もが驚かされるが、失敗しても責任を取ることのない専制君主の暴政ともいえよう。ムハンマド・シャーは1330年代後半にデリーに帰還すると、4番目となる首都ジャハーンパナー（世界の栄光）の造営事業に着手したのである。現在でも、その一部の城砦址や建造物は残っているが、その全容は明らかになっていない。

ギヤースッディーンの墓

ギヤースッディーン・トゥグルクの墓は、トゥグルカーバード城砦の道路を隔てた南側にある。ギヤースッディーン・トゥグルク（在位1320-25）はトゥグルク朝を創始した人物であった。長い間ヒルジー朝のアラーウッディーンに仕え、モンゴル軍の侵入を阻止するために北西の辺境地帯を守り、“勇士の王(カーズィー・マリク)”と呼ばれていた。

ギヤースッディーンの出生について、フィリシュタは「トゥ

図 98　ギヤースッディーン・トゥグルクの墓廟

グルクはギヤースッディーンの父親の名前であり、その父親はバルバンに仕えたトルコ系奴隷で、母親はヒンドゥーのジャート出身（ラーホール近辺の農夫）であると一般に信じられていた」と述べている＊4。ギヤースッディーンの治世はそう長くは続かなかった。その理由ついてはこれから述べることにする。

イブン・バットゥータによれば、ある時、ギヤースディーンは息子ムハンマド・シャーを自分の王国における代理の王としてデリーに残し、ベンガル遠征のため首都を不在にした。ベンガル遠征の旅から戻り、王都に近づいた時、ギヤースッディーンは一つの川の畔（アフガーン・プール）に仮設の宮殿いわゆる東屋（クーシュク）を自分のために建てるよう息子のムハンマド・シャーに命じた。そこで、ムハンマド・シャーは地上高く聳（そび）え立つ木製の櫓（やぐら）の上にその東屋（クーシュク）を建てた。しかも、わずか3日間で建設したのである。彼は、そこに［特別な］仕掛けを施した。つまり、象たちがそこのある一定の方向から歩んで行くと、その宮殿が［必ず］崩れ落ちるというものである。結局ギヤースッディーは息子ムハンマド・シャーの謀略によって、その宮殿の下敷きになって亡くなった。その時の様子をイブン・バットゥータは、シャイフ・ルクヌッディーンから聞いた話として次のように書き残している。

> **大音響を聞いたので、わしは礼拝もせずに引き返したのじゃが、そこにはすでに倒壊したクシュクがあった。スルタンは息子［のムハンマド］に向かって、斧とつるはしを持って来て、掘り起こすようにと命じたが、息子はぐずぐずした様子で、その二つが来た時はすでに日没になっていた後じゃった。彼ら（家来の人々）が掘り起こして、見てみると、そこにはスルタンがわが子を死から守ろうとして、必死に背中でかばっていた。彼らのある者の主張によれば、スルタンはすでに死んだ状態で掘り出されたとのことじゃが、また別な説では、掘り起こされた時にはまだ生きておったので、処分された、という。そして夜、彼が自らの名前に因んで名付けた〈トゥグルク・アーバード〉と呼ばれる町の郊外にある自分で［生前］に築いた墓に運ばれ、そこに埋葬されたのじゃ*5。**

イブン・バットゥータの説明に対して、宮廷史家バラニーは、ギヤースッディーンが座っていた上の屋根に雷が落ちて、それために亡くなったと主張している*6。またフリシュタは、急ごしらえの東屋（クーシュク）に計画的に仕掛けを施したという点に疑問を感じている。というのは、ムハンマド・シャーも父ギヤースッディーンと他の兄弟とともにしばらく宴に興じてその宮殿にいたわけで、宮殿が崩れ落ちる前に彼だけが抜け出し奇跡的に助かるというのは不自然であるからである*7。なぜかくも彼の謀略説が信憑性をもって語られるのかは、おそらく彼の狂人的な性格ゆえに、ムハンマド・シャーなら親だって殺しかねないという憶測が事実を歪めているのかもしれない。

ギヤースッディーンの墓廟には棺が三体置かれている。墓廟の中心にギヤースッディーン、その隣にギヤースッディーが寵

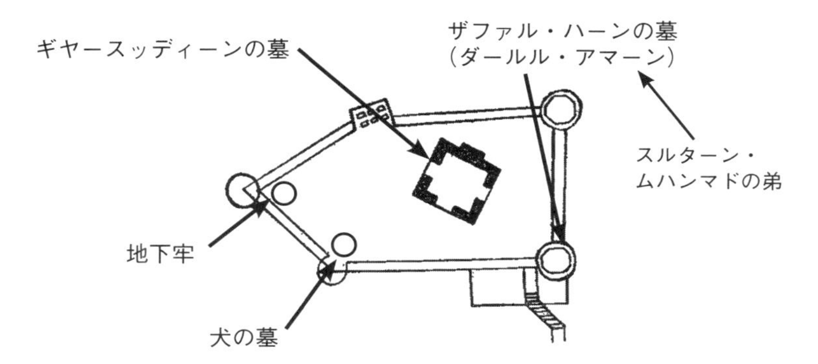

図 99　ギヤースッディーン・トゥグルクの墓廟の平面図

図 100　ギヤースッディーン・トゥグルクの墓

愛した次男のマフムード、そして一番端にギヤースッディーンの妃が眠っている。不思議なことに、同じ敷地内にもう一つ墓廟がある。ギヤースッディーの息子、ザファル・ハーンの墓廟である。そこに弟のザファル・ハーンと共に眠っているのがスルターン・ムハンマド・シャーであると推定される＊8。

5　ジャハーンパナー

図 101　ジャハーンパナー城砦と遺構の一部

ジャハーンパナー城砦

ジャハーンパナー（世界の守護者）と呼ばれる城砦は、トゥグルク朝のムハンマド・シャーがデリーに造営した第4番目の城砦都市である。ムハンマド・シャーはこの城砦を建設する前に、デリーから1500kmほど離れたデカンの地に、ダウラターバード城砦を首都とする都市を建設している。莫大な国費を使い、強制移住を伴う彼の首都大移転計画は、結局地方の住民の強い不満と反発を招き、各地で反乱を招く結果となった。この強制移住の政策は2年目の1329年に突然中止された。1330年代の後半には、ダウラターバード城砦都市を捨て、再びデリーに戻ったが、旧都ダウラターバードはすでに荒廃が進んでいたようである。再びデリーに戻ってきた時の町の様子をイブン・バットゥータは、次のように記述している。

…その後に、スルタンは諸地方の住民に布告を出して、再びデリーに人が住みつくように移住させた。そこで、彼らはそれぞれの故郷を離れたが、その空間的な広さと総体量の大きさの故に、デリーは［依然として以前のような］賑やかさを取り戻すことが出来なかった。［それもその筈、当時、］そこは世界の中でも最も規模雄大な都市であったからである。われわれがそこに入った時に見たものといえば、まさにそうした状況の時であり、町はがらんとして、人の住む僅かな地区を除いて、そこには何もなかった＊[1]。

ムハンマド・シャーは、再びデリーに戻ると新たな城砦都市の建設に着手した。ジャハーンパナー（世界の守護者）は、ほかのデリーの古い城砦都市と同様に、その全容を見ることはできない。しかし、ジャハーンパナーの宮殿で、ムハンマド・シャーとの謁見を許された時の様子を、イブン・バットゥータは次のように書き残している。

さて、われわれは首都デリーに入ると、早速、スルタンの御膝下を目ざした。そして、われわれは第一の門、次に第二の門、そして第三の門と順に入り、第三の門のところで、数人のナキーブたち（要人）が控えているのを見た。……われわれが彼らのもとに着くと、われわれを荘厳で広々とした謁見の間に案内した。（中略）われわれが第三の門から入った時、われわれの前には〈ハザール・ウストゥーン〉―その意味は〈千本の柱〉のことで、その場所でスルタンは一般拝謁を行う―と呼ばれ大広間が現れた。その時、宰相は、頭が床すれすれになるまで低く拝礼した。そこで、われわれの方も跪（ひざまず）いたまま、指を床につけた姿勢で拝礼を

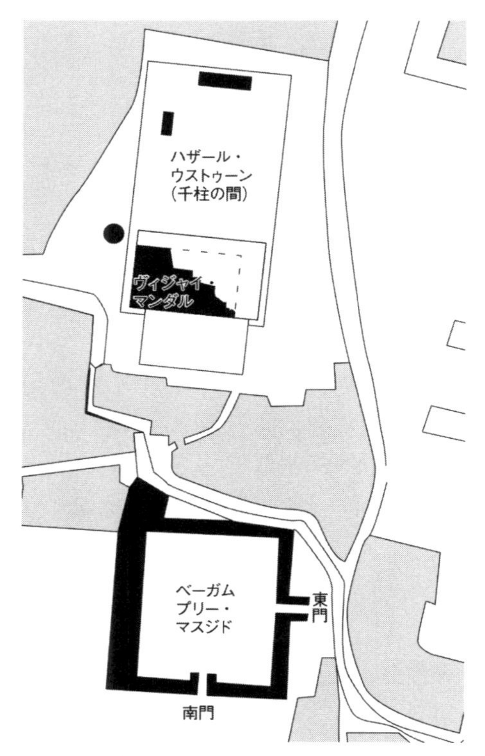

図 102　ジャハーンパナー城砦の地図

した。われわれがスルタンの玉座の方向にお辞儀をすると、われわれの同行者全員［同じように］お辞儀をした。われわれが敬礼［の儀式］を終わるや、ナキーブたちは高らかな声で『神の御名（みな）において（ビスミッラーフ）！』と唱えた。そして、われわれは退出した＊2。

イブン・バットゥータが述べている「千本の柱の間（ハザール・ウストゥーン）」はすでに消失し、ほとんど見ることはできない。しかし、彼はその建物について次のように記述している。

第三の門は〈ハザール・ウストゥーン〉と呼ばれてとてつもなく広々とした空間の閲覧室につながっている。その意

> **味は、［ペルシア語で］〈千本の柱〉のこと、つまり、それは彩色を施した木製の［千本］柱であって、精巧な極めて彫りのある木造の屋根を支えている*3。**

イブン・バットゥータによれば、ムハンマド・シャーの宮殿は「ダール・サラー」と呼ばれていたようだ。現在「ビジャイ・マンダル」で親しまれている宮廷祉は、19世紀中葉には「バーディー・マンディル」と呼ばれていたらしい。しかし、この宮廷祉を訪れてみると、それほど壮大な宮殿とは思われない。なぜ「千本の柱の間（ハザール・ウストゥーン）」が消失したのか。それについて編年史家ヤズディーは、『勝利の書（ザファル・ナーマ）』の中で、ティムールがデリーを制圧したときに、「ティムール軍はジャハーンパナー城砦やスィーリー城砦内の幾つかの宮殿、古いデリーの都市を破壊し、収奪し火を放った」と記述している。おそらくその時に消失したのであろう*4。

ベーガムプリー・マスジド

ベーガムプリー・マスジド（大モスク）はジャハーン・パナーの宮廷祉ビジャイ・マンダル（宮殿）のすぐ近くにある。そのため長い間、ビジャイ・マンダルとベーガムプリー・マスジドとの関連性が議論されてきた。ビジャイ・マンダルとベーガムプリー・マスジドを建設したパトロンが同じスルターンであれば、この宮殿と大モスクはジャハーンパナーの中核的な建造物であったことになる。この関連性を複雑にしているのは、ベーガムプリー・マスジドの設計・建設に重要な役割を果たしたとされるテランガーニーが2人のスルターンに仕え、多くのモスクを設計・建設しているためであろう。

ベーガムプリー・マスジドを造営したのは、テランガーニーであったという説が有力である。テランガーニーは南インドの

図 103　ベーガムプリー・マスジド

テランガーナー地方出身で、ヒンドゥーからの改宗ムスリムであった。ムハンマド・シャーに仕えた後、フィーローズ・シャーの宰相（ワズィール）となり、ハーネ・ジャハーンの称号を与えられた人物である。荒松雄は、「近接する両者の位置関係からみて、ベーガムプリー・マスジドも、ムハンマド・シャーの時代に（14 世紀中頃）に建立された」と推定している＊5。

正方形の囲壁のベーガムプリー・マスジドは西側に礼拝室を設け、礼拝室の入口門の両端に太い柱の尖塔が据えられている。こうした独特のモスク建築様式は 14 世紀のデリーのマスジドのどこにも見られないものである。

テランガーニー（1368 没）が考案したモスク建築様式、つまりモスクの入口門の両端に太い柱の尖塔を据えるという様式はベーガムプリー・マスジドをはじめ、フィーローズ・シャー治世に建造された「キルキー・マスジド（1375）」「カーリー・マスジド（1370/72）」「カラーン・マスジド（1370/71）」にも見られる共通の特徴となっている。いずれもテランガーニーの息子で後継者となったジュナーン・シャーが建造したものといわれる*6。ただベーガムプリー・マスジドと他の3つのモスクの異なる点は、門の両端に据えられた太い柱の尖塔がベーガムプリー・マスジドはモスクの入口門ではなく、礼拝室の入口門に置かれている点にある。⇨キルキー・マスジド

ムハンマド・シャー治世下で、テランガーニーの独自のモスク建築様式はベーガムプリー・マスジドではじめて用いられ、その後フィーローズ・シャーの治世下においても、宰相（ワズィール）となったテランガーニーは自ら考案したモスク建築様式を息子ジュナーン・シャーに伝授し、彼によってデリーに大小多数のモスクが建造され、フィーローズ・シャーの広域な首都圏構想に大きな役割を果たした。

ティムールがインドに侵入した時、インド独自のモスク建築に目を見張り、モスク建設に関わった多くの技術者や石工をデリーからサマルカンドに連れ帰り、モスク建設に当たらせたといわれている。その意味では、当時インドのデリーはモスク建築の黄金期を迎えていたといっても過言ではないかもしれない。⇨フィーローズ・シャー・コートラー

キルキー・マスジド

中世インド・イスラーム史の荒松雄によれば、キルキー・マスジドは狩猟宮（クーシュケ・シカール）であり、かつ集団礼拝モスク（ジャーメ・マスジド）であった。つまり当時のスルターンや貴族・廷臣たちが最大の娯楽としていた狩猟の場所、いわばお狩り場に建てられた離宮かつ集団礼拝モスク（ジャーメ・マスジド）とでもいうべき建造物だったようである。キルキー・マスジドはデリー中央、ニザームッディーン廟の近くにある「カラーン・マスジド」と深い関係にあるといわれる。

カラーン・マスジドは1370年頃にフィーローズ・シャーの宰相（ワズィール）ジュナーン・シャー（テランガーニーの息子）によって建てら

図 104　キルキー・マスジド

れ、その後彼は、それを改良してキルキー・マスジドを1375年頃に建てたといわれる。その意味では、キルキー・マスジドはテランガーニー一族のトゥグルク朝を代表するモスク建築といえる。キルキー・マスジドはジャハーンパナー城砦内にあり、すぐ近くにはスーフィー聖者ナスィールッディーンの聖廟(ダルガー)があり、そのすぐ隣にローディー朝のバフロール・ローディーの墓がある。

ナスィールッディーンの聖廟

ナスィールッディーンの聖廟(ダルガー)は、ジャハーンパナー城砦内の通称チラーグ·デヘリー（デリーの灯明）集落の中にある。ナスィールッディーン（1356没）はチシュティー派ニザームッディーン（1325没）の有能な後継者で、ローシャネ・チラーゲ・デヘリー

図 105　ナスィールッディーンの聖廟（ダルガー）

（デリーの灯明の光り）という名で、広く民衆の間に知られていた。のちにデリーのスーフィー聖者、クトブッディーン（1236 没）、ニザームッディーンと並ぶ「デリーの三聖」とも称されるようになった。

ナスィールッディーンの生まれ故郷はアワド（ラクナウー）で、1276/77 年頃にそこで生まれた。彼の父親は毛織物商人で、かなり豊かな生活をしていた。7 歳の時、父親が亡くなると、彼の母親はアーリム（イスラーム諸学を修めた知識人）になるように、彼に教育を受けさせた。しかし彼はイスラーム諸学よりも宗教的修道の苦行に魅せられていた。

ナスィールッディーンは 25 歳まで、アワドから離れた田舎で苦行や断食、礼拝を日課とするスーフィー生活に没頭して過ごしていた。後に、多数のアワドで最も著名な学者や聖者がデリーのニザームッディーンの弟子であることが分かると、43 歳の時にチシュティー派のスーフィー教団に加わるためにデリーに移住した。田舎の乞食遊行者（ダルヴェーシュ）の下、18年もの間厳しい神秘的修行を成し遂げた。精神的に極めて高い境地まで上り詰めていたので、彼が他の多くの弟子たちよりも優れているのは当然のことであった。こうしてナスィールッディーンはニザームディーンに暖かく迎い入れられ、かなり遅い弟子として入門が許されたであった*7。

のちにニザームッディーンの後継者となったが、時のスルターン、ムハンマド・シャーとは折り合いは良くなかった。ムハンマド・シャーが首都をトゥグルカーバードからデカンのダウラターバードへ遷都する際、デリーの宗教者の多くも移住を強いられたが、彼はその方針に従わなかった。

荒松雄は、「ムハンマド・シャーが、デリーの住民に対してデカンの第2の首都ダウラターバードへの移住を強制したとき、デリー在住の宗教者の多くも、その方針に従うことが求められた。しかし、ナスィールッディーンは、この勧奨に従わなかったため、トゥグルク支配層から白眼視され、その立場がきわめて困難なものとなったのではないか」と推察している*8。

ムハンマド・シャーはフィーローズ・シャーを自分の後継者に指名し、死の床に際しても、有力な貴族たちに彼をスルターンに推すよう頼んでいたといわれる*9。ところが、初代スルターンのギヤースッディーンの娘が自分の息子をスルターンの座に就けようと強硬に主張した。ムハンマド・シャーの息子ではなかったので、フィーローズ・シャーはスルターン位に就くのを逡巡（しゅんじゅん）していた。スルターン位に就くには、多くの支持によってその正統性を獲得するのが当時の慣習であったようだ。デリーの主だった宗教者や世俗的権力者が参集し、フィーローズ・シャーに、次のように述べて説得した。

あなたは明らかに亡きスルターン・ムハンマド・シャーの

正統な後継者である。彼には息子が一人もいないし、あなたは彼の兄弟の息子である。国民の信頼を得、支配する能力を持つ者はこの街の中にも軍隊の中にもあなた以外に誰もいない*10。

フィーローズ・シャーをスルターン位に就くよう説得した宗教者の中に、スーフィー聖者ナスィールッディーンもいた。世俗的な権力者ムハンマド・シャーとは距離を置き、その命令にも素直に従おうとしなかったナスィールッディーンであったが、スルターンの後継者問題に積極的に関わったのは、ムハンマド・シャーに冷遇された過去に鑑み、新たな世俗的な権力者と関係修復を図ろうとしたのかもしれない。ナスィールッディーンは82歳の生涯を終えるまでデリーの地を離れることはなかったが、聖者としての役割を全うするのは容易なことではなかったと推察される。

バフロール・ローディーの墓

ローディー朝の創始者、バフロール・ローディーの墓はスーフィー聖者ナスィールッディーンの聖廟（ダルガー）のすぐ近くにある。ローディー朝はデリー・スルターン朝の最後の王朝であり、初めてのアフガン系王朝であった。バフロール・ローディーがまだ若かったとき、シャイダーという有名なダルヴェーシュ（スーフィー遊行者）に敬意訪問が許されたときの面白い逸話をフィリシュタは書き残している。

ダルヴェーシュの前に尊敬の姿勢で座っていると、そのダルヴェーシュは大きな声を張り上げ、恍惚の状態で、「デリーの王国のために2000ルピーを与える者はいないか」と叫んだ。バフロールは「1600ルピーしか持っていませ

図 106　バフロール・ローディーの墓

ん」と答えると、それを召使いに直ちに持って来させ、ダルヴェーシュに差し出した。そのお金を受け取ると、ダルヴェーシュは彼の頭の上に手を置いて、「そちは王になれ、わが息子よ」といった。バフロールの仲間たちはこの振舞いに対して彼を大いに物笑いにした。しかし彼は、「これが実現するならば安い買い物だ。もし実現しなくても聖者の祝福が害をなすことはない」といった＊[11]。

こうしたダルヴェーシュとの交流がのちにチシュティー派のスーフィー聖者ナスィールッディーンに入門し、弟子となるきっかけになったのかもしれない＊[12]。バフロール・ローディーは、高潔で正義を重んじ、同胞に対して驕ることのない君主であったいわれる。ある意味、理想的な君主であったのかもしれない。遠征先のバドーリーという町で病死し、38 余年の彼の治世も終わった。

バフロール・ローディーの遺体は息子のスィカンダル・ロー

ディーによってナスィールッディーンの聖廟（ダルガー）の近くに埋葬された。おそらく生前バフロール・ローディーは自分が亡くなったら、尊師（シャイフ）ナスィールッディーンの近くに埋葬してほしいと息子に語っていたのであろう。スィカンダル・ローディーはもう一つ、父バフロール・ローディーの墓を建立している。それはローディ公園内にあるシーシュ・グンバドだといわれている。⇨ローディー庭園

【用語解説】

ア行

アイワーン aiwan　多柱式の建物。

アーラームガー aramgah　休息や眠るための部屋。

イーワーン iwan　中庭や外部空間に向かって大アーチを開口させた、ひときわ天井の高い半戸外空間。イーヴァーン ivan ともいう。

ウルス urs　本来の語義は「結婚」。南アジアでは、死によって高名な聖者の魂と神アッラーとが合体する、いわば「結婚」と解された。スーフィー聖者の命日にダルガー（聖廟）で行なわれる祭礼、つまり聖者祭をいう。

カ行

キブラ qibla　ムスリムの礼拝方向（マッカのカアバの方角）。

キャラバンサライ caravanserai　隊商宿、サライは「宿」の意。

キラ qila　城砦。

クーシュク kushk　東屋、園亭、宮殿の意。トルコ語ではキオスク（kiosque, kiosk）という。クーシュケ・シカールとは狩猟のために造られた宮殿。

グンバド gumbad　本来は「ドーム」の意。ドームを頂くムスリムの墓建築の呼称。

サ行

ザナーナ zanana　女性の区域、後宮（ハーレム）。

シーシュ・マハル shish mahal　ガラス・モザイクで装飾された部屋。

シャイフ shaikh 首長を意味する語だが、中世インドのスーフィー聖者の尊称。

ジャマーアト・ハーナ jama'at khana「集会所」の意味だが、中世インドのスーフィーの修道場（ハーンカー）にも用いられていた。→ハーンカー

ジャーメ・マスジド jami masjid 集団礼拝モスク、金曜モスク。規模の大きいモスク（マスジド）をいう。

ジャーリー jali　装飾的なデザインが施された透し彫り石のスクリーン、障壁。外部からの視線や日差しを遮り、風を通す格子構造。

ジャローカー jharoka　ムガル皇帝が公式に臣下の前に登場する際に使用された張り出した出窓やバルコニーなど特別な枠のある構造物。

ジン jinn　イスラーム世界で広く知られている超自然的存在、精霊をいう。

スーフィー sufi イスラームの神秘主義者。

スルターン sultan　スンナ派のイスラーム王朝の君主が用いた称号。

セノタフ cenotaph　中に遺体のない石棺、つまり模棺で、本棺は地下に置かれる。

タ行

タラーオ talao 貯水槽または人工池。

ダルガー dargah スーフィー聖者の墓廟、聖廟。

ダルシャン darshan ジャローカーに姿を現した皇帝を拝観すること。神像を拝むヒンドゥーの考え方に由来している。→ジャローカー

ダルワーザ darwaza　大門。

チシュティー Chishti　中世インドでスーフィー諸派の中で最も影響力のあった宗派。

チャーダル chadar　イスラーム庭園の水路上に設けられた斜めの洗濯板のような石板。また聖者などの墓の上に被せられる布、聖布をいう。

チャトリー chhatri　語義は「傘」。数本の柱で支えられたドームを持つ小さな東屋。墓に用いられる場合もある。

チャハール・バーグ chahar bagh　語義は「４つの庭園」。本来はいくつかの区画に分割された囲壁の中の庭園をいうが、ムガル帝国では歩道と水路で４等分に分割された正方形のプランを標準とする様式をいう。

ディーワーネ・アーム diwan-i amm　公謁殿。

ディーワーネ・ハース diwan-i khass　内謁殿。

ディーワーン diwan　多くの意味を持つ。本来官庁・役所の意。アクバル帝は税務庁の大臣あるいは長官をディーワーンという称号を用いた。謁見の間の意味もある。

ナ行

ナッカール・ハーナ naqqar khana　宮廷の公式行事の際の開始時に演奏される奏楽所。ノウバト・ハーナ naubat khana ともいう。

ナフレ・ビヒシュト nahr-i bihisht 「天国の川」の意。ナフルは水路、川を意味し、ビヒシュトは天国を意味する。

ハ行

ハウズ hauz　貯水池。

バーオリー baoli　階段を持つ貯水井戸。

バーグ bagh　庭園。

ハズィーラ hazira　欄干あるいは格子造りのスクリーンが取り囲む屋根のない墓様式。

ハシュト・ビヒシュト hasht bihisht　語義は「八つの楽園」。四分庭園が1つのユニットとなり、中心の建物を8つのユニットが取り囲むことをいう。建築学では中心の部屋を8つの区画が取り囲む八角形の構造をいう。

ハズラト hazrat ペルシア語で「実在､偉大さ､面前」という意味。スーフィー聖者の名前に冠する尊称。

バードシャー badshah 皇帝｡中世インドでは､主にムガル皇帝が用いた。

バーラダリー baradari　語義は「12の開口」。四方が外に開いた列柱のある長方形・四角形の東屋（あずまや）。一般的には、日陰をつくる東屋。

ハーンカー khanqah 中世インドのスーフィーの修道場。→ジャマーアト・ハーナ

バングラ bangla ベンガル地方の民家形式で､屋根の四隅が垂れ下がった曲線状の屋根。

ハンマーム hammam　浴場。ムガルの浴場は、更衣室、冷水風呂、蒸風呂の三つの部屋からなる。

ピエトラドゥーラ pietra dura よく磨かれた色石をモザイクのように嵌め込んだ技法。

ブルジ burj　塔。通常、城砦との関連で用いられる。

ポルチコ portico　柱廊。柱が立ち並ぶ廊下。

マ行

マクバラ maqbara ムスリムの墓園あるいは墓廟。

マスジド masjid モスク。イスラームの礼拝堂。

マドラサ madrasa イスラームの諸学を対象とする寄宿制の高等教育施設。

マハル mahal 宮殿。宮廷全体をさす場合もあれば、個々の建物をさすこともある。時には、女性のための宮殿をさす。

マンサブ mansab ムガル帝国における軍事・官僚機構の位階を意味する。位階を持つ者をマンサブダールという。皇帝に仕える貴族、軍人、一般官僚など家臣すべてが皇帝からマンサブ（位階）を与えられていたが、貴族はウマラー（オムラー）と呼ばれ、特別な階層を形成していた。

マンズィル manzil 貴族の邸宅。

マンダル mandal 立派な建物や宮殿をさす。

ミナレット minaret モスクに付随する塔。その上から信徒への礼拝への呼びかけ声（アザーン）が発せられる。→ミーナール

ミーナール minar 尖塔。→ミナレット

ラ行

ラーイ rai ヒンドゥー教徒の王や王族の称号。

ラウザ rauza ムスリムの墓廟。インドでは、高位のスーフィー神秘主義者の墓に用いられた用語。

ラージャー raja 古代インドの言葉で「王」を意味する語。

ラング・マハル rang mahal 彩色された宮殿の意味で、普通は愉楽のための宮殿に付けられた名前。「祝祭の間」と称される。

ワ行

ワキール wakil 様々な分野での「代理人」の意。君主の代理という含意で、国家の最高位の官職名として用いられた。

ワズィール wazir 帝国の財政・徴税を担当する大臣で、宰相のこと。

【注】

第Ⅰ部　アーグラ

1　タージ・マハル

＊1　*TAJ MAHAL: The Illumined Tomb*, An Anthology of Seventeenth-Century Mughal and European Documentary Sources, compiled and translated by W. E. Begley and Z. A. Desai, The Aga Khan Program for Islamic Architecture, 1989, p. xxx.

＊2　Khan, Inayat, *The SHAH JAHAN NAMA*, edited and completed by W. E. Begley and Z. A. Desai, Oxford University Press, 1990, pp.299-300.

＊3　フランソワ・ベルニエ、『ムガル帝国誌』、関美奈子・倉田信子共訳（小名康之注・赤木昭三解説）、岩波書店、1993、8頁。

＊4　Khan, Inayat, *ibid.,* p.83

＊5　麻田豊、「ウルス」『南アジアを知る事典』、平凡社、1992年、100頁。

＊6　Khan, Inayat, *ibid.*, pp.70-71.

＊7　*Ibid.*, pp.70-71.

＊8　*Ibid.*, p.70.　*TAJ MAHL*, pp.18-9.

＊9　Peck, Lucy, *AGRA*, Roli Books, 2008, p.57.

＊10　Ferishta, Mahomed Kasim, *History of the Rise of the Mahomedan Power in India till the Year AD 1612*, translated into English by John Briggs, Cambridge University Press, 2013 (1st publ. 1829), vol.2, pp.279-80.

＊11　Khan, Inayat, *ibid.*, p.71.

＊12　*Ibid.*, p.18.

＊13　*Ibid.*, pp.5-6. 彼女はイランのサファヴィー朝の王族、ミールザー・ムザッファル・フサイン・サファヴィーの娘である。

＊14　*Ibid.*, pp.71-2.

＊15　宮原辰夫、『インド・イスラーム王朝の物語とその建築物』、春風社、2016年、224-5頁。

＊ 16 Khan, Inayat, p.74.

＊ 17 *Ibid.*, p.74. *Taj Mahal*, pp.43-4.

＊ 18 Khan, Inayat, *Ibid.*, p.299.

ジャイ・スィンフはアンベール王国の王(ラージャー)でムガル帝国の武将となり各地の太守を歴任した。シャー・ジャハーンはアクバル帝以降、ラージプート諸侯と主従関係を結んできた。

＊ 19 Koch, Ebba, *The Complete Taj Mahal*, Thames & Hudson, 2012, p.56.

＊ 20 Tavernier, Jean Baptiste, *Travels in India*, By V. Ball, 2nd ed., edited by William Crooke, Low Price Publications, reprint 2015 (lst ed.1889), vol.1, p.91.

＊ 21 *The Moonlight Garden: New Discoveries at Taj Mahal,* edited by Elizabeth B. Moynihan, Smithsonian, 1984, p.29.

＊ 22 Khan, Inayat, *Ibid.*, pp.126-7.

＊ 23 井筒俊彦訳、「コーラン」（下）、岩波文庫、162頁。

＊ 24 ベルニエ、前掲書、359頁。ベルニエは、カシュミールのシャーリマール庭園の園亭について「大きい部屋にも小さいのもすべて内側を彩色し金箔を張って、肉太の立派なペルシア文字の格言が記されています。四つの扉はとても豪華で、大きな石でできており、シャー・ジャハーンが破壊させた古代の偶像寺院から取り出してきた二本の柱がついています。…」と記述している。（Brooks, John, *Gardens of Paradise,* New Amsterdam, 1987, p.143.）

＊ 25 間野英二、『バーブル・ナーマの研究Ⅲ　訳注』、松香堂、1998年、479頁。

＊ 26 Khan, Inayat., *ibid.*, p.190.

＊ 27 Pelsaert, Francisco, *Jahangir's India: The Remonstrantie of Francisco Pelsaert,* translated from the Dutch by W. H. Moreland and P. Geyl, 1925, pp.1-5.

＊ 28 Koch, Ebba, "The Mughal Waterfront Garden, " in *Gardens in the Time of the Great Muslim Empires,* ed. Attilio Petruccioli, Leiden: E. J. Brill, 1997. pp.140-60.

＊ 29 Koch, Ebba, *The Complete Taj Mahal*, pp. 29-37.

＊ 30 *The Moonlight Garden: New Discoveries at Taj Mahal,* 1984, p.28.

＊31 フランシス·ロビンソン、『ムガル皇帝歴代誌』、創元社、2009年、222-3頁。
＊32 *TAJ MAHAL: The Illumined Tomb*, pp.198-9.
＊33 *Ibid.*, p.235. 井筒俊彦訳、『コーラン』（下）、83-4頁。
＊34 Khan, Inayat, p.565. 井筒俊彦訳、『コーラン』（上）、49頁。
＊35 井筒俊彦訳、『コーラン』（上）、24頁。
＊36 Khan, Inayat, *ibid.*, p.565.
＊37 フランソワ・ベルニエ、前掲書、160頁。
＊38 Tavernier, Jean-Baptiste, *ibid.* vol.1, pp. 275-6.

2 アーグラ城

＊1 フランソワ・ベルニエ、前掲書、240-1頁。
＊2 宮原辰夫、前掲書、173-6頁。
＊3 Abul-Fazl Allami, *The A-IN-I AKBARI*, translated into English by H. Blochmann, edited by Lieut.-Colonel D. C. Phillott, Low Price Publications, reprint 2011 (1st publ. 1927), vol. I, p. 412 (notes.2).
＊4 Abu-l-Fazl, *The Akbarnama of Abu-l-Fazl*, translated from the Persian by H. Beveridge, Low Price Publications, reprint 2013 (1st publ. 1902-39), vol.1, pp.372-373. 古いアーグラ城は別な場所にあったとする説もある。Abul-Fazl Allami, *The A-IN-I AKBARI*, vol.II, p. 191 (footnotes 1).
＊5 Manrique, Sebastien, *Travels of Fray Sebastien Manrique 1629-1643*, A Translation of the Itinerario de las Missiones Orientales, edited by Sir C. Eckford Luard with H. Hosten, Ashgate, vol. II, reprint 2010 (1st publ. 1927), p.159.
＊6 Ferishta, Mahomed Kasim, *ibid.*, vol.1, pp.37-8.
＊7 Abul Fazl Allami, *ibid.*, vol. II, p.191.
＊8 Montserrrate, Antonio, *The Commentary of Father Monserrate S.J. on his Journey to the Court of Akbar*, translated from the Original Latin by J. S. Hoyland & S. N. Banerjee, reprint 2015 (1st publ. 1922), p.34.
＊9 Koch, Ebba, *ibid.*, pp.66-7.
＊10 Manrique, Sebastien, *ibid.*, p.159.

＊ 11 *Ibid*., p.161.

＊ 12 ベルニエ、前掲書、230 頁。

＊ 13 ジョーガン・シャンカール、『インド寺院の売春婦』、鳥居千代香訳、三一書房、1994 年。

＊ 14 Abu-l-Fazl, *ibid*., pp.372-3.

＊ 15 Koch, Ebba, *ibid*., p.67.

＊ 16 Manrique, Sebastien, *ibid*., vol. Ⅱ , p.162.

＊ 17 *Ibid*., p.162.

＊ 18 *Ibid*., p.163.

＊ 19 Brookes, John, *Gardens of Paradise,* New Amsterdam, 1987, p.156.

＊ 20 Koch, Ebba, *ibid*., p.69.

＊ 21 *Ibid*., p.69.

＊ 22 Tavernier, Jean-Baptiste, *ibid*., vol.1, p.89.

＊ 23 井筒俊彦訳、『コーラン』（下）、247 頁。

＊ 24 宮殿のテラスの上に泉水を取り込む手法は後に建設した新帝都シャージャハーナーバードにあるデリー城（通称レッド・フォート）の中のラング・マハルのテラスの上の水盤に継承されている。

＊ 25 Koch, Ebba, *ibid*., p.69.

＊ 26 Khan, Inayat, *ibid.,* p.91.

＊ 27 Crowe, Sylvia; Haywood, Sheila; Jellicoe, Susan; Patterson, Gordon, *The Gardens of Mughul India,* Thames and Hudson, 1972, p.164. Bharat Chugh and Shalini Chugh, *Deeg Palace*, Niyogi Books, 2014, p.67.

＊ 28 Koch, Ebba, *ibid*., pp.68-69.

＊ 29 フランソワ・ベルニエ、前掲書、134 頁。

＊ 30 フェアチャイルド・ラッグルズ、前掲書、117 頁。

＊ 31 「コーヘ・ヌール」はいかにしてムガル帝国の至宝となったのか。一説では、グワーリヤルの王（ラージャー）マーン・スィンフの死後、息子ヴィクラジートの一族はムガル帝国の支配に下った。降伏文書に基づき、その一族はフマーユーンによってとても丁重に扱われた。その返礼として、彼らは彼にたくさんの宝石をプレゼントとした。その中には有名な「コーへ・ヌール」のダイヤモンドも含

まれていたという。しかし、真偽のほどはわからない。（Dr. H. B. Maheshwar Jisal, *Gwalior: Historical Sage of Heritage City,* 2010, p.13.）

3　エーテマードゥッダウラ廟

＊1　Abu l-Fazl Allami, *ibid.,* vol.1, pp.572-6.

＊2　*The Tuzuk-i-Jahangiri: Memoirs of Jahangir*, translated into English by Alexander Rogers, Low Price Publications, 2006, vol.2, p.22.

＊3　*Ibid*., p.222.

＊4　Koch, Ebba, *The Complete Taj Mahal,* Thames & Hudson, 2012, p.48.

＊5　フェアチャイルド・ラッグルズ、前掲書、140-1 頁。

＊6　Koch, Ebba., *ibid*., p.51.

4　ラーム庭園（バーグ）

＊1　間野英二訳、『バーブル・ナーマ』、479 頁。

＊2　Asher, Catherine B, *Architecture of Mughal India*, The Cambridge History of India, Cambridge University Press, 1922, p.21.

＊3　Koch, Ebba, "The Mughal Waterfront Garden, " *Gardens in the Time of the Great Muslim Empires,* Leiden: E. J. Brill, 1997, pp.140-60.

＊4　Koch, Ebba, *The Complete Taj Mahal*, pp.39-40.

＊5　*Ibid*., p.40.

5　スィカンドラ

＊1　Ferishta, Mahomed Kasim, *ibid*., vol.1, p.579.

＊2　Abu-l-Fazl, *ibid*., vol.3, p.1262.

＊3　宮原辰夫、前掲書、188-190 頁。

＊4　*The Tuzk-i-Jahangiri : Memoirs of Jahangir* , vol.1, p.152.

＊5　フェアチャイルド・ラッグルズ、前掲書、133 頁。

＊6　*The Tuzk-i-Jahangiri*, vol.1, pp.55-6.

＊7　Asher, Catherine B., *ibid*., p.104.

＊8　*Ibid*., p.105.

＊9　*Ibid*., p.106.

＊ 10 Ebba, Koch, *The Complete Taj Mahal*, pp.39-40.
＊ 11 フェアチャイルド・ラッグルズ、前掲書、140-1 頁。
＊ 12 *The Tuzk-i-Jahangiri*, vol.2, pp.101-2.
＊ 13 荒松雄、『インド史におけるイスラム聖廟』東京大学東洋文化研究所報告、1977 年、389 頁。
＊ 14 Elliot, Sir H.M. and Dowson, John, *The History of India: As told by its own Historians*, edited and continued by Low Price Publication, reprint 2014 (1st publ.1867-1877), vol.6, p.290.
＊ 15 Sarkar, Jadunath, *A History of Aurangzib,* Orient Black Swan, 2009, pp.316-7.

6 ファテプル・スィークリー

＊ 1 Montserrate, Antonio, *The Commentary of Father Monserrate, S. J. on His Journey to the Court of Akbar,* Translated from the Original Latin, Classic Reprint Series, 2015, pp.27-8.
＊ 2 Fitch, Ralph, *England's Pioneer to India and Burma,* T. Fisher Unwin, London, 1899, p.98.
＊ 3 Ferishta, Mahomed Kasim, *ibid.*, vol. 2, pp.233-4.
＊ 4 Koch, Ebba, *Mughal Architecture*, Primus Books, 2014, pp.58-9.
＊ 5 Asher, Catherine B., *ibid.*, p.63.
＊ 6 Elliot, Sir H.M. and Dowson, John, *ibid.*, vol.5, p.518.
＊ 7 *Ibid.* p.390-1.
＊ 8 Abu-l-Fazl, *ibid.*, vol. 3, p.354.
＊ 9 Asher, Catherine B., *ibid.*, p.65.
＊ 10 *Ibid.*, pp.65-6.
＊ 11 *Ibid.*, p.66.
＊ 12 サティーシュ・チャンドラ、『中世インドの歴史』、小名康之・長島弘共訳、山川出版社、1999 年、266-7 頁。
＊ 13 Asher, Catherine B., *ibid.*, pp.54-5.
＊ 14 Koch, Ebba, *ibid.*, p.67.
＊ 15 Montserrate, Antonio, *ibid.*, pp.30-31.
＊ 16 サティーシュ・チャンドラ、前掲書、265 頁

＊ 17 Abul-Fazl Allami, *ibid.,* vol. I, p.197.

＊ 18 Abul-Fazl Allami, *ibid.,* vol. I, p.192. ビールバルは太陽が最初の起源であることをアクバルにその重要性を痛感させた。スルヘ・クル（「万民の平和」）という原理を最初にアクバルに教えたのはミール・アブドゥル・ラティーフであった。（pp.496-7）

7 グワーリヤル

＊ 1 *Gwalior*, A Good Earth Guides, 2008, p.39. 地元のガイドブックによれば、昔王（ラージャー）スーラジ・セーンがハンセン病を患い、誰も治療することができなかった。ある時、グワーリヤルの守護聖人と思われる隠遁者グワーリパーが現れ、彼を小さな泉に連れて行った。その水を飲むと、彼の病気は治った。王（ラージャー）は聖人の助言に従い、"奇跡の水"を溜めるための大きな貯水池を造ったという。

＊ 2 Montserrate, Antonio, *ibid.,* p.23.

＊ 3 Ferishta, Mahomed Kasim, *ibid.,* vol.1, p.381.

＊ 4 イブン・バットゥータ、『大旅行記』、イブン・ジャザイイ編・家島彦一訳注、平凡社、6 巻、46-7 頁。

＊ 5 宮原辰夫、前掲書、137-138 頁。

＊ 6 間野英二、『バーブル・ナーマの研究　Ⅲ』、松香堂、1998 年、540-1 頁。

＊ 7 前掲書、541 頁。

＊ 8 前掲書、541 頁。

＊ 9 前掲書、542-3 頁。

＊ 10 フランソワ・ベルニエ、前掲書、92 頁。

＊ 11 Rizvi, Saiyid Athar Abbas, *A History of Sufism in India*, Munshiram Manoharlal Publishesr, 2012, vol.1, p.12.

＊ 12 *The Tuzuk-i-Jahangir : Memoirs of Jahangir*, vol.2, p.26.

＊ 13 Abu-l-Fazl, *ibid.,* vol.2, p.816.

第Ⅱ部　デリー

デリー北部

1　シャージャハーナーバード

＊ 1　Khan, Inayat, *ibid.,* p.406.

＊ 2　フランソワ・ベルニエ、前掲書、201-2 頁。

＊ 3　前掲書、217 頁。

＊ 4　Sharma, Y. D., *Delhi and its Neighbourhood*, Archaeological Survey of India, 2001, p.150.

＊ 5　フランソワ・ベルニエ、前掲書、217-8 頁。

＊ 6　前掲書、218 頁。

＊ 7　前掲書、220 頁。

＊ 8　Koch, Ebba, *Mughal Architecture*, Primus Books, 2014, p.112.

＊ 9　フランソワ・ベルニエ、前掲書、223 頁。

＊ 10　麻田豊訳。実際は、この壁にある詩の最初の文言部分、“もしこの地上に楽園があるなら”が欠落している。

＊ 11　Asher, Catherine B, *ibid*., p.198.

＊ 12　*The Tuzuk-i-Jahangir* : *Memoirs of Jahangir*, vol.1, pp.7-10.

＊ 13　Asher, Catherine B., *ibid*., p.200.

＊ 14　井筒俊彦訳、『コーラン』（下）、岩波文庫、第 76 章、5-6 節、17-18 節。

＊ 15　前掲書、第 54 章、月、第 54・55 節、162 頁。

＊ 16　フランソワ・ベルニエ、前掲書、225 頁。

＊ 17　前掲書、236 頁。

＊ 18　Koch, Ebba, *ibid*., p.120.

＊ 19　深見奈緒子、『イスラーム建築の見方』、東京堂出版、2003 年、56-7 頁。

＊ 20　Black, Stephen P., *Shahjahanabad: The Sovereign City in Mughal India 1639-1739*, Cambridge, 1991, p.55.

＊ 21　フランソワ・ベルニエ、前掲書、205 頁。

＊ 22　前掲書、237 頁。

＊23　城塞のアクバラーバード門の入口の両側には、大きな象の石像が2つあり、一方の象には有名なチットールのラージャーのジャイマルの像が乗っており、一方にはその兄弟のパッターの像が乗っているとベルニエは記している。（ベルニエ、前掲書、215頁）。

＊24　Black, Stephen P., *ibid.*, p.56. アクバラーバーディー・ベーガムはサファヴィー朝ペルシアの王族の娘。

＊25　*Ibid.*, pp.44-9.

＊26　フランソワ・ベルニエ、前掲書、206頁。

＊27　前掲書、87-8頁。

2　ラズィヤ・スルターンの墓

＊1　イブン・バットゥータ、『大旅行記4』、イブン・ジュザイイ編（家島彦一訳注）、平凡社、2000年、360-1頁。

＊2　前掲書、361-62頁。

＊3　Ferishta, Mahomed Kasim, *ibid.*, vol.1, pp.218-22.

＊4　Stephen, Carr, *Archaeology and Monumental Remains of Delhi*, Facsimile Publisher, reprint 2016 (1st publ.1876), p.77.

3　フィーローザーバード

＊1　Ferishta, Mahomed Kasim, *ibid.*, vol.1, p.465.

＊2　Elliot, Sir H.M. and Dowson, John, *ibid.*, vol.3, p.303.

＊3　荒松雄、『中世インドの権力と宗教』、岩波書店、1988年、131-9頁。

＊4　Elliot, Sir H.M. and Dowson, John, *ibid.,* vol.3. p.447. Ferishta, Mahomed Kasim, *ibid.*, vol.1, p.494.

＊5　Elliot, Sir H.M. and Dowson, John, *ibid.*, vol.3, p.447.

＊6　Ferishta, Mahomed Kasim, *ibid.*, vol.1, p.494.

＊7　ロミラ=ターパル、『インド史2』、辛島昇・小西正捷・山崎元一共訳、みすず書房、1972年、117-118頁。

デリー中部

1　プラーナー・キラ

＊1　Safvi, Rana, *The Forgotten Cities of Delhi,* Harper Collins Publishers, 2 018, p.176.

＊2　Elliot, Sir H.M. and Dowson, John, *ibid.,* vol.5, pp.124-6.

＊3　*Ibid.*, vol.4, pp.419-420.

＊4　*Ibid.*, vol.4, pp.476-7.

＊5　Sharma, Y. D., *ibid.*, pp.128-9.

＊6　荒松雄、前掲書、83 頁。

＊7　Ferishta, Mahomed Kasim, *ibid.*, vol.2, pp.124-5.

＊8　Safvi, Rana, *ibid,* p.181.

＊9　Ferishta, Mahomed Kasim, *ibid.*, vol.2, pp.177-8.

＊10　Stephen, Carr, *ibid.*, p.193.

＊11　フェアチャイルド・ラッグルズ、前掲書、130 頁。

2　フマーユーン廟

＊1　Abu l-Fazl Allami, *ibid.,* vol.1, p.518.

＊2　Asher, Catherine B., *ibid.*, p.44.　Begley, W. E., *Macmillen Encyclopedia of Architects*, II, 1982, pp.194-95.　Blair, Sheila S. and Bloom, Jonathan M., *The Art and Architecture of Islam 1250-1800*, Yale Mapin, 1994, p.270.

＊3　Babur, *Babur Nama*, translated by Annette Susannah Beveridge, Low Price Publications, 2010, p.642.

＊4　フェアチャイルド・ラッグルズ、前掲書、105-6 頁。

＊5　間野英二、『バーブル・ナーマの研究』 Ⅲ、松香堂、1998 年、478-479 頁。

＊6　フェアチャイルド・ラッグルズ、前掲書、133 頁。

＊7　前掲書、132 頁。

＊8　前掲書、117 頁。

＊9　フランソワ・ベルニエ、前掲書、89 頁。

＊10　Khan, Inayat, *ibid.*, pp.206-7.

3 アブドゥッラヒームの墓

＊1 Ferishta, Mahomed Kasim, *ibid.*, vol.2, pp.202-4.

＊2 サハスヌクと呼ばれているこの名所は、千の寺院ではなく「千のリンガ（サハスラ・リンガ）」のタンク、つまりシヴァ神に捧げられた無数の小祠堂のある貯水池である。そのすぐ近くには世界遺産になった「ラーニキ・ヴァーブ」（王妃の階段井戸）がある。

＊3 Abu-l-Fazl, *ibid.,* vol.2, pp.201-2.

＊4 Abul-Fazl Allami, *ibid.*, vol.1, p.505.

＊5 Findly, Ellison Banks, *Nur Jahan: Empress of Mughal India*, Oxford University Press, 1993, p.273.

＊6 *The Tuzuk-i-Jahangiri*, *ibid.*, vol.1, pp.55-6.

＊7 *Ibid.,* vol.2, p.228.

4 アトガー・ハーンの墓

＊1 宮原辰夫、前掲書、180-3 頁。

＊2 Koch, Ebba, *Mughal Architecture*, Primus Books, 2014, pp.72-73.

5 ニザームッディーン

＊1 *Sufism in India*, edited by Masood Ali Khan and S. Ram, Anmol Publications, 2003, vol.1, pp.159-63.

＊2 荒松雄、前掲書、203 頁。

＊3 サティーシュ・チャンドラ、前掲書、195-6 頁。

＊4 荒松雄、前掲書、191 頁。

＊5 前掲書、177 頁。

＊6 Abul-l-Fazl, *ibid.*, vol.2, pp.510-11.

＊7 Hadi, Nabi, *Dictionary of Indo-Persian Literature*, Indira Gandhi National Centre for The Arts, Abhinav Publications, 1905, P.274.

＊8 フランシス・ロビンソン、前掲書、222-3 頁。

＊9 麻田豊、『シンポジウム「巡礼—Part 1」』（中近東文化センター研究会報告　No.7）、中近東文化センター、1986 年、18 頁。

＊10 Stephen, Carr, *ibid.*, p.114.

＊ 11 *Ibid.*, p.115.

＊ 12 荒松雄、前掲書、222 頁。

＊ 13 Sharma, Y. D., *Delhi and its Neighborhood*, Archaeological Survey of India, 2001, pp.116-7.

＊ 14 Khan, Sayyid Ahmad, *Asar-us-Sanadid* , translated and edited by Rana Safvi, Tulika Books, 2018, p.60.

6 ローディー庭園

＊ 1 宮原辰夫、前掲書、129-30 頁。

＊ 2 Ferishta, Mahomed Kasim, *ibid.*, vol.1, p.562.

＊ 3 Stephen, Carr, *ibid.*, pp.162-3.

＊ 4 宮原辰夫、前掲書、148 頁。

＊ 5 前掲書、133-4 頁。

＊ 6 Ferishta, Mahomed Kasim, *ibid.*, pp.585-6.

＊ 7 宮原辰夫、前掲書、137-9 頁。

＊ 8 Stephen, Carr, *ibid.*, pp.170-1.

＊ 9 荒松雄、前掲書、147-8 頁。

＊ 10 宮原辰夫、前掲書、113 頁。

＊ 11 Ferishta, Mahomed Kasim, *ibid.*, p.508

＊ 12 *Ibid.*, p.531.

＊ 13 *Ibid.*, p.530.

＊ 14 ヤヒヤー・ビン・アフマドの『ムバーラク・シャーの歴史』も、1434 年 1 月 19 日、ムバーラクは数人のお伴とともにムバーラカーバードに到着し、そこで礼拝中に殺されたと書かれている（*The History of India: As told by its own Historians*, vol.4, p.79.）。しかし荒松雄は、ムバーラクの墓建築が残存している地をかつての「ムバーラカーバード」と結論づけることに疑いを持っており、たとえ造営の意図があったとしても、いわば計画倒れに終わったのではないかと推察している（荒松雄、前掲書、78 頁）。

＊ 15 Ferishta, Mahomed Kasim, *ibid.*, pp.534-5.

＊ 16 宮原辰夫、前掲書、121-3 頁。

＊ 17 Ferishta, Mahomed Kasim, *ibid.*, pp.540-1.

デリー南部

1　ラーイ・ピトーラー

＊1　Ferishta, Mahomed Kasim, *ibid.*, vol.1, pp.177-8.

＊2　Nath, R., *History of Sultanate Architecture*, Abhinav Publications, New Delhi, 1978, p.21.

＊3　Esposito, John L. (ed.), *The Oxford History of Islam*, Oxford University Press, 1999, p.228.

＊4　イブン・バットゥータ、第4巻、2000年、346頁。

＊5　宮原辰夫、前掲書、19頁。

＊6　Nath, R., *ibid.*, pp.12-3.

＊7　イブン・バットゥータ、前掲書、346頁。

＊8　Nath, R., *ibid.*, p.12.

＊9　Sharma, Y. D., *ibid.*, pp.55-6.

＊10　*Early Travels in India 1583-1619*, edited by William Forster, Munshiram Manoharlal Publishers, 1985, p.245.

＊11　Ferishta, Mahomed Kasim, *ibid.*, pp.205-6.

＊12　*Ibid.*, p.218.

＊13　イブン・バットゥータ、前掲書、347-8頁。

＊14　前掲書、393頁。

2　ラーイ・ピトーラー近郊

＊1　Ferishta, Mahomed Kasim, *ibid.*, p.248

＊2　イブン・バットゥータ、前掲書、364頁。

＊3　Ferishta, Mahomed Kasim, *ibid.*, vol.1, pp.266-71.

＊4　ハッラージュの解説（『イスラーム辞典』、岩波書店、2001年、765頁。）

＊5　Rizvi, Saiyid Athar Abbas, vol.1, pp.134-5.

＊6　Khan, Sayyid Ahmad, *ibid.*, p.103.

＊7　荒松雄、前掲書、309頁。

＊8　Abul-Fazl Allami, *ibid.,* vol.1, pp.340-2.　Abu-l-Fazl., *ibid.*, vol.2, pp.268-274.

＊ 9　Abu-l-Fazl, *ibid*., pp.274-5.

＊ 10　Asher, Catherine B, *ibid*., p.43.

＊ 11　Abu-l-Fazl, *ibid*., p.275.

＊ 12　Ferishta, Mahomed Kasim, *ibid*., vol.1, p.210.

＊ 13　Stephen, Carr, *ibid*., p.70.

＊ 14　*Ibid*., pp.75-76. Sharma, Y. D., *ibid*., pp.68-70

3　スィーリー

＊ 1　Elliot, Sir H.M. and Dowson, John, *ibid*., vol.4, pp.476-7.

＊ 2　イブン・バットゥータ、『大旅行記 4』、374 頁。

＊ 3　前掲書、374-5 頁。

＊ 4　Ferishta, Mahomed Kasim, *ibid*., vol.1, p.329.

＊ 5　Elliot, Sir H.M. and Dowson, John, *ibid.,* vol.3, p.192.

＊ 6　*Ibid*., p.191.

＊ 7　*Ibid.,* vol.4, p.477.

＊ 8　Elliot, Sir H.M. and Dowson, John, *ibid*., vol.3, p.74.

＊ 9　Ferishta, Mahomed Kasim, *ibid*., vol.1, pp.327-8.

＊ 10　*Ibid*., p.328.

＊ 11　サティーシュ・チャンドラ、前掲書、95 頁。

＊ 12　Elliot, Sir H.M. and Dowson, John, *ibid*., vol.3, pp.74-5.

＊ 13　Ferishta, Mahomed Kasim, *ibid*., vol.1, pp.362-3.

＊ 14　*Ibid*., p.363.

＊ 15　Elliot, Sir H.M. and Dowson, John, *ibid*., vol.3, p.171.

＊ 16　Ferishta, Mahomed Kasim, *ibid*., vol.1, pp.381.

＊ 17　*Ibid*., pp.381-2.

＊ 18　*Ibid*., pp.382.

＊ 19　Stephen, Carr, *ibid*., p.83.

＊ 20　Elliot, Sir H.M. and Dowson, John, *ibid*., vol.3, p.441.

＊ 21　Khan, Sayyid Ahmad, *ibid*., p.116.

＊ 22　Safvi, Rana, *ibid*., p.25.

＊ 23　フェアチャイルド・ラッグルズ、前掲書、116 頁。

4　トゥグルカーバード

＊1　イブン・バットゥータ、『大旅行記5』、28頁。

＊2　前掲書、126-27頁。

＊3　荒松雄、前掲書、61-64頁。

＊4　Ferishta, Mahomed Kasim, *ibid.*, pp.401-2.

＊5　イブン・バットゥータ、『大旅行記5』、27-8頁。

＊6　Elliot, Sir H.M. and Dowson, John, *ibid.*, vol.3, p.235.

＊7　Ferishta, Mahomed Kasim, *ibid.*, pp.407-8.

＊8　Nath, R., *ibid.*, pp.52-8.

5　ジャハーンパナー

＊1　イブン・バットゥータ、『大旅行記5』、127頁。

＊2　前掲書、300-1頁。

＊3　前掲書、51-53頁。134頁の注（17）を参照。

＊4　Elliot, Sir H.M. and Dowson, John, *ibid.*, vol.3, p.503.

＊5　荒松雄、前掲書、69-70頁。

＊6　Nath, R., *ibid.*, p.68.

＊7　Rizvi, Saiyid Athar Abbas, *ibid.*, vol.1, pp.184-5.

＊8　荒松雄、前掲書、199頁。

＊9　Ferishta, Mahomed Kasim, *ibid.*, vol.1, p.444.

＊10　Elliot, Sir H.M. and Dowson, John, ibid., vol.3, pp.266-7.

＊11　Ferishta, Mahomed Kasim, *ibid.*, vol.1, p.547-8.

＊12　Rizvi, Saiyid Athar Abbas, *ibid.*, vol.1, p.244.

図・写真・細密画引用一覧

第Ⅰ部　アーグラ

図 1 …… Ebba Koch, *The Complete Taj Mahal*, Thames & Hudson, 2012, p.35.

図 10……John Brookes, *Gardens of Paradise*, New Amsterdam, 1987,p.140.

図 14……D. Fairchild Ruggles, *Islamic Gardens and Landscapes*, 2008, p.204.

図 19……Ebba Koch, *The Complete Taj Mahal*, Thames & Hudson, 2012, p.66.

図 24……Windsor Castle, Royal Library, *Padshah Nama*, fol.124v, Copyright Her Majesty The Queen.

図 25……D. Fairchild Ruggles, *Islamic Gardens and Landscapes*, 2008, p.203.

図 29……*Romance of the Taj Mahal*, Thames and Hudson, 1989, p.46. Hashem Khosrovani Collection

図 34……D. Fairchild Ruggles, *Islamic Gardens and Landscapes*, 2008, p.200.

図 40……D. Fairchild Ruggles, *ibid.*, p.201.

図 45……D. Fairchild Ruggles, *ibid.*, p.221.

図 52……Catherine B. Asher, *Architecture of Mughal India*, Cambridge University Press, 1922, p.53.

第Ⅱ部　デリー

図 1 …… イブン・バットゥータ、『大旅行記 4』、イブン・ジャザイイ編・家島彦一訳注、平凡社、314 頁。

図 2 …… Stephen P. Black, *Shahjahanabad: The Sovereign City in Mughal India 1639-1739*, Cambridge, 1991, pp.72-3.

図 5 ……Stephen P. Black, *ibid.*, p.91.

図 7 …… Ebba Koch, *Shah Jahan and Orpheus*, Adeva, 1988, pp.16-17.

図 10……*Delhi Agra & Jaipur*, Eyewitness Travel, 2007, pp.94-95.

図 17……Ebba Koch, *Mughal Architecture*, Primus Books, 2014, p.120.

図 18……Catherine B. Asher, *Architecture of Mughal India*, The Cambridge History of India, Cambridge University Press, 1922, p.53.

図 20……Catherine B. Asher, *ibid*., p.191.

図 27……キラ・ラーイ・ピートラー城砦内の展示館所蔵の復元鳥瞰図（Archaeological Survey of India 作成）

図 43……D. Fairchild Ruggles, *ibid*., p.209.

図 44……Plate 42, Filio 121 a, The Bagh-i Wala (Garden oh Fidelity) at Adninapur, near Kabul. The Baburnama, folios 132a-b (account of the year 910/1504-5)

図 46……Catherine B. Asher, *ibid*., p.47.

図 51……Lucy Peck, *Delhi: A thousand Years of Building*, Roli Books, 2005, p.168.

図 74……J. A. Page, *A Guid to the Qutb*, 1938.

図 87……*Akbarnama*, Victoria and Albert Museum.

図 94……Lucy Peck, *ibid*., p.88.

図 98……トゥグルカーバード城砦内の配置図（案内板）

図 100……R. Nath, History of Sultanate Architecture, Abhinav Publications, New Delhi, 1978, p.53.

図 103……Lucy Peck, *ibid*., p.60.

＊カラー写真の細密画（2 頁）……Bichitr, c.1630, *Padshahnama*, f.50b(detail).30.8 x 21.1. The Royal Collection, Her Majesty Queen Elizabeth II

写真提供者一覧

タンメイ・アーナンド（Tanmay Anand）

第Ⅰ部　アーグラ：
図 4, 図 13, 図 16, 図 26, 図 28, 図 37, 図 46, 図 48, 図 49, 図 61, 図 62, 図 78.
＊アーグラ城の見開き写真、ファテプル・スィークリーの見開き写真。

第Ⅱ部　デリー：
図 3, 図 8, 図 14, 図 15, 図 21, 図 28, 図 31, 図 33, 図 34, 図 39, 図 42, 図 45, 図 46, 図 47, 図 48, 図 50, 図 51, 図 52, 図 53, 図 57, 図 58, 図 61, 図 62, 図 64, 図 83, 図 92.
＊フィーローズ・シャー・コートラーの見開き写真、ニザームッディーンの聖廟の見開き写真、ハウズ・ハースの見開き写真。

カラー写真：
5 頁上、6 頁下、7 頁上下、8 頁上下、9 頁上。

ニティン・ジェイン（Nitin Jain）

カラー写真：
1 頁上。

あとがき

帝都アーグラと旧城市デリーの「楽園」をめぐる歴史探訪はいかがでしたか。30数年前、はじめてインド・デリーを訪れたとき、町のいたるところにむき出しになった歴史的な遺構を見て驚きました。まさに地上に突き刺さった異物のような印象を受けました。あれから、インドは急速な経済発展を遂げ、都市開発も進みました。車が道路に溢れ、メトロが市内を走り、町も人々の生活も大きく変わりました。今やアーグラのムガルの皇帝たちの墓や庭園や城砦は世界的な文化遺産として整備され、大勢の観光客で溢れています。その一方で、デリーのムスリムの君主（スルターン）たちの墓やモスクは住宅の中に埋没し、なかには住居や倉庫になっているものもあります。まさに忘れ去られた遺構となりつつあるのです。

なぜムガルの皇帝たちはあれほどまで来世（楽園）を現世に具現化しようとしたのか。ただ異教徒の地であるがゆえに、墓がムスリム権力者の支配の象徴であり、庭園がクルアーンに語られる「楽園」を強くイメージするようになったという説明だけでは不十分かもしれません。12世紀末、中央アジアのトルコ系ムスリムが侵入した時、インドの地はたくさんの神々が住む偶像の世界でした。神々が偶像として具現化された世界は、偶像崇拝を禁じるムスリムに強烈な印象を与え、それがムスリムを偶像破壊へと導く一方で、無意識にしろ、庭園や建築物の中にクルアーンの「楽園」をさまざまな形で具現化するのに大きな影響を与えたのではないかと思います。その結果、土着の宗教文化と融合した、精霊（ジン）や天使が舞うインド・イスラーム建築を一層魅力的なものにしている気がします。

2019年9月10日
宮原辰夫

人名索引

●ア行

●カ行

●サ行

●タ行

●ナ行

●ハ行

●マ行

●ヤ行

●ラ行

事項索引（地名を含む）

●ア行

●カ行

●サ行

●タ行

●ナ行

●ハ行

●マ行

●ヤ行

●ラ行

●ワ行

【著者】宮原辰夫（みやはら・たつお）
文教大学国際学部教授。慶應義塾大学博士（法学）。
専門は政治学・地域研究（南アジア）。著書に『イギリス支配とインド・ムスリム』（成文堂）、『インド・イスラーム王朝の物語とその建築物』（春風社）、共訳書に『イスラームと民主主義』（成文堂）、など。

ムガル建築の魅力
——皇帝たちが築いた地上の楽園

2019年10月25日　初版発行

著者　宮原辰夫　みやはら たつお

発行者　三浦衛
発行所　春風社 Shumpusha Publishing Co.,Ltd.
横浜市西区紅葉ヶ丘53　横浜市教育会館3階
〈電話〉045-261-3168　〈FAX〉045-261-3169
〈振替〉00200-1-37524
http://www.shumpu.com　info@shumpu.com

装丁　矢萩多聞
印刷・製本　シナノ書籍印刷株式会社

ISBN 978-4-86110-660-6 C0022 ¥3100E